城市轨道交通工程盾构施工与管理

第二版

CHENGSHI GUIDAO JIAOTONG GONGCHENG
DUNGOU SHIGONG YU GUANLI

陈建军　项　斌　王云江　主编

化学工业出版社
·北京·

内 容 简 介

本书从原材料、施工设备、施工工艺技术、质量控制与安全等几方面，系统介绍了城市轨道交通工程盾构施工与管理的内容，包括绪论、盾构管片、盾构机、盾构施工准备、盾构掘进施工、施工测量与监控量测、盾构隧道的防水、盾构施工质量控制、施工安全控制、施工技术资料、环境保护、工程综合案例、附表等内容。全书内容全面，贴近实践。

本书可作为城市轨道交通工程盾构施工与管理技术人员学习和参考用书，亦可作为城市轨道交通工程、隧道及地下工程专业的教材。

图书在版编目（CIP）数据

城市轨道交通工程盾构施工与管理/陈建军，项斌，王云江主编. —2版. —北京：化学工业出版社，2023.3

ISBN 978-7-122-42810-3

Ⅰ.①城… Ⅱ.①陈… ②项… ③王… Ⅲ.①城市铁路-铁路工程-盾构法-工程施工-施工管理 Ⅳ.①U239.5

中国国家版本馆CIP数据核字（2023）第016345号

责任编辑：吕佳丽　　　　　　　文字编辑：徐照阳　王 硕
责任校对：王 静　　　　　　　装帧设计：王晓宇

出版发行：化学工业出版社（北京市东城区青年湖南街13号　邮政编码100011）
印　　刷：北京云浩印刷有限责任公司
装　　订：三河市振勇印装有限公司
787mm×1092mm　1/16　印张17½　字数422千字　2023年5月北京第2版第1次印刷

购书咨询：010-64518888　　　　售后服务：010-64518899
网　　址：http://www.cip.com.cn

凡购买本书，如有缺损质量问题，本社销售中心负责调换。

定　价：49.80元　　　　　　　　　　　　　　　　　版权所有　违者必究

《城市轨道交通工程盾构施工与管理》
本书编写人员

主　　编：陈建军　项　斌　王云江
副 主 编：谢自强　叶良顺　魏　飞　孙　浩
参　　编：尹扬帆　张　正　汪阳柳　杨　涛
　　　　　俞　杰　袁新禧　梁　涛

编写单位：浙江交工集团股份有限公司
　　　　　浙江省隧道工程集团有限公司
　　　　　杭州萧宏建设环境集团有限公司
　　　　　浙江江南工程管理股份有限公司

前言

当前我国城市轨道交通工程建设蓬勃发展，盾构施工与管理任务日益艰巨，市场上需要大量的施工员、质量员和监理员等。目前有关城市轨道交通工程盾构施工与管理的技术书较少，本书第 1 版自出版后受到轨道交通建设、施工、监理等单位的好评，且被选用作为工程施工现场管理技术人员培训教学用书。

本书第 1 版发行后沿用至今已九年，连续印刷了多次，为了更好地适应当前飞速发展的城市轨道交通建设的需要和丰富书的内容，同时本着注重实用性与操作性强的原则进行了调整和充实，以满足施工人员业务学习的需求。

第 2 版书在第 1 版内容的基础上增加了盾构法施工控制、工程案例等内容，并对部分章节的施工技术与质量做了修改。

本书总结了盾构施工方法的施工技术与管理等实践知识，内容新颖、实用、丰富、系统，注重工程实践性，加强了针对性、实用性和可操作性，能够为轨道交通工程现场施工人员解决施工实际问题提供帮助。

本书可作为轨道交通工程技术人员参考用书，也可作为专业人员的培训教材，还可作为高等职业教育轨道交通工程技术专业教材。

虽经修订，但限于水平有限，书中不妥之处在所难免，敬请读者指正。

编者
2022 年 10 月

第1版前言

随着我国城市建设的飞速发展，地下交通枢纽及越江隧道等在社会公共功能中扮演越来越重要的角色。隧道施工方法有明挖法、暗挖法、矿山法、沉管法、掘进机法、顶管法和盾构法等。其中盾构法在城市地铁区间隧道中广泛应用，目前国内虽然盾构工法大量应用，但规范与工艺规程尚不完整，没有一本完整、系统介绍该工法施工与管理的书。近年来，盾构施工单位和施工人员数量迅速增长，为满足施工人员业务学习的要求，我们编写了这本系统阐述盾构施工与管理的书。

本书共十四章，其内容包括绪论、盾构管片、盾构机、盾构施工准备、盾构掘进施工、施工测量与监控量测、盾构隧道的防水、盾构施工质量控制、施工安全控制、施工进度控制、施工技术资料、施工成本控制、环境保护、工程案例、附表等。

中国中铁一局集团有限公司多年从事盾构施工与管理，其社会效益及经济效益特别显著，使质量保证、施工安全、工期缩短、能耗降低。本书针对公司多年来专业从事的盾构施工项目，以工程实践为基本，融入作者在这一领域多年的积累，系统地总结了该工法的施工管理与技术等实践知识，为推动盾构工程新技术、新材料、新设备、新工艺的发展起到抛砖引玉的作用。书中介绍的有关施工与管理的方法可以供读者参考、借鉴。

本书内容系统完整、图文并茂、内容新颖，充分体现实用性和可操作性，具有较强的指导作用和使用价值。本书由王云江、曾益平担任主编，江泽礼、赵旭、史文杰担任副主编。

限于水平，本书存有疏漏和不当之处，敬请广大读者不吝指正。

编者
2013年5月

目 录

第一章 绪论 ··· 001
  第一节 概述 ·· 001
  第二节 盾构工法综述 ·· 003
    一、盾构施工法 ··· 003
    二、盾构施工法的主要特点 ·· 004
    三、盾构施工流程 ··· 004
    四、盾构施工的发展动向 ·· 004
    五、盾构法施工存在的问题 ·· 005

第二章 盾构管片 ··· 006
  第一节 管片的种类 ·· 006
    一、按断面形式分类 ··· 006
    二、按材质分类 ··· 006
    三、按适用线性分 ··· 007
  第二节 管环的构造 ·· 008
    一、管环的构成 ··· 008
    二、管环的分块 ··· 008
    三、管片的厚度和宽度 ·· 009
    四、管片的接头 ··· 009
    五、传力衬垫 ··· 010
    六、弹性密封垫与角部防水 ·· 011
  第三节 管片的制作 ·· 011
    一、场地及设备要求 ··· 011
    二、管模加工工艺 ··· 012
    三、管片生产 ··· 012
  第四节 管片的存放与运输 ··· 014
    一、管片存放及运输流程 ·· 014
    二、技术要求 ··· 014

　　　　三、质量保证措施 …………………………………………………………… 016
第五节　管片的检测 ………………………………………………………………… 016
　　　　一、材料检验 ………………………………………………………………… 016
　　　　二、管片精度及外观检查 …………………………………………………… 016
　　　　三、管片的试拼装 …………………………………………………………… 018
　　　　四、管片强度及抗渗试验 …………………………………………………… 018

第三章　盾构机 ……………………………………………………………………… 020

第一节　盾构机的基本构造 ………………………………………………………… 020
　　　　一、盾壳 ……………………………………………………………………… 020
　　　　二、隔板与平台 ……………………………………………………………… 022
　　　　三、盾尾密封装置 …………………………………………………………… 022
　　　　四、中折装置 ………………………………………………………………… 023
第二节　盾构机的功能 ……………………………………………………………… 024
　　　　一、挡土机构 ………………………………………………………………… 024
　　　　二、驱动机构 ………………………………………………………………… 024
　　　　三、掘削机构 ………………………………………………………………… 025
　　　　四、推进机构 ………………………………………………………………… 028
　　　　五、管片拼装机构 …………………………………………………………… 029
　　　　六、液压、电气及控制机构 ………………………………………………… 030
　　　　七、附属设施 ………………………………………………………………… 031
第三节　盾构机的主要性能和参数 ………………………………………………… 033

第四章　盾构施工准备 ……………………………………………………………… 037

第一节　盾构施工前的准备工作 …………………………………………………… 037
　　　　一、技术准备 ………………………………………………………………… 037
　　　　二、组织准备 ………………………………………………………………… 041
　　　　三、物资准备 ………………………………………………………………… 042
　　　　四、现场准备 ………………………………………………………………… 043
第二节　施工现场平面管理 ………………………………………………………… 046
　　　　一、施工平面布置原则 ……………………………………………………… 046
　　　　二、施工现场平面图布置的内容 …………………………………………… 046
　　　　三、施工现场功能区域划分要求 …………………………………………… 047
　　　　四、施工现场平面管理措施 ………………………………………………… 047
　　　　五、施工现场平面布置 ……………………………………………………… 048
第三节　端头加固施工 ……………………………………………………………… 049
　　　　一、隧道端头加固的目的 …………………………………………………… 049
　　　　二、隧道端头加固方法 ……………………………………………………… 049
第四节　盾构始发准备 ……………………………………………………………… 054

		一、始发准备	054
		二、始发流程	055
		三、洞门的凿除	055
		四、始发设施的安装	056
	第五节	盾构组装与调试	058
		一、设备吊装	058
		二、盾构调试	061
第五章	盾构掘进施工		063
	第一节	土压平衡盾构掘进	063
		一、土压平衡盾构的掘进模式	063
		二、渣土改良和管理	065
		三、掘进过程中盾构姿态控制	066
		四、盾构姿态调整与纠偏	067
		五、方向控制及纠偏注意事项	067
	第二节	泥水盾构掘进	068
		一、泥水盾构的构成	068
		二、开挖面稳定机理	068
		三、掘进参数管理	069
		四、泥水压力管理	070
		五、泥水分离技术	072
		六、适应地质范围	072
	第三节	特种盾构工法简介	073
		一、扩径盾构工法	073
		二、球体盾构法	074
		三、多圆盾构工法	076
		四、H&V盾构工法	077
		五、可变断面盾构工法	079
		六、偏心多轴盾构工法	080
	第四节	管片拼装	081
		一、盾构工程中的管片选型	081
		二、影响管片选型的因素	082
		三、管片的安装	082
		四、管片安装中的注意事项	084
		五、管片拼装操作安全	085
		六、管片上浮的控制	085
	第五节	盾构同步注浆（壁后注浆）	085
		一、注浆目的与方式	085
		二、注浆材料及配比设计	086

第六节　刀具的检查与更换……………………………………………………089
一、常压换刀……………………………………………………………089
二、带压换刀……………………………………………………………089
三、刀具检查与更换的安全要点………………………………………090

第七节　洞内出渣、运输及弃土外运……………………………………090
一、洞内水平运输………………………………………………………090
二、垂直运输……………………………………………………………091
三、渣土外运……………………………………………………………091

第八节　隧道通风、循环供水、照明……………………………………092
一、隧道通风……………………………………………………………093
二、隧道给排水…………………………………………………………093
三、隧道照明……………………………………………………………093

第九节　盾构机到达………………………………………………………094
一、盾构到达的准备工作………………………………………………094
二、接收基座的安装与定位……………………………………………094
三、到达段掘进…………………………………………………………094
四、洞门圈封堵…………………………………………………………095

第十节　盾构调头…………………………………………………………095
一、盾构调头施工策划及施工准备工作………………………………095
二、盾构机调头施工……………………………………………………098
三、后配台车设备调头施工……………………………………………101

第十一节　盾构机解体、退场及保养……………………………………102
一、盾构机的解体拆卸…………………………………………………102
二、盾构机的退场………………………………………………………104
三、盾构机的维护保养…………………………………………………104

第十二节　地中对接技术…………………………………………………108
一、机械对接技术………………………………………………………109
二、辅助施工对接技术…………………………………………………109

第十三节　特殊地段施工…………………………………………………112
一、浅覆土层施工………………………………………………………112
二、小半径曲线施工……………………………………………………112
三、大坡度区段施工……………………………………………………112
四、地下管线过程施工…………………………………………………113
五、地下障碍物处理……………………………………………………113
六、穿越建（构）筑物施工……………………………………………113
七、穿越江河地段施工…………………………………………………114

第十四节　盾构法施工控制………………………………………………114
一、盾构进出洞控制……………………………………………………114
二、盾构隧道的线形控制………………………………………………115

　　　　三、开挖控制 ··· 115
　　　　四、土压（泥水压）控制 ·· 115
　　　　五、泥浆性能控制 ··· 115
　　　　六、排土量控制 ··· 116
　　　　七、管片拼装控制 ··· 116
　　　　八、注浆控制 ·· 117
　　　　九、情况处理 ·· 118

第六章　施工测量与监控量测 ··· 119

第一节　盾构施工测量 ·· 119
　　　　一、盾构法测量工作的主要内容 ··· 119
　　　　二、测量工艺流程 ··· 119
　　　　三、测量方法及技术措施 ·· 120
　　　　四、施工中常见问题及主要对策 ··· 129
　　　　五、施工机具及劳动力配置 ··· 129
　　　　六、质量控制标准 ··· 130
　　　　七、测量注意事项 ··· 130

第二节　盾构施工监控量测 ·· 130
　　　　一、技术要求 ·· 131
　　　　二、监测项目 ·· 131
　　　　三、施工监测流程 ··· 132
　　　　四、测点布置及监测方法 ·· 132
　　　　五、监测数据分析处理及采取的措施 ··· 137
　　　　六、监测控制标准、警戒值 ··· 138
　　　　七、施工机具及劳动力配置 ··· 139
　　　　八、施工监测注意事项 ··· 139

第七章　盾构隧道的防水 ··· 140

第一节　衬砌结构防水的目的和漏水的原因 ··· 140
　　　　一、防水目的 ·· 140
　　　　二、防水原则 ·· 140
　　　　三、隧道漏水的原因 ··· 140

第二节　管片结构的自防水 ·· 141
　　　　一、管片的制作精度 ··· 141
　　　　二、管片的防水涂层 ··· 141
　　　　三、管片生产中的注意事项 ··· 142

第三节　管片接缝的防水 ··· 142
　　　　一、管片接缝的防水 ··· 142
　　　　二、接缝防水密封垫 ··· 144

	三、嵌缝材料及施工 …………………………………………………… 144

            四、堵漏技术 …………………………………………………………… 145
    第四节 其他措施 …………………………………………………………… 146
            一、螺栓孔防水 ……………………………………………………… 146
            二、吊装孔的防水措施 ……………………………………………… 146
            三、管片与地层空隙防水措施 ……………………………………… 146
    第五节 盾构隧道附属结构的防水 ………………………………………… 147
            一、联络通道防水 …………………………………………………… 147
            二、隧道洞门防水 …………………………………………………… 149

第八章 盾构施工质量控制 …………………………………………………… 151

    第一节 工程项目质量控制的原则与程序 ………………………………… 151
            一、质量控制的原则 ………………………………………………… 151
            二、施工质量控制程序 ……………………………………………… 152
            三、施工质量管理程序 ……………………………………………… 152
    第二节 施工质量验收标准 ………………………………………………… 153
            一、管片制作的质量控制 …………………………………………… 153
            二、管片预制工程验收 ……………………………………………… 159
            三、管片防水工程验收 ……………………………………………… 161
            四、管片拼装工程验收 ……………………………………………… 162
            五、盾构成型隧道验收 ……………………………………………… 163
    第三节 工程施工的质量控制 ……………………………………………… 163
            一、技术准备的质量控制 …………………………………………… 163
            二、现场施工准备的质量控制 ……………………………………… 164
            三、材料的质量控制 ………………………………………………… 164
            四、施工机械设备的质量控制 ……………………………………… 164
            五、施工过程的质量控制 …………………………………………… 165
            六、竣工验收阶段的质量控制 ……………………………………… 166
    第四节 施工质量保证措施 ………………………………………………… 166
            一、原材料质量保证措施 …………………………………………… 166
            二、计量保证措施 …………………………………………………… 167

第九章 施工安全控制 ………………………………………………………… 168

    第一节 施工安全技术保证体系与施工安全管理组织 …………………… 168
            一、施工安全技术保证体系 ………………………………………… 168
            二、施工安全管理组织 ……………………………………………… 168
    第二节 安全技术措施 ……………………………………………………… 169
            一、施工准备阶段安全技术措施 …………………………………… 169
            二、施工阶段安全技术措施 ………………………………………… 170

第三节　安全文明施工措施与施工安全检查·· 171
　　　　一、安全文明施工措施·· 171
　　　　二、安全生产措施·· 174
　　　　三、施工安全检查·· 175
　　第四节　安全信息化管理·· 176
　　　　一、安全信息化管理·· 176
　　　　二、施工安全信息保证体系·· 178
　　　　三、施工安全科学管理的基本框架·· 178
　　第五节　应急安全技术措施·· 179
　　　　一、应急预案的方针与原则·· 179
　　　　二、应急预案工作流程图·· 179
　　　　三、应急救援组织机构与应急救援预案流程·· 180
　　　　四、应急方案·· 181
　　第六节　风险规避与应急预案·· 183
　　　　一、风险源及控制措施·· 183
　　　　二、隧道突发事件的预防措施·· 184
　　　　三、快速反应技术措施·· 184
　　　　四、邻近建（构）筑物保护的预防措施·· 185
　　　　五、施工应急抢修材料、设备配备·· 186

第十章　施工技术资料·· 187

　　第一节　施工技术资料的分类、作用及要求·· 187
　　　　一、施工技术资料的分类·· 187
　　　　二、施工技术资料的作用·· 187
　　　　三、施工技术资料的基本要求·· 188
　　第二节　施工准备阶段的技术资料·· 188
　　　　一、施工组织设计·· 188
　　　　二、施工技术方案·· 192
　　第三节　施工过程中的技术资料·· 194
　　　　一、三图一表·· 194
　　　　二、技术交底·· 197
　　第四节　工程竣工技术资料·· 198
　　　　一、质量检验资料·· 198
　　　　二、质量记录资料·· 200

第十一章　环境保护·· 202

　　第一节　施工环保防治目标·· 202
　　第二节　环境污染防治措施·· 202
　　　　一、噪声污染防治措施·· 202

	二、大气污染防治措施	203
	三、水污染防治措施	203
	四、固体废物污染防治措施	204
第三节	施工环保计划	205
	一、环境监测计划	205
	二、环境监控计划	205
	三、防止和减轻水、大气污染计划	205
	四、临时设施工程管理计划	205
	五、噪声控制计划	205
	六、加强运输车辆的管理计划	206
	七、防火计划	206
	八、防止污染计划	206
	九、环境卫生计划	207
	十、施工现场不扰民计划	207
	十一、施工现场有毒有害废弃物污染控制计划	208
	十二、施工现场环境保护管理计划	208
	十三、地下管线及其他地上地下设施的加固计划	208
	十四、减少降低环境污染和噪声的计划	209

第十二章　工程综合案例　210

附表　219

附表1　单位工程验收记录表　219
附表2　分部分项工程验收记录表　223
附表3　区间检验批验收记录表　234

参考文献　264

第一章
绪　论

第一节
概　述

　　近些年，城市人口的迅速增加，导致车辆堵塞、道路通行不畅，给城市带来交通拥挤、环境污染与能源危机等一系列问题。面对城市人口不断增加的状况，各大城市都存在乘车难和行路难的问题，因此发展城市公共交通，缓解交通拥挤是当前大城市迫切需要解决的问题。随着我国国民经济及城市建设的飞速发展，城市轨道交通正迎来史无前例的建设高潮。对地下空间的开发利用成为解决城市交通拥挤、土地资源紧张问题的有效途径，城市地铁已经在社会公共功能中扮演越来越重要的角色。城市轨道与城市中其他交通形式相比，除了能避免城市地面拥挤和充分利用地下、高架空间外，还有很多优点：一是运量大，二是速度快，三是无污染，四是时间准，五是能耗低，六是安全舒适。

　　隧道施工技术在我国的基础设施建设等领域发挥了越来越重要的作用。隧道施工方法有明挖法、矿山法、暗挖法、沉管法、掘进机法、顶管法和盾构法等多种，其中盾构法在城市地铁区间隧道中大量应用，具有机械化程度高、地面影响小、安全、工人劳动强度低、进度快等优点，该工法特别适合城市地铁区间隧道工程。

　　我国是20世纪50年代开始引进盾构法修建隧道工程的。1970年，上海隧道工程公司使用直径为10.2m的挤压式盾构，修建了穿越黄浦江的第一条水下隧道，从而实现了中国用盾构法修建隧道"零"的突破。1988年完工的另一条黄浦江水下隧道——延安东路北线隧道，盾构施工段长1476m，线路平面呈S形，曲率半径500m，纵坡3‰。该隧道除穿越黄浦江外，还要在高层建筑群和地下管线等重要环境保护地段通过，是用我国自行设计和制造的直径为11.3m的网格式水利机械盾构修建的。进入20世纪90年代，上海地铁1号线采用法国FCB公司设计的盾构（其车架、拼装机、螺旋机、皮带机、搅拌机等设备在上海配套制造）完成了总长18.5km的单线圆形区间隧道（内径5.5m，外径 6.2m）施工。

以城市地铁盾构法技术为代表，盾构法技术不仅采用了土压平衡盾构，也采用了泥水平衡盾构，还有复合式盾构。除区间单圆盾构外，在上海地铁施工中还采用了双圆盾构一次施工两条平行的区间隧道。盾构隧道地面环境除复杂的建构筑物外，也有在江下、湖下穿越的（上海穿越黄浦江、广州穿越珠江、南京穿越玄武湖）；盾构穿越地层除黏土、淤泥质软土、砂黏土外，还有砂层、砂砾层、卵石层以及较高强度的岩石地层等。需要特别指出的是，广州地铁 2 号线经研究采用了具有土压平衡、气压平衡和局部气压平衡模式的新型复合盾构，成功修建了既有软土又有坚硬岩石以及断裂破碎带等复杂地层的区间隧道，打破了长期以来盾构法应用地质禁区的限制，大大拓宽了盾构法的应用范围。

目前，我国地铁盾构法隧道管片环宽已从 1.0m 普遍加大到 1.2m。广州地铁 2 号线施工中率先采用了 1.5m 环宽的管片，为目前地铁区间隧道所用的最宽管片，其有利于提高隧道结构的整体刚度，且拼装接缝减少，安装效率提高，同时节约成本。接缝大多采用遇水膨胀橡胶或三元乙丙橡胶弹性密封防水，使隧道建成后不渗不漏，可达到 A 级防水标准。

在施工中已采用激光导向或陀螺仪导向，并辅助以人工测量技术，以及运用盾构推进油缸分区操作和姿态控制与纠偏技术、管片排版选型和拼装技术等，可将隧道线性精度控制在 30～50mm，管片错台高度控制在 5～10mm。管片背后环形间隙注浆除采用日本常用的即时注浆和欧洲采用的惰性浆液同步注浆外，还可采用我国已开发出的非惰性浆液的同步注浆技术，它具有更好的早期稳定管片和控制地层沉降效果。

目前，我国在掘进控制、泥水与土压力和排渣管理、渣土改良、防止刀盘结"泥饼"技术等方面已做得很好；端头加固、联络通道施工、始发到达、安全换刀、信息化施工等技术也已完全掌握；在盾构的故障诊断及管片养修上亦有了较完善技术，可以达到 55%～67% 的高机时利用率。

我国盾构施工中的地表隆沉量一般可控制在 $-20\sim+10$ mm，可以在距已有建构筑物很近的距离下安全掘进隧道。广州地铁 2 号线三区间隧道穿越既有 14 股铁路轨道，轨面沉降控制在 5mm 以内，轨道沉降差小于 2mm。上海地铁 2 号线近距离下穿地铁 1 号线区间隧道、引水箱涵和地下室，地面沉降控制在 3.5～8.5mm。盾构掘进速度一般平均为 180～200m/月，广州地铁 2 号线穿越三区间最高月进度 405m，平均进度为 236m/月。在相似地层的广州地铁 3 号线大汉区间，盾构施工进度平均已达 334m/月，最高月进度达到 562.5m，达到国际先进水平。

根据国家"十三五"现代综合交通运输体系发展规划，在"十三五"期间完善优化超大、特大城市轨道交通网络，推进城区常住人口 300 万以上的城市轨道交通成网，加快建设大城市市域（郊）铁路，有效衔接大中小城市、新城新区和城镇。目前，我国投入运营的城市轨道交通里程超过 5142 公里，总投资超过 8500 亿元，国内（不包括港澳台）共有超过 30 座城市开通了地铁，总地铁里程已经达到世界第一。

"十三五"期间，全国 40 个城市新开工轨道交通线路 96 条，全长 2211 公里，总投资 15021 亿元。其中北京轨道交通运营里程以 900 公里居全国首位，上海以 800 公里居次席。杭州市轨道交通建设五年（2017～2021 年）全面开通运营 10 条地铁线、2 条城际线，轨道交通网总里程达 446 公里。

第二节 盾构工法综述

一、盾构施工法

盾构是在与隧道形状一致的盾构外壳内，装备着推进机构、挡土机构、出土运输机构、安装衬砌机构等部件的隧道开挖专用机械。盾构法就是使用盾构修建隧道的方法，它是使用盾构在地下掘进，在防止开挖面坍塌和保持开挖面稳定的前提下，同时在机内安全地进行隧道的开挖作业和衬砌作业，从而构筑成隧道的施工法。

盾构法是一项综合性的施工技术。盾构法施工的概况如图1-1所示。构成盾构法的主要内容是：先在隧道某段的一端建造竖井或基坑，以供盾构安装就位。盾构从竖井或基坑的墙壁预留孔处出发，在地层中沿着设计隧道轴线，向另一竖井或基坑的设计预留孔洞推进。盾构推进中所受到的地层阻力，通过盾构千斤顶传至盾构尾部已拼装的预制衬砌，再传到竖井或基坑的后靠壁上。盾构是这种施工方法的核心，是一个既能支承地层压力，又能在地层中推进的圆形、矩形、马蹄形或其他特殊形状的钢筒结构。盾构隧道的基本断面形状是圆形，因为圆形断面抵抗地层中的土压力和水压力效果较好，衬砌拼装方便，构件通用性强，易于更换而应用广泛。后陆续开发应用了多圆和异型盾构，其直径稍大于隧道衬砌的直径。在钢筒的前面设置各种类型的支撑和开挖土体的装置，在钢筒中段周围内安装顶进所需的千斤顶，钢筒尾部是具有一定空间的壳体，在盾尾内可以安置数环拼成的隧道衬砌环。盾构每推进一环距离，就在盾尾支护下拼装一环衬砌，并及时向盾尾后面的衬砌环外周的空隙中压注浆体，以防止隧道及地面下沉。盾构在推进过程中不断从开挖面排除适量的土方。

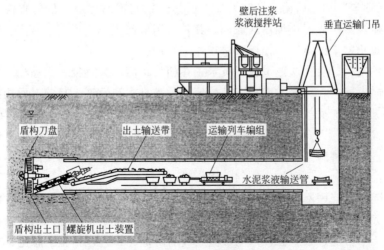

图1-1 盾构法施工的概况（土压平衡）

盾构法施工时还需要有地下水的降低，稳定地层、防止隧道及地面沉陷的土壤加固措施，隧道衬砌结构的制造，地层的开挖，隧道内的运输，衬砌与地层间的充填，衬砌的防水与堵漏，开挖土方的运输及处理，配合施工的测量、监测技术，合理的施工布置等其他施工技术密切配合才能顺利进行。

二、盾构施工法的主要特点

(1) 盾构施工机械化程度高,其对地层的适应性好。
(2) 能够承受围岩压力,施工安全。
(3) 适用于各种土层。
(4) 地面作业很少(除竖井外),隐蔽性好,噪声、振动等因素引起的环境影响小。
(5) 隧道施工的费用和技术难度基本不受覆土深度的影响,适宜于建造深埋隧道,其埋设深度可以很深而不受地面建筑物和交通的限制。
(6) 穿越河底或海底时,不影响通航,也不受气候的影响。
(7) 穿越地面建筑群和地下管线密集的区域时,对周围环境影响较小。
(8) 盾构推进、出土、拼装衬砌等主要工序循环进行,易于管理,施工人员较少。
(9) 工程造价低。
(10) 施工工期短。

三、盾构施工流程

始发井交付使用→盾构托架就位→盾构机下井、安装、调试→初始掘进(初始掘进长度 $L \approx 100\text{m}$)→负环拆除及其它调整→正常掘进→盾构机到达中间站→盾构机通过中间站→盾构机再次安装、调试→盾构机再次初始掘进→正常掘进→盾构机到达终点站→盾构机解体外运→隧道清理,准备验收。盾构施工流程如图 1-2 所示。

四、盾构施工的发展动向

盾构施工法开挖面稳定技术从压气施工法的"气"演变到泥水式的"水"和土压式的"土"。"开挖面稳定"和"盾构开挖"的技术已达到较完善的程度。目前盾构一般指密封式的泥水式和土压式盾构。泥土加压式盾构因其具备用地面积小、适用土质广、残土容易处理等优点,在建筑物密集的市区,使用数量正逐年增加。

从世界范围来看,盾构法隧道施工技术正在朝长距离、大直径、大埋深、复杂断面和高度自动化的方向发展,在这些方面处于领先地位的是日本和欧洲。目前,盾构技术的发展动向是:开发超大断面的盾构和 MF 盾构、DOT 盾构等多断面盾构,加上在衬砌和开挖方面采用 ECL 施工法的技术,采用省力化的管片自动组装装置,以及采用自动测量进行开挖控制,用计算机进行各种施工管理而实现管理系统化等的开发研究,为提高盾构法施工的安全性、施工性和经济性展示了更加广阔的应用前景。

近几年,随着"互联网+智慧工地"概念提出,盾构施工亦朝着智能化方向发展。例如由中铁工程服务有限公司创新研发的盾构云综合管控平台便是"智慧盾构"的有效体现。

盾构智能化平台通过系统预警,能够做到提前防范。平台包括施工总览、在线监控、预警系统、设备管理、隧道质量管理、管片管理等功能。通过在线监控功能将平台通过网络与盾构机 PLC 连接,将盾构机刀盘扭矩、土仓压力、注浆压力、盾构姿态等施工参数实时上传,从而实现盾构施工实时监控。

智能化平台对于轨道交通盾构施工管理和盾构设备管理发挥了积极作用。比如,通过管控平台可实时监控盾构机相关掘进参数,实现浆液自动称重,由业主核查,监理负责上传成型管片质量，减少隐瞒问题；施工过程全记录，保证生产进度，限制施工速度过快带来的安全质量问题。

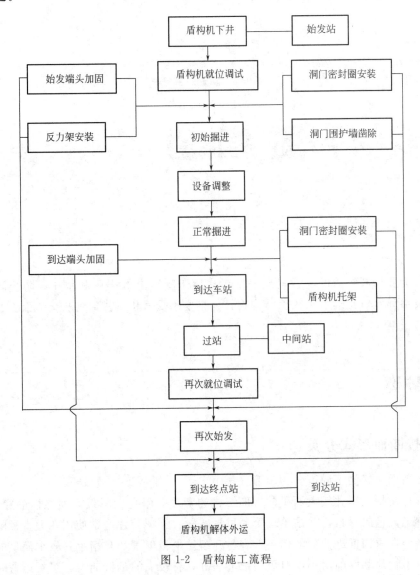

图 1-2　盾构施工流程

五、盾构法施工存在的问题

(1) 当隧道曲线半径过小时，施工较为困难。

(2) 在陆地建造隧道时，如隧道覆土太浅，则盾构法施工难度很大；而在水下时，如覆土太浅，则盾构法施工不够安全。

(3) 盾构施工中采用全气压方法以疏干和稳定地层时，对劳动保护要求较高，施工条件差。

(4) 盾构法隧道上方一定范围内的地表沉陷限制在很小的限度内。

(5) 在饱和含水地层中，盾构法施工所用的拼装衬砌，对达到整体结构防水的技术要求较高。

第二章 盾构管片

管片作为盾构开挖后的一次衬砌，支撑作用于隧道上的土压和水压，防止隧道土体坍塌、变形及渗漏水，是隧道永久性结构物，并且要承受盾构推进时的推力以及其他荷载。

第一节 管片的种类

一、按断面形式分类

管片按断面形式的不同可分为箱形（含中字形）、平板形、波纹形。

箱形管片是指因手孔较大而呈肋板形结构的管片。手孔大不仅方便螺栓的穿入和拧紧，而且也节省了大量的材料，并使单块管片重量减轻。箱形管片通常使用在大直径隧道中，但若设计不当，在盾构推进油缸的作用下容易开裂。平板形管片是指手孔较小而呈曲板形结构的管片，由于管片截面削弱小，对盾构推进油缸具有较大的抵抗能力，正常运营时对隧道通风阻力也小。

二、按材质分类

目前较常使用的管片主要有钢管片、球墨铸铁管片和钢筋混凝土管片。

1. 钢管片

钢管片的优点是重量轻、强度高、组装运输容易、可任意安装加固材料、加工容易；缺点是耐锈蚀性差、成本昂贵、金属消耗量大。钢管片比钢筋混凝土管片具有更大的承受不均匀荷载和变形的能力，常用于隧道通过高层建筑或桥梁等局部荷载下，以及地层不均匀的地段。

2. 球墨铸铁管片

球墨铸铁管片的特点是强度好、耐久性好、制作精度高；与混凝土管片相比密度小、掘削面小，只在少数特殊衬砌和承受特殊荷载的地点选用（如隧道联络通道，急转弯处等）。其缺点是成本较高，焊接困难。

3. 钢筋混凝土管片

由于施工条件和设计方法的不同，钢筋混凝土管片具有不同的形式，按管片手孔成形大小区分，可大致分为箱形和平板形两类。钢筋混凝土管片按照配筋，又可分为浅埋管片、中埋管片以及深埋管片，甚至还有超深埋管片。在管片生产时，根据盾构隧道设计埋深及地下水文地质情况，对混凝土管片进行分别配筋并使用抗压强度、抗渗强度不同的混凝土。深埋管片的配筋要求严格，管片抗压及抗渗强度要求高；中埋管片次之；浅埋管片要求最低。在我国北方地区，一般均为砂卵石层及粉细砂层，不做深埋浅埋的区分；南方地区由于大都为黏性土层等，需要根据具体情况分为深埋、中埋、浅埋等。钢筋混凝土管片成本低、耐久性好，可构建实用、无障碍衬砌。

管片因使用材料、断面形式及接头方式的不同而异，分类如表 2-1 所示。

表 2-1　管片按材料、断面形式及接头方式分类

材质	断面形式	接头方式
钢筋混凝土管片	箱形	直螺栓
	平板形	直螺栓
		弯螺栓
		榫接头
		铰接头
		楔接头
铁质管片（铸铁、球墨铸铁）	波纹形	直螺栓
	箱形	直螺栓
钢管片	箱形	直螺栓
复合管片（钢板＋钢筋混凝土）	平板形	直螺栓
		榫接头

三、按适用线性分

1. 楔形管片

具有一定锥度的管片称为楔形管片。楔形管片主要用于曲线施工和修正轴向起伏。管片拼装时，根据隧道线路的不同，直线段采用标准环管片，曲线段施工时采用楔形管片（左转弯环、右转弯环）。由楔形管片组成的楔形环有最大宽度和最小宽度，用于隧道的转弯和纠偏。用于隧道转弯的楔形管片由管片外径和相应的施工曲线半径而定。楔形环的楔形角由标准管片的宽度、外径和施工曲线的半径而定。采用这类管片时，至少需要三种管模，即标准环管模、左转弯环管模和右转弯环管模。

2. 通用管片

通用管片是针对同一条等直径隧道而言的。该管片既能适用于直线段隧道，也能适用于不同半径的曲线段隧道。通用管片就是由楔形管片拼装而成的楔形管环。所谓通用，就是把楔形管环实施组合优化，使得楔形管环能适用于不同曲率半径的隧道。

第二节
管环的构造

一、管环的构成

盾构隧道衬砌的主体是管片拼装组成的管环。如图 2-1 所示，管环通常由 A 型管片（标准块）、B 型管片（邻接块）和 K 型管片（封顶块）构成，管片之间一般采用螺栓连接。封顶块 K 型管片根据管片拼装方式的不同，有从隧道内侧向半径方向插入的径向插入型（图 2-2）和从隧道轴向插入的轴向插入型（图 2-3）以及两者并用的类型。半径方向插入型为传统插入型，早期施工实例很多。但在 B-K 管片之间的连接部，除了有弯曲引起的剪切力作用其上外，由于半径方向是锥形，作用于连接部轴向力的分力也起剪切力的作用，从而使得 K 管片很容易落入隧道内侧。因此，不易脱落的轴向插入型 K 管片被越来越多地使用。这也与盾构隧道埋深加大，作用于管片上的轴向力比力矩更显著有关系。使用轴向插入型 K 管片时，需要推进油缸的行程要长些，因而盾尾长度要长些。有时在轴向和径向都使用锥形管片，将两种插入型 K 管片同时使用。径向插入型 K 管片为了缩小锥形系数，通常其弧长为 A、B 管片的 1/3~1/4；而轴向插入型 K 管片，其弧长可与 A、B 管片同样大小。

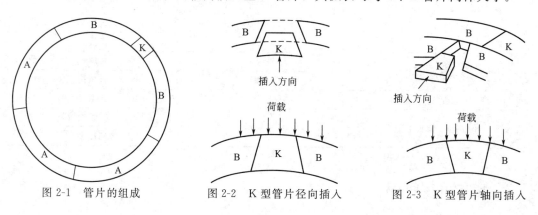

图 2-1 管片的组成　　图 2-2 K 型管片径向插入　　图 2-3 K 型管片轴向插入

二、管环的分块

管环的分块数，从降低制作费用、加快拼装速度、提高防水性能角度看，是越少越好。但如果分块过少的话，单块管片的重量增加，从而导致管片在制作、搬运、洞内操作及拼装过程中出现各种各样的问题。管环的分块数应根据隧道的直径大小、螺栓安装位置的互换性（错缝拼装时）而定。地铁隧道常用的分块数为 6 块（3A＋2B＋K）和 7 块（4A＋2B＋K）。

封顶块有大、小两种，小封顶块的弧长 S 以 600~900mm 为宜。封顶块的楔形量宜取 1/5 弧长左右，径向插入的封顶块楔形量可适当取大一些，此外每块管片的环向螺栓数量不得少于 2 根。

管环分块时需要考虑相邻环纵缝和纵向螺栓的互换性，同时尽可能地考虑让管片的接缝安排在弯矩较小的位置。一般情况下，管片的最长弧长宜控制在4m左右，管环的最小分块数为3块，小于3块的管片无法在盾构内实施拼装。

三、管片的厚度和宽度

1. 管片的厚度

管片的厚度要根据盾构外径、土质条件、覆盖土荷载确定，但它必须首先能承受施工时推进油缸的推力。管片的厚度过薄，极易在施工过程中损伤及引起结构的不稳定。管片的厚度一般需根据计算或工程类比而定。根据工程实践，管片厚度可取隧道外径的4%～6%，隧道直径大者取小值，小直径隧道取大值。计算式如下：

$$H_s = (0.04 \sim 0.06)D$$

式中　D——隧道的外径，m；

　　　H_s——管片的厚度，m，对钢筋混凝土管片，一般取0.05m。

2. 管片的宽度

管片的宽度从拼装性、弯道施工性方面讲，越小越好；而从降低管片制作成本、提高施工速度、增强止水性能方面讲，则是越大越有利。在确定管片宽度时，必须考虑以上这些条件和盾构的长度。

管片宽度增加后，如不能确保管片的抗扭刚性，那么应力集中等的影响就会增大，与管片宽度方向的应力分布就不能保持一致，从而起不到梁构件的作用。另外，管片宽度加大后，推进油缸的行程需相应增长，从而造成盾尾增长，会直接影响盾构的灵敏度，因此管片也不是越宽越好。在实际工程中，应对各种条件加以分析后再决定管片的宽度。

国内地铁隧道的钢筋混凝土管片最常用的宽度是1000mm、1200mm、1500mm三种。近年来，随着生产及吊运水平的提高，以及为满足节约防水材料、减少连接件等要求，国内11m级大直径隧道的钢筋混凝土管片的宽度扩大到2000mm。

四、管片的接头

管片接头上作用着弯矩、轴向力以及剪切力，但其结构性能根据接面的对接状态和紧固方法有很大的不同。有的拼接方法即使不设紧固装置，也能抵抗基本的剪切力。传统上多使用全面的拼对方式，但最近部分对接、楔式对接及转向对接的使用频率有日趋增长的趋势。为了提高管片环的刚性，管片接头多用金属紧固件连接。为了达到管片拼装高效化、快速化的目的，开发了多种金属紧固件。

管片有环向接头和纵向接头。接头的构造形式有直螺栓、弯螺栓、斜插螺栓、榫槽加销轴等，如图2-4所示。为了避免管片采用弯螺栓或大面积开孔，开发了斜插螺栓的形式。直螺栓接头是最普遍使用的接头形式，不仅用于箱形管片，也广泛用于平板形管片。直螺栓连接条件最为优越，在施工方面，该形式的螺栓就位、紧固等最能让施工人员接受。弯螺栓接头是在管片的必要位置上预留一定弧度的螺栓孔，拼装管片时把弯螺栓穿入弯孔，将管片连接起来。

斜插螺栓在欧洲是最常用的接头形式。由于相邻环之间采用有效的榫槽错缝拼装形式，因此隧道掘进到200环以后，一般多拆除所有环的纵向螺栓。欧洲专家认为：拆除螺栓以后的隧道，能适应普通的荷载以及一定强度（7度）的地震作用。环向的隧道接缝主要弯矩由相邻环的管片承担，另一部分由接头偏心受压面负担，故斜槽螺栓预埋螺母（螺栓套）的设计至关重要，其直接影响管片的拼装速度及施工质量。目前国内用于管片连接的斜插槽接头是一种改良型接头，该接头形式可避免管片大面积开孔，还可相应减少螺栓的用钢量。

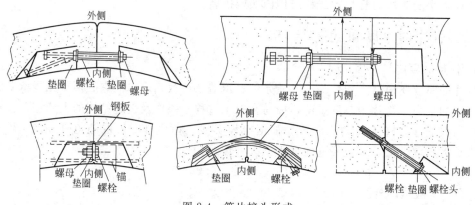

图 2-4　管片接头形式

环向接头的螺栓是把分散的管片进行连接的主体部件，螺栓的数量与位置直接影响圆环的整体刚度和强度。我国环向接头普遍采用单排螺栓，布置在管片厚度 1/3 左右的位置（偏于内弧侧），每处螺栓的接头数量不少于 2 根。

五、传力衬垫

传力衬垫粘贴在管片的环缝和纵缝内，以起到应力集中时的缓冲作用。它不属于防水措施。衬垫材料根据不同位置、不同受力条件、不同使用习惯，其材料性质、厚度、宽度各有不同。国内最早明确提出使用衬垫的工程是上海地铁 1 号线试验段，当时主要采用的是 2mm 厚的胶粉油毡，以后的工程则大多采用丁腈橡胶软木垫，也有采用软质 PVC 塑料地板，或经防腐处理过的三夹板等。软质 PVC 塑料地板及胶粉油毡薄片在混凝土预制块中受压时，均反映出加工硬化的特点。

目前，地铁盾构用管片的传力衬垫一般采用厚度为 3mm 丁腈橡胶软木垫，衬垫使用单组分氯丁-酚醛胶黏剂粘贴在管片上。一般除封顶块贴 1 块传力衬垫外，其余每块管片上贴 3 块传力衬垫，见图 2-5。

图 2-5　平板形钢筋混凝土管片

六、弹性密封垫与角部防水

管片接缝面防水是盾构法隧道防水的重要环节。盾构法隧道防水的核心就是管片接缝防水,接缝防水的关键是接缝面防水密封材料及其设置。一般在管片的接缝面设置密封材料沟槽,在沟槽内贴上框形三元乙丙橡胶或遇水膨胀橡胶弹性密封垫圈进行防水。管片角部防水一般采用自黏性橡胶薄片,其材料为未硫化的丁基橡胶薄片,尺寸一般为长200mm、宽80mm、厚1.5mm。

第三节
管片的制作

一、场地及设备要求

1. 场地要求

管片生产场地内主要由混凝土搅拌系统,管片制作车间、钢筋成型车间、管片水养护池、管片成品仓储堆场及其他辅助设施组合而成。各组成部分既有独立的使用功能,又是互相匹配有机组合的整体,从而形成了能满足管片制作、储存和发送要求的总体布局。管片生产场地布置见图2-6。

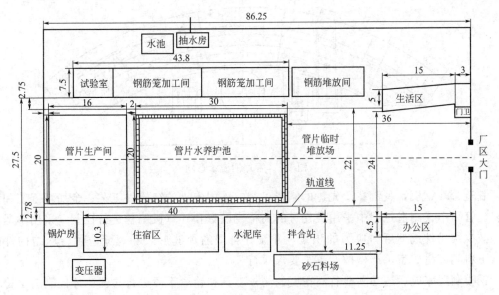

图2-6 管片生产场地规划实例

2. 设备要求

管片生产中需要起重设备、运输设备、模具、养护设备等机械设备互相配合使用。各个设备的型号和大小需根据管片生产的实际规模和场地条件进行配置。管片生产中还需配备检测仪器,检测仪器需经过质监部门检测合格后方可使用。管片生产资源配备表见表2-2。

表 2-2　管片生产资源配备表

序号	工作内容	设备名称
1	管片制作、脱模	桥式桁车
2	熟料搅拌及运输	混凝土搅拌机、矿用电瓶车、混凝土料斗
3	管片出入池翻身	液压翻身架
4	管片检测	检漏架、内径千分尺、游标卡尺
5	管片蒸养	油锅炉、蒸养罩
6	管片脱模	水平脱模吊具
7	钢筋制作	钢筋切断机、钢筋调制机、CO_2 保护焊机、交(直)流电焊机、钢筋弯曲机、钢筋滚弧机、5t 桥桁、钢筋骨架胎模
8	管片试拼装	微型千斤顶
9	管片仓储及运输	汽车吊、平板车、5t 龙门吊、水平吊具

二、管模加工工艺

钢模的结构主要由三大件（底座、两块侧板、两块端板）和相关构件组成，如图 2-7 所示。钢模的设计主要是围绕三大件的设计。从三大件的设计着手，需考虑它们的定位方式和开启方式等。端、侧板的开启方式有多种：采用底座弧面少量变形方式开启的端板；采用铰链翻合式开启的端、侧板；采用滚轮式平移开启的端、侧板；采用铰链翻合式开启的端板和采用滚轮式平移开启的侧板相结合的方式。

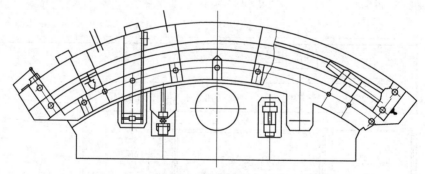

图 2-7　管片钢模示意图

制造管片钢模，关键在于先进的制造工艺，采用先进的结构件工艺、金加工工艺和装配工艺。管片钢模制造过程中采用最先进的高精度设备和计算机编程进行控制，采用不退火工艺，减少结构件成型后内应力的积聚，并设计合理的焊缝形式和焊缝位置；从结构件的放样、下料到装搭成型，严格按照工艺要求执行。

钢模制造完成后还必须要有高精度的测量工具和检测手段进行检测，才能制造出符合质量要求的钢模。采用高精度的样板作为检测工具，控制钢模制造过程中的误差，使装配尺寸容易控制，提高精度；还能使模芯定位更为精确，不再产生摇摆，使管片拼装变得简易。

三、管片生产

根据管片生产流程，按照管片制作工艺进行生产。生产过程中根据规范要求，对管片生产的温度、尺寸及原材料强度进行严格把关。管片生产计划工期横道图如图 2-8 所示，工艺流程图如图 2-9 所示。

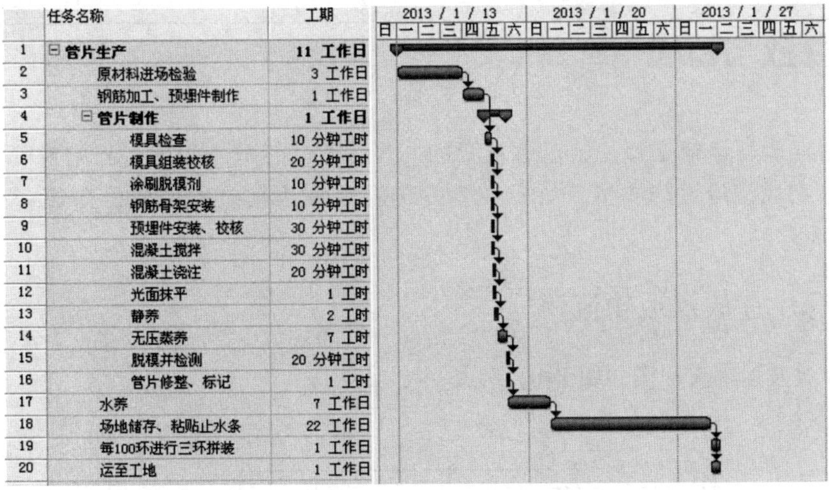

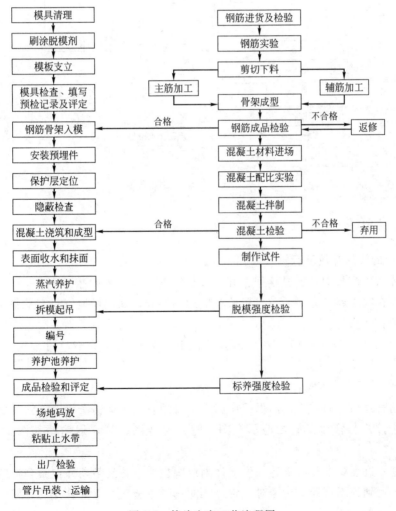

图 2-8 管片生产计划工期横道图

图 2-9 管片生产工艺流程图

第四节 管片的存放与运输

管片的存放与运输是管片施工中重要的一环,管片存放及运输过程中对管片成品的保护直接关系到成型隧道的质量,所以在管片的存放及运输过程中应严格遵守相关的质量要求。

一、管片存放及运输流程

管片存放及运输流程图如图 2-10 所示。

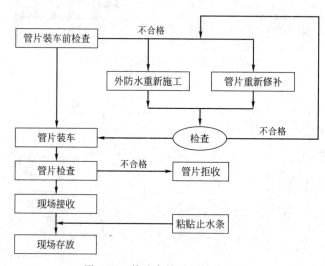

图 2-10 管片存放及运输流程图

二、技术要求

1. 管片厂的管片存放及运输

(1) 管片按生产日期及型号排列整齐,按规定进行水养及喷淋养护。

(2) 管片在浸水养护完毕后方可置放在储运场存放,储运场地应坚实平整,管片内弧面应向上平稳地置放整齐。

(3) 管片在场内应小心搬运及堆放,使因此引发的内应力不超过混凝土抗压强度的 1/3。

(4) 达到设计强度的管片才可出厂。

(5) 运输管片出厂时,管片内弧面应向上平稳地置放于运输车辆上,管片之间应垫有柔性材料,防止撞击。管片存放场地示意图、管片存放图、管片运输图如图 2-11~图 2-13 所示。

(6) 按施工进度要求和所下达的生产计划组织生产,达到龄期并检验合格的管片,有计划地由平板车运到施工现场,运输时,管片之间用垫木垫实,保证管片的完好性。

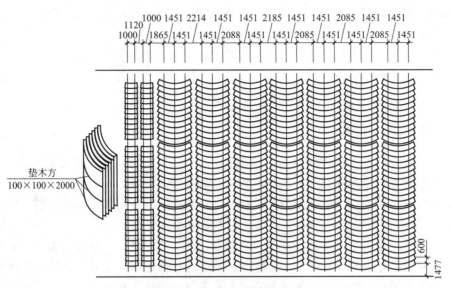

图 2-11 管片存放场地示意图

图 2-12 管片存放图

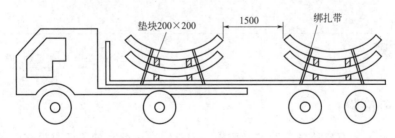

图 2-13 管片运输图

2. 施工工地的管片存放与运输

(1) 管片到达现场后,由龙门吊卸到专门的管片堆放区。在卸之前对管片进行逐一的外观检测,不符合要求(裂缝、破损、无标志等)的管片立即退回。管片吊放到两节拖卡上,之间用方木垫隔,拖卡上预先安放方木垫块以方便管片堆放。

(2) 标准管片和左、右转弯管片分开堆放,以方便吊运和存量统计。管片贴密封垫后,经专人检查合格（位置、型号、黏结牢固性等）才可吊下隧道使用。遇雨天管片上加盖罩设施，以确保雨季施工不受影响。

（3）管片下井采用龙门吊进行。洞内运输采用电瓶车牵引管片车。

（4）管片运到盾构机附近后，由专门设备卸到靠近安放位置的平台上，再送到管片安装器工作范围内，并从下到上依次安装到相应位置上。

三、质量保证措施

（1）检查管片水池养护时间是否达到要求，达到养护期后方可从水池中吊出，按型号区分储存。在储存前对堆放场地进行规划，预定好每块管片的堆放地。

（2）为保证管片堆放平稳，不被碰破损坏，管片垂直对方最多不超过三层，层与层之间使用三条 100mm×100mm×200mm（长）的木方作为衬垫。

（3）在管片装车前对管片外观质量进行检查，如气泡、破损、修补效果、预埋件等，并填写管片付运及装车外观检查记录表，如发现外部有轻微破损，需确认此管片需修补或其他处理，并填写修补记录表。如管片外部有较严重毁损，不能进行修补，需经监理确认此管片报废，然后将其吊入报废管片存放区，并填写不合格品通知单存档备案，做到有据可查，确保运往盾构现场的管片每片都合格。

（4）检查管片止水条及软木衬垫施工质量，如是否平整紧密。在搬运过程中，使用的吊具必须加用柔性垫块，确保管片不被损坏。

（5）管片的送货计划按盾构施工的具体情况，确定每天运输管片的数量和类型。

（6）计划出货的管片在装车前检查管片龄期是否达到设计要求，龄期强度必须符合设计要求才可出货。

（7）管片装车完毕，检查管片装车是否稳固，管片装车必须平稳并绑扎紧固。

（8）运输管片的车辆到达盾构施工现场进行交货时，由负责交货的质检员对管片进行最后一次外观检查，以确认管片出厂后在运输中是否有损坏。如管片有轻微破损，在盾构施工现场进行修补。如管片破损较为严重，将此管片运回场内进行修补或做其他处理。

第五节
管片的检测

一、材料检验

所有材料必须经有资质的实验室和质检部门检验，试验和加工证书提交监理工程师，经确认合格后才能使用。任何材料在未经过监理工程师批准前，不得使用。没有监理工程师的许可，不得改变材料的属性、质量、类别、型号、供应及加工来源。细心维护和严格密封水泥储罐或筒仓，以防潮湿和雨水。

二、管片精度及外观检查

钢模采用高精度模板，拼装合龙后接缝严密，四角无积油现象，符合表 2-3 的要求。

表 2-3 模板尺寸误差表

序号	项目	允许偏差	检验频率 范围	检验频率 点数	检验方法
1	宽度①	±0.3mm	每只	6	左、中、右三个断面的上、下各测一点
2	弦长	±0.4mm	每只	6	两侧各一点
3	底座夹角	±60″	每只	4	四角各检测一点
4	纵环向芯棒中心距	±0.5mm	每只	2	抽查
5	内腔高度	±1mm	每只	2	抽查

① 为主控项目。

加工钢筋的允许偏差,见表 2-4。

表 2-4 钢筋加工允许偏差

序号	检验项目	允许偏差/mm	检验工具	检验数量
1	主筋和构造筋长度	±10	钢卷尺	每班同设备生产 15 环同类型钢骨架,应抽检不少于 5 根
2	主筋折弯点位置	±10		
3	箍筋外廓尺寸	±10		

钢筋骨架的允许偏差,见表 2-5。

表 2-5 钢筋骨架允许偏差

序号	检验项目		允许偏差/mm	检验工具	检验数量
1	钢筋骨架	长	+5,-10	钢卷尺	按日生产量的 3% 进行抽检,每日抽检数量不少于 3 件,且每件的每个检验项目检查 4 点
		宽	+5,-10		
		高	+5,-10		
2	主筋	间距	±5		
		层距	±5		
3	箍筋间距		±10		
4	分布筋间距		±5		

钢筋管片拼装的检验方法及允许偏差,见表 2-6。

表 2-6 管片拼装允许偏差

检验项目	允许偏差 地铁隧道	允许偏差 公路隧道	允许偏差 铁路隧道	允许偏差 水工隧道	允许偏差 市政隧道	允许偏差 油气隧道	检验方法	检验数量 环数	检验数量 点数
衬砌环椭圆度/‰	±5	±6	±6	±8	±5	±6	断面仪、全站仪测量	每 10 环	—
衬砌环内错台/mm	5	6	6	8	8	8	尺量	逐环	4 点/环
衬砌环间错台/mm	6	7	7	9	9	9	尺量	逐环	

外观质量检验要求:每块管片都进行外观检验,管片表面光洁平整,无蜂窝、露筋,无

裂痕、缺角，无气泡、水泡，无水泥浆等杂物。灌浆孔螺栓套管完整，安装位置正确。轻微的缺陷进行修饰，止水带附近不允许有缺陷。

产品最终检验由安全质检部门派出的质量监督员负责。检验数据做好记录，并在产品规定位置上印上标识，表示经检验合格，可以进入水池养护。不合格的产品及时隔离。

三、管片的试拼装

1. 示范衬砌

在预制混凝土管片生产正式开始之前，制作三环完整的预制混凝土管片，包括螺帽、螺栓和其他附件，并提供检测报告供监理工程师审批，以展示预制混凝土管片结构在给定的公差要求之内。管片水平放置。在示范衬砌中包含一环转弯管片。

2. 做拼装检验

每套管模每生产100环抽查3环做水平拼装检验，管片试拼装采用多点可调度平台，可调平台的数量为12个。精度测试拼装时的环向螺栓的预应力按拧紧力矩控制，拧紧力矩控制在200~250kN·m之内，纵向螺栓的预应力拧紧力矩可控制在150~200kN·m之间。其水平拼装检验标准应符合表2-7的规定。

表2-7 试拼装检验标准

序号	项目	允许偏差/mm	检查频率		检验方法
			范围	点数	
1	拼装成环后初始椭圆率	≤25	每5环	1	尺量计算
2	第一环管片定位量	3	每环	1	尺量

环面平整度和相邻环高差按规范及合同要求执行。

3. 管片拼装质量控制

安装成环后，在纵向螺栓拧紧前，进行衬砌环椭圆度测量。当椭圆度大于20mm时，应做调整。管片拼装允许误差见表2-8。

表2-8 管片拼装允许误差

项目	允许偏差	备注
环面间隙	≤0.8mm	三环整环拼装（不加衬垫）
纵缝间隙	≤1.0mm	三环整环拼装（传力衬垫厚1mm）
对应的环向螺栓孔的不同轴度	≤1.0mm	
成环后内径	±2.0mm	
成环后外径	±2.0mm	

四、管片强度及抗渗试验

1. 混凝土抗压强度检验

混凝土的强度检验，要求其取样制作养护和实验必须符合现行国家标准《混凝土强度检验评定标准》(GB/T 50107) 的有关规定。

2. 抗弯试验

采用千斤顶分配梁系统加荷，加荷点标距 900mm，支撑管片两端和小车可沿地面轨道滑动。采取分级加荷法：每次加荷 10kN，注意记录裂缝产生和裂缝宽度为 0.2mm 时的荷载值；加荷完成后，静停 1min，记录压力表读数、中心加荷点及水平位置变量。抗弯试验在管片正式生产前进行，以验证管片抗弯能力。

3. 管片吊装孔抗拔试验

管片正式生产前做抗拔能力试验，验证管片吊装孔抗拔能力，以确保施工中管片安装安全。

4. 抗渗漏试验

检验设计混凝土配比能否满足抗渗的要求。抗渗试验的水压施加在实际工程的迎水面一侧或高水压一侧，水压力按 $p_水=(W_i+0.2)$MPa（稳压 2h 计算），W_i 按设计抗渗强度等级取 1.2MPa。做抗渗试验后，目测判断管片的抗渗指标是否满足。若管片侧向厚度方向的渗水高度 $h_水 \leqslant h/5-h/6$，(h 为管片厚度)，则说明抗渗合格，反之则不合格。

第三章 盾构机

第一节 盾构机的基本构造

盾构隧道掘进机，简称盾构机，是一种隧道掘进的专用工程机械。现代盾构掘进机集光、机、电、液、传感、信息技术于一体，具有开挖切削土体、输送土渣、拼装隧道衬砌、测量导向纠偏等功能，涉及地质、土木、机械、力学、液压、电气、控制、测量等多门学科技术，而且要按照不同的地质进行"量体裁衣"式的设计制造，可靠性要求极高。

盾构机主要由开挖系统，推进系统，排土系统，管片拼装系统，油压、电气、控制系统，姿态控制装置，导向系统，壁后注浆装置，后拖台车，集中润滑装置，超前钻机及预注浆，铰接装置，通风装置，土渣改良装置及其他一些重要装置如盾壳、人闸等组成。

一、盾壳

设置盾构外壳的目的是保护掘削、排土、推进、衬砌等所有作业设备、装置的安全，故整个外壳用钢板制作，并用环形梁加固支撑。一台盾构机的外壳沿纵向可分为前、中、后三段，通常又把这三段分别称为切口环、支撑环及盾尾，见图3-1。盾尾后端安装有盾尾密封。

1. 切口环

切口环位于盾构机的前方，该部位装有掘削机械和挡土设备，故又称为掘削挡土部。对于全敞开式盾构而言，通常切口的形状有阶梯形、斜承形、垂直形三种，见图3-2。切口的上半部较下半部凸出，呈帽檐状。凸出的长度因地层的不同而异，通常为300~1000m。但是对部分敞开式（网格式）盾构而言，也有无凸出帽檐的设计。对自立性地层来说，切口的长度可以设计得稍短一些；对无自立性地层而言，切口的长度应设计得长一些。掘削时把掘削面分成几段，设置几层作业平台，依次支承挡土、掘削。有些情况下，把前檐做成靠油缸伸缩的活动前檐。切口的顶部做成刃形；对砾石层而言，应做成T形。

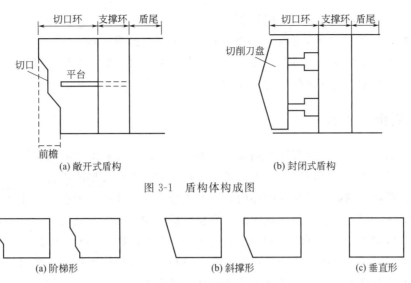

图 3-1　盾构体构成图

(a) 阶梯形　　(b) 斜撑形　　(c) 垂直形

图 3-2　切口形状

对于封闭式盾构，主要区别是在切口环与支撑环之间设有一道隔板，使切口部与支撑部完全隔开，即切口部的前端装有掘削刀盘，刀盘后方至隔板之间的空间称为土仓（或泥水仓）。刀盘背后的土仓内设有搅拌装置。土仓底部设有进入螺旋输送机的排土口。土仓上部留有添加材料主入口。此外，当考虑更换刀头、拆除障碍物、地中接合等作业需要时，应同时考虑到并用压气工法和可以出入掘削面的形式，因此隔板上应考虑设置人孔和压气闸。

2. 支撑环

支撑环连接切口环与盾尾，内部可安装切削刀盘的驱动装置、排土装置、盾构千斤顶等，或作为推进操作的场所。在人力开挖盾构的切口环中设置有支挡装置，支撑环承担支护开挖面千斤顶和盾构千斤顶反力，并且为盾构千斤顶等设备提供安装的空间，见图 3-3。

支撑环是盾构机的主体结构，承受作用于盾构机上的全部荷载。另外切口环和盾尾的设计都是根据支撑环具有足够刚度的假定进行的，故支撑环的设计非常重要。通常在支撑环的前方设置环状刚性结构作为补强措施，因此，支撑环的壳板有时设计得比切口环及盾尾板薄一些。支撑环的长度应根据安装盾构千斤顶、切削刀盘的轴承装置、驱动装置和排土装置的空间决定。封闭式盾构的切口环与支撑环用隔板隔开，切口环则成为用切削刀盘切削下来的渣土的通路。

图 3-3　盾构支撑环（中盾）的吊装

3. 盾尾

盾尾的长度需根据管片宽度和形状及盾尾密封装置的道数来确定，对于机械化开挖式、土压式、泥水加压式盾构，还要根据盾尾密封的结构来确定。盾尾的最小长度必须满足衬砌组装工作的需要，同时应考虑在衬砌组装后因破损而需更换管片、修理盾构千斤顶和在曲线

第三章　盾　构　机

段进行施工等条件，使其具有一些富余量。

盾尾板的厚度在不产生有害变形的前提下，应尽可能薄一些。在盾尾的尾端安装有密封材料，使之具有防水性能。另外，在盾尾中安装有管片拼装机。在带有可拆设备中，为了在支撑环处进行分割，钢壳部分分为前壳和后壳，或分割成几块，用方向控制千斤顶联结。

二、隔板与平台

在敞开式盾构中，需设有竖直隔板和水平工作台。隔板和平台的结构除能保证作业空间和加固支撑环之外，还必须具有与围岩条件相适应的开挖和支挡的构造。

隔板和平台一般均安装在支撑环内，二者组成 H 形、I 形、十字形、井字形等形状，形成一定的空间，用于安装支挡开挖面的千斤顶，保护配管和机器及堆渣设备等，同时也作为支撑环的加强构件。分隔开的空间大小以宽 1.2m 以上、高 1.8m 左右为宜。尺寸的选定应充分考虑支挡方法及开挖土沙的处理等因素。另外，平台是作为作业台使用，除承受开挖土沙、作业人员及排土装置、组装机等的荷载外，还应作为支撑环的加劲梁。

三、盾尾密封装置

盾尾密封装置通常安装在尾板和衬砌之间，是用于防止周围地层中的土沙、地下水、背后注入浆液、掘削面上的泥水、泥土从盾尾间隙流向盾构掘削仓而设置的封装措施。盾尾密封装置通常使用钢丝刷、脲烷橡胶或者两者的组合。

盾尾密封装置通常与衬砌保持同心圆状态，但也有装配成偏心圆或者椭圆形的情况。在曲线隧道施工时，盾尾空隙很难做到均等，因此，盾尾密封层数至少是设计的两倍，同时，其还要能抵抗注浆压力、地下水压力及泥浆压力。为了提高止水效果，通常设多级盾尾密封，具体数量视盾构外径、土质条件、地下水压力、施工中更换盾尾密封的情况而定。盾尾密封的材料有橡胶、树脂、钢制及不锈钢制等几种或其中几种的组合，其形状有刷状及板形，见图 3-4。

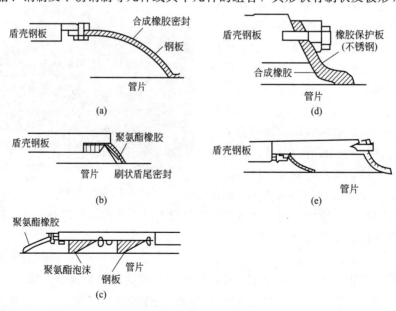

图 3-4 盾尾密封示意图

通常情况下，盾尾密封要求有高止水性和高寿命。盾尾中经常充填一些油脂类物质，随着推进不可避免地被损耗，必须准备定期补充油脂的设备。盾尾密封装置的寿命受其材质、结构形式所左右，此外，所使用的衬砌背面的物质、拼装精度对其也有很大影响，在选择时应充分考虑这些因素。特别是长距离施工或有急转弯小半径曲线施工时，要周密研究盾尾密封的材料、级数及充填材料的给脂方法等问题。

现阶段比较常用的盾尾密封装置由三道钢丝刷和一道弹簧钢板组成。每两道密封之间注入密封材料，如黄油等，用作防高压水措施，同时可减少钢丝刷密封件与隧道管片外表面之间的摩擦，延长密封件的寿命。盾尾密封中的钢丝刷是一部分一部分组合起来的，在磨损、损坏时可方便更换；钢丝刷的润滑是由装在后配套系统上的盾尾密封黄油泵通过在尾端的管道提供的，可按预定注油速度进行自动润滑或者进行人工操作。盾尾发生泄漏现象时的对策如下：

（1）针对泄漏部位集中压注盾尾油脂；
（2）配制初凝时间较短的双液浆进行壁后注浆，压浆部位在盾尾后3环钢丝密封刷处；
（3）利用垫放海绵等进行堵漏。

如上述措施效果不佳时，可用聚氨酯在盾尾一定距离处压浆封堵，或用充气膨胀密封装置进行封堵。

四、中折装置

在小曲率半径曲线施工时，可以把盾构做成折2节、3节的中折形式。中折装置的设置不仅可以减少曲线部位的超挖量，同时弯曲容易，使盾构千斤顶的负担亦得以减轻；推进时作用在管片上的偏压减小，施工性得以提高。另外，中折装置不仅可以做成水平中折，还可以做成纵向中折（即竖向中折），故而使掘进方向的修正变得容易。在仅靠中折装置不能满足小曲率半径施工要求的场合下，还应增加偏心掘削器，见图3-5；也有采用中折装置＋弯曲刀盘的情形，见图3-6。

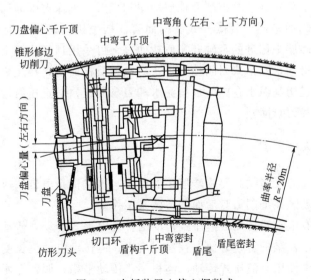

图3-5 中折装置＋偏心掘削式

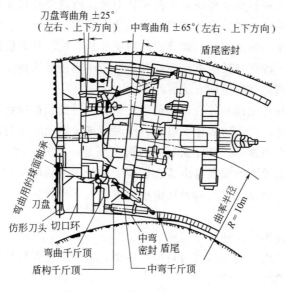

图 3-6 中折装置＋弯曲刀盘式

第二节
盾构机的功能

盾构机按功能来分,包括挡土机构,驱动机构,掘削机构,推进机构,管片拼装机构,液压、电气及控制机构,附属设施。

一、挡土机构

挡土机构是为了防止掘削时掘削面地层坍塌和变形,确保掘削面稳定而设置的机构。机构因盾构种类的不同而不同。就敞开式盾构而言,挡土机构是挡土千斤顶;对在地下水压小、涌水量不大的砂层中掘进的全敞开式盾构而言,可采用顶棚式挡土装置;对半敞开式网格盾构而言,挡土机构是网格式封闭挡土板;对机械盾构而言,挡土机构是刀盘面板;对泥水盾构而言,挡土机构是泥水仓内的加压泥水和刀盘面板;对土压盾构而言,挡土机构是土仓内的掘削加压土和刀盘面板。

二、驱动机构

驱动机构是指向刀盘提供必要旋转扭矩的机构。该机构是由带减速机的液压马达或者电动机经过副齿轮驱动装在掘削刀盘后面的齿轮来工作的。

刀盘驱动一般有电动式传动或液压式传动两种。电动式传动,传动效率高,并可减少管路阀节布置,噪声小,维护管理方便,宜优先使用;但传动电动机长度大,占据空间大,一般多在大口径盾构中使用。液压式传动,体积小,传动平稳,调整方便,其对启动和掘削砾石层等情形较为有利;但相关配套设备较多,效率低,一般多在口径小的盾构中应用。驱动系统由大轴承、大齿圈、密封圈、减速器及电动机(或液压马达)组成。

刀盘用高强度螺栓与大齿圈连接，大齿圈即为大轴承的回转环，电动机（或液压马达）带动减速器输出轴上的小齿轮，小齿轮与大齿圈啮合，从而驱动刀盘转动。大轴承既承受刀盘的自重，又承受盾构掘进机的推动力，是盾构的主要组成部件。主轴与密封舱之间设密封装置，其良好的密封性是保证盾构刀盘工作的核心。一般在开挖软弱围岩时，采取高转矩、低转速的工况；切削硬岩时，采取低扭矩、高转速的工况。

三、掘削机构

选择掘削机构时应充分考虑盾构形式、刀盘形式、刀盘支撑方式、刀盘转矩、刀盘取土口、刀盘上的切削钻头、装备推力等因素。半机械化盾构的掘削机构包括挖掘、装载机构。使用土压式、泥水式及机械化盾构的目的是提高掘进速度、减小劳动强度和保持工作面的稳定，以做到安全施工。因此在选定这三种盾构时，必须周密考虑刀盘形式及支撑方式、装配扭矩、刀盘取土口、刀盘上的切削钻头及装备掘进参数及它们之间的组合。

1. 刀盘形式

刀盘用来开挖土体同时兼具搅拌泥土的功能，一般有封闭式和开放式两种构造形式，可正反方向回转，工作效率相等。刀盘用螺栓、螺母固定，可以更换。封闭式刀盘，由辐条刀盘架、刀具和面板组成。辐条是刀具安装的底架，刀具沿辐条两侧对称布置，以满足刀盘正反两个方向旋转切削的需要。刀具的设置要做到可对全断面进行均匀切削。一般对大直径盾构来说，愈靠近周边，刀具切削轨道愈长，故在周边应适当增加刀具数量。刀盘周边装有边刀和超挖刀。当盾构沿曲线推进时，通过超挖可减小对周围地层的扰动；当在松软地层中施工时可不设超挖刀；一般外缘刀直径比盾构前部刀直径大10cm左右。刀盘的进土槽形式有同一宽度型、逐渐放大型和局部放大型等。槽口宽度根据泥土中最大砾石大小而确定，一般应在20~50cm，刀盘开口率一般为20%~40%。由于刀盘与泥土接触部位摩阻力大，磨损严重，通常在刀盘面板和周边磨损最多的部位，用硬质合金交叉堆焊或复焊耐磨钢板，以增强耐磨性。

开放式刀盘只有辐条刀盘架而无面板，辐条正面安装刀具，背面安装搅拌叶板，开口率近100%。这种刀盘多在加泥式土压平衡盾构中应用。图3-7为某开放式刀盘的构造。

图3-7 开放式刀盘构造

对兼有软土和硬岩的混合地层，一般采用刀盘形滚刀和割刀组合布置的刀盘。割刀用以开挖沙土层、黏土和强风化岩等软弱围岩，盘形滚刀用来对较硬的中、微风化岩层进行全断面破碎开挖。刀盘的切削方式通常使用结构紧凑的旋转切削，但也有使用摇动切削和行星切削等特殊切削方式的。

刀盘前端的形状有平板、中心部分凸出和整体凸出三种。上述形状均是考虑开挖面稳定要求而决定的。特殊情况下，刀盘有多级配置的，结构上按前、后配置。同时要注意在含漂石、孤石的土层中施工时，因刀盘前端形状不同而产生的磨损也不同。

2. 刀盘的支撑方式

刀盘的支撑方式由盾构直径及土质条件决定，同时应考虑其与排土机构的组合。

(1) 中心支撑式　结构简单，多用于中小型盾构，优点是附着黏性土的危险性小。此外，当刀盘需要前后滑动时，中心支撑式比其他支撑方式更易做到。但是，由于其结构需要而造成机内空间狭窄，且处理孤石或漂石时难度大，见图3-8。

(2) 中间支撑式　结构均衡，多用于大中型盾构。当用于小直径盾构时，需充分考虑处理孤石、漂石及防止中心部位附着黏性土的措施，见图3-9。

(3) 外周支撑式　由于该支撑形式的盾构内空间广阔，故便于大直径盾构中处理孤石、漂石。刀盘支架形状有滚筒和棱柱状（梁形）两种。外周支撑方式，土沙容易附着在刀盘外周，所以要仔细考虑防止附着黏性土的措施，见图3-10。

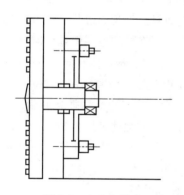
图3-8　中心支撑式

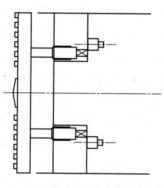
图3-9　中间支撑式

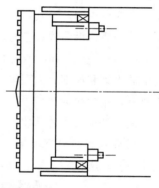
图3-10　外周支撑式

3. 刀盘装备扭矩

由地质条件、盾构形式及盾构结构决定。

(1) 切削设备扭矩的决定方法　应根据围岩条件、盾构形式、盾构构造、盾构直径等确定。切削所需扭矩由以下要素组成：

① 因土壤切削阻力而产生的扭矩；

② 因土的摩擦阻力而产生的扭矩；

③ 因搅拌、提升土壤阻力所产生的扭矩；

④ 轴承阻力所产生的扭矩；

⑤ 密封摩擦阻力所产生的扭矩。

设备扭矩与所需扭矩相比，应有一定的富余量。

(2) 切削设备扭矩

$$T = \alpha D^3$$

式中　T——设备扭矩，N·m；

　　　D——盾构直径，m；

　　　α——扭矩系数（机械化盾构取 0.8~1.4，土压式盾构取 1.4~2.3，泥水加压式盾构取 0.9~1.5），N/mm^3。

(3) 产生扭矩的方法

① 切削刀头回转方式产生扭矩

a. 液压马达驱动方式：易于控制回转数、控制扭矩、微动调整；

b. 电动机驱动方式：具有高效、洞内环境好等特征；

c. 采用转换器可控制回转数，具有可简化切削刀头用的动力设备台车等优点。

② 油压千斤顶驱动方式产生扭矩。

4. 切削刀头的切口

(1) 切削刀头的切口形状和尺寸往往受辐条数、排出土石的尺寸制约。切口一般沿着辐条做成直角形，考虑到排出大砾石的需要，采用的形状多种多样。一般切口刀的尺寸根据在地层中可能出现的最大砾石能够通过为原则来确定，但在开挖工作面有破碎砾石功能的盾构中，同时要对盾构的尺寸进行限制。

(2) 开口率为盾构开挖断面面积与面板开口部分总面积之比（不包括刀头的投影面积）。在一般条件下，辐条数与盾构外径成比例增加，开口率也有加大的倾向，即使是黏性土，也多将开口率加大进行开挖。在易坍塌的地层中，如果开口率加大，则有过多的土沙易被排出的危险。停止开挖时，应防止从切口处引起工作面的坍塌。另外，为了调节土沙排出量，多设有切口开闭装置。

5. 切削刀

(1) 切削刀的形状必须与图纸相适应，对切削刀的前角及后角必须加以注意。对黏性土，前角及后角应大；对砾石层，一般采用略小的角度。对于砾石层，需防止尖端缺损和剥离，有时采用滚轮钻头、特殊切削刀等。当产生磨耗或损伤及伴随着土质变化而改变切削刀形状时，由于需更换切削刀，必须考虑此点决定切削刀的形状。切削刀的高度按土质和滑动距离计算磨耗量、掘进速度、刀盘转数及刀盘设置位置等因素，求出切削深度来决定。

(2) 材质多采用矿山超硬烧结合金工具钢。

(3) 必须根据围岩条件、盾构外径、切削刀回转数、施工长度等确定切削刀的布置。

6. 刀盘轴承密封装置

刀盘轴承密封装置用于防止土沙、地下水及添加剂渗入轴承。

(1) 刀盘轴承密封圈的安装位置视刀盘的支撑方式而定。

(2) 刀盘轴承密封装置要求轴封耐压、耐磨、耐油、耐热等，并能适应在有土压和水压力的环境条件下使用。

(3) 刀盘轴承密封装置的形状有单一唇形和多级唇形两种，通常多级密封圈组合使用。要经常给油封注润滑脂或润滑油，同时要防止密封圈滑动面的磨损和土沙的侵入。

7. 超挖装置

为提高盾构的操作性能，盾构上装备了超挖装置。超挖装置必须适合土质条件和施工条件并能完成超挖的工作。超挖装置通常装在刀盘内，其结构简单，工作可靠。此外，为了得到足够的超挖能力，切削地基的刀具应以刀盘为准。超挖刀是把刀具从刀盘处伸向盾构外侧，可以做成任意范围的超挖。刀具伸缩通常靠液压操作，要求液压回路上安装的回转接头形状及结构气密且牢固性要好。当超挖刀的行程和刀盘扭矩较大时，由于超挖刀上作用着较大的掘进阻力，故需具有足够的强度。

四、推进机构

盾构是通过沿支撑环周边布置的千斤顶支撑在已安装好的管片衬砌上所产生的作用力而前进的，推进时，千斤顶既可单独操作，也能分组操作（图 3-11）。为了防止千斤顶对管片的挤压破坏及控制推进方向，一般采取如下措施。

图 3-11　盾构推进千斤顶

① 每个千斤顶上装有一个球形轴承节十字头，其上安有聚亚氨酯鞍板，球形轴承节可以自动调节鞍板使其与管片的接触面对齐。

② 将千斤顶分成若干组，如 4 个一组，在每一组千斤顶上装线性传感器，以显示盾构位置和进刀速度。或者每一组设一只电磁比例减压阀，调节各组千斤顶的压力，从而纠正或控制盾构推进方向，使之符合要求。

1. 盾构推进的总推力

盾构的总推力必须大于各种推进阻力之和。盾构的推进阻力由下列各种阻力构成：

① 盾构四周与土壤间的摩擦阻力或黏结阻力。

② 推进时，在刃脚前端产生的贯入阻力。

③ 工作面前方的阻力

a. 采用人力开挖、半机械化开挖时，为工作面支护阻力；

b. 采用机械化开挖时，为作用在切削到盘上的推进阻力。

④ 变向阻力（曲线段施工、修正蛇形、对稳定翼及阀门的阻力等）。

⑤ 在盾尾内的衬砌与盾尾板间的摩擦阻力。

⑥ 后配套拖车的牵引阻力。

以上各种推进阻力的总和决定了盾构推进的总推力。但在使用时，必须研究各种使用条件下诸因素的影响，并留出必要的富余量。每单位面积（m^3）工作面的总推力大致如下：

人力开挖、半机械化开挖盾构　　　700～1100kN
机械化开挖盾构　　　　　　　　　700～1100kN
封闭式盾构　　　　　　　　　　　1000～1300kN
土压式盾构　　　　　　　　　　　1000～1300kN
泥水加压式盾构　　　　　　　　　1000～1300kN

2. 盾构千斤顶的选择及配置

选配原则如下：

① 应根据盾构的灵活性、管片的构造、组装衬砌的作业条件等选择和配置盾构千斤顶。

② 应尽量采用结构紧凑的高压千斤顶，根据目前所用油压泵、配管等条件，多采用液压值30～40MPa。

③ 千斤顶应该重量轻、耐久性好、易于维修和更换。

④ 选择千斤顶时，需充分考虑其运转性能。

⑤ 千斤顶按等间距布置在壳板内侧，能对衬砌的全周长度施加均匀荷载。由于土质的关系，有时也采用不等间距的布置。

⑥ 千斤顶的推进轴线应与盾构的轴线平行。为纠正盾构的偏转，有时也采用一部分倾斜布置的千斤顶。

每台盾构千斤顶的推力及千斤顶的总台数应根据盾构外径、总推进力、衬砌构造和隧道线形（平面及纵断面形状）等因素确定。一般情况下，在中、小直径的隧道中，每台千斤顶的推力为600～1500kN，在大直径的隧道中多为2000～4000kN。

3. 盾构千斤顶的行程和推进速度

盾构千斤顶的行程必须等于管片宽度加上必要的富余量，此富余量是在盾构内进行衬砌的组装所必需的。另外，当盾构在曲线隧道上施工时，千斤顶行程也必须有足够的长度。在一般情况下，盾构千斤顶行程应比管片宽度大150mm。当采用楔形管片时，根据楔形管片的端面坡度，有时需要采用较大的行程。

采用一般千斤顶时，千斤顶的推进速度为500～1000mm/min。为提高效率，千斤顶的回程速度越快越好。当采用机械化开挖、土压式、泥水加压式盾构时，根据土质的不同，采用不同的贯入深度，需调节千斤顶的推进速度以提高开挖速度。对于封闭式盾构，最好也能采用可调节动作速度的结构。

4. 千斤顶支座

在盾构千斤顶活塞的前端必须安装球面接头支座，以便将推力均匀地分布在管片的端面上。为了不使管片受到偏心推力且不使纵肋受到过大的压力，必须选择合理的支座尺寸，有时将支座中心相对千斤顶中心线稍作偏移，尤其在用钢铁管片时，更应注意。根据管片材质的不同，必须在支座面上安装橡胶或木质衬料，对管片端部进行防护。为方便曲线段隧道施工时能给管片以均等的推力，有时采用压力环装置，但对其结构必须认真研究。

五、管片拼装机构

管片的拼装系统由举重臂和真圆保持器等组成。

1. 举重臂

举重臂是一个机械装置。为了能把管片按照所需要的形状，安全、迅速地进行拼装，必须具有钳住管片及使管片伸缩、前后滑动、旋转等4个功能。举重臂的种类有环式、齿轮齿条式、中心筒体式等，常用的是环式举重臂。环式举重臂装在支撑环后部或者盾构千斤顶撑板附近的盾尾部，它是一个把可自由伸缩的支架装在具有支撑滚轮的中空圆环上的机械手。该形式举重臂出土设备安装在中空圆环中，并且拼装管片和出土可同时进行，工作面大。

举重臂的提升力应是最大管片重力的1.5～2.0倍，推出力应是最大管片重力的5倍。举重臂的转动速度就是拼装管片的圆周速度，它至少要有高速和低速两级，一般来说，高速时为250～400mm/s，低速时为10～50mm/s。

支架前后的滑动装置可使管片沿隧道轴线方向移动，举重臂夹住管片后能容易地进行拼装。

2. 真圆保持器

盾构向前推进时管片会从盾尾脱出，管片受到自重和土压的作用产生变形，当该变形量很大时，已成环和拼装环就会产生高低不平，给安装纵向螺栓带来困难。为了避免管片产生高低不平，必须让管片临时保持真圆，该装置就是真圆保持器。

真圆保持器支柱上装有上、下可伸缩的千斤顶，其上支撑有圆弧形的支架。真圆保持器可在动力车架的挑梁上滑动，当一环管片拼装成环后，盾构就可以继续推进，而管片圆环不会产生变形，始终保持着真圆状态。

六、液压、电气及控制机构

1. 液压系统

液压回路由盾构千斤顶、刀盘系统及拼装系统构成。油泵有分别安装在各自系统中的，也有使用一个总泵的。盾构液压部件在高压力、大容量条件下使用，因此设计时的要求也高。

2. 电气系统

电气系统由电机、配电盘、漏电开关等组成，应做到防水、防滴水、防潮、防尘及防膨胀并便于操作。

3. 控制系统

盾构控制系统起的作用是使掘进、推进、排土等相互关联的机构及其他机构相互协调联合工作。

① 显示各机构的运转状态，异常时能迅速报警。

② 为了保全设备，误操作时应设有联锁器或有报警装置。

③ 断电或临时停电时各部件立即停止动作或停在安全位置。

主机操作台安装在一封闭的隔声操作室内，操作人员从闭路电视上可查看卸料及护盾区的工作及操作台上的仪器，可控制掘进和盾构的整体操作。在操作室和盾构其他区域之间一般设一对讲系统相互联系。

自动监测设施可测试下列数据：

a. 刀盘转速、转向及油压；

b. 盾构前进速度和推进千斤顶位置；

c. 土仓中的土压；

d. 土仓中的注水压力;
e. 推进千斤顶压力;
f. 螺旋输送机的内部压力;
g. 电力荷载;
h. 机械的运行状态;
i. 添加剂的喷射流量;
j. 开挖材料的重量。

七、附属设施

1. 形态控制装置

形态控制装置是为了使开挖的隧道外廓尺寸和线路线形、坡度符合设计要求而准确控制盾构姿势的装置。通常，仅操作盾构千斤顶很难控制盾构姿势，所以，在讨论推进装置的时候要注意盾构的重心位置、浮力中心位置。

鉴于盾构推进而产生的土压力，控制装置应有足够的功能和强度，在安装控制装置的地方，盾构主体也要有足够的强度。根据盾构线形、土质软硬及盾构形式选择控制装置的种类、形状、数量及位置。形态控制装置有以下几种：

① 超挖装置　土压式、泥水式及机械式盾构上安装在刀盘上的超挖转刀和仿形切刀等，其切削的直径比盾构直径要大，这种超挖减小了土抗力，使盾构形态（姿态）容易得到控制。

② 稳定器　盾构机前端凸出的翼板起稳定作用，它所产生的阻力能防止盾构摆动。当翼板倾斜安装时，可使盾构产生一定的转动。

③ 阻力板　沿盾构前进方向凸出的垂直板，它所产生的土抗力能控制盾构的方向。

④ 配重（锁链板）　安装于盾构最下部，靠其自重防止盾构沉降并可作方向修正。

2. 中折装置

为了控制曲线隧道的线形，将盾构主体分为前筒和后筒，前后筒连接段上设一处或两处折线弯曲，以减少盾构推进时的超挖量，同时连接段在盾构推进时产生的推进分力作用下很容易弯曲，这种结构就是中折装置。应注意以下几个问题：

① 中折密封处的止水性很关键。

② 盾构主体折曲时，盾构千斤顶和衬砌中心线的偏心量应特别注意。

③ 解决好土压式盾构的螺旋输土器或泥水式盾构送排泥管的相互干扰。

中折装置的形式通常有前筒加压把千斤顶安装在后筒及后筒加压把千斤顶安装在前筒两种形式。中折结构有：弯折部有销连接的X形中折结构、弯折部不用销连接的V形中折结构。作为一种特殊的中折装置，为了在推进时减小地基阻力或超挖量，在曲线内侧把偏心滑板装在刀盘部分或配备能使刀盘倾斜的刀盘滑动装置。

3. 测量装置

为了把握盾构形态，可根据需要选择设在盾构上的测量仪器。常用测量仪器如下：

①"点头"量测：盾构千斤顶行程计、U形管、铅锤、倾斜仪等。

② 摇摆：盾构千斤顶行程计、陀螺罗盘。

③ 滚动：U形管、铅锤、倾斜仪。

为了自动计测盾构的位置、形态，常组合使用激光、光波测距仪、陀螺罗盘等仪器。

4. 背后注浆装置

为了做到同步注浆，注浆管通常设在盾构主体尾部，其安装位置以不扰动地基为准，同时在盾构推进时不损坏环形垫圈。

5. 后配套台车

后配套台车是为盾构顺利掘进而设的机构停置场、材料堆放场和各种作业工具存放场，用以放置不能装在盾构内的操作室、液压设备、电气装置、出土设备、注浆设备、装缺陷管片用的卷扬机等。图 3-12 为某盾构的后配套台车。

图 3-12　某盾构的后配套台车

由于小直径盾构通道狭小，因此要考虑安全施工措施。大直径盾构应设栏杆等，防止坠落事故。后配套台车有门式及侧式两种，可根据隧道直径和工程特点选择其一。通常，后配套台车都敷设有轨道或在衬砌上安装托架，供台车在其上行走。行走方式有把台车用杆件挂在盾构主体上，随盾构推进牵引台车行走和追随盾构推进而自动行走的两种。此外，应注意小半径转弯隧道中台车与安装衬砌的间隙，并制定防止台车翻车及脱轨的措施，还要注意在大坡度施工时，制定防止台车出轨的措施。

6. 润滑装置

润滑机构在施工过程中给刀盘轴承、刀盘轴承密封圈、减速机、搅拌机、螺旋输送器及中折装置等部件润滑。结合不同的用途选择合适的润滑方法。

7. 出土装置

（1）螺旋输送机的主要功能

① 将密封舱内的土体排出盾构。

② 泥土通过螺旋杆输送压缩成密封土塞，阻止泥土中的水流，并通过调节转速控制出土量，保持泥土仓内土压稳定。

③ 改变螺旋机转速、调节排土量，即调节密封舱土压使其与开挖面水、土压保持平衡。

（2）螺旋输送机的构造

螺旋输送机由螺旋叶片、外壳、排土闸门等部件组成，可变速，可逆转。泥土入口端装在密封舱底部，穿过密封隔板固定，倾斜安装，出土口安有滑动式闸门，用以防水。图 3-13 为盾构螺旋输送机。

输送机一般有中心轴螺旋杆式和无中心轴带状螺旋式，前者适用于一般砂性土，后者可用于较大颗粒砾砂及块石运输。

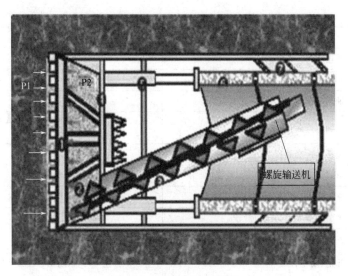

图 3-13 盾构螺旋输送机

第三节
盾构机的主要性能和参数

盾构机的主要性能见表 3-1。

表 3-1 软土掘进盾构主要性能和参数

序号	位置	项目名称	参数	备注
1	适应工作条件	地层土质种类	粉质黏土、粉土,局部为粉砂、淤泥质黏土、粉砂、细砂	
		最小曲率半径/m	150	
		最大坡度/%	40	
2	盾构整体	总长/mm	8705	
		总重/t	约 330	包括后配套
		开挖直径/mm	ϕ6360	
		前盾外径/mm	ϕ6340	
		中盾外径/mm	ϕ6340	
		尾盾外径/mm	ϕ6340	
		前盾盾壳厚度/mm	40	
		中盾盾壳厚度/mm	40	
		尾盾盾壳厚度/mm	40	
		盾尾间隙/mm	30	
		装备总功率/kW	约 792.2	
		最大掘进速度/(cm/min)	6	
		最大推力/kN	37730	

续表

序号	位置	项目名称	参数	备注
2	盾构整体	盾尾密封	3道钢丝刷	
		土压传感器	土仓胸板上下左右4个	
		油压传感器		
		主轴承寿命	计算寿命为三排圆柱滚子轴承，寿命为23122h	
		包括后配套总长/m	60.405	
3	刀盘	形式	辐条加面板式	
		驱动形式	步频电动机驱动	
		主驱动最大承受压力/MPa	1	
		开挖、超挖直径/mm	开挖φ6360、超挖直径φ6590	超挖直径理解为超挖刀全伸125mm时的挖掘直径
		转矩/(kN·m)	5147(100%)	
		脱困转矩/(kN·m)	6176(120%)	
		转矩系数	α=20.2(100%) α=24.2(120%)	
		驱动功率/kW	55×8=440	
		刀盘开口率/%	40	
		超挖刀形式	油缸形式	
		最大超挖量/mm	125	
		超挖刀数量	2	
		刀盘对复合地层的适应性	能适应各种软土层及小于10MPa的风化岩	
		刀间距布置	全断面切削	
		中心刀类型	鱼尾刀形式	
		各种刀具的高差设置	切削刀80mm,先行刀110mm	
4	铰接装置	形式	推进油缸固定在中体	
		最大行程差(垂直、水平)/mm	垂直:230 水平:230	上下、左右铰接连接全部采用油缸铰接
		最大转角(垂直、水平)/(°)	垂直:±1.00 水平:±1.50	能满足最小150m的曲率半径
		数量	油缸16只	
5	砂浆搅拌器	叶片直径/mm	φ835	同步注浆搅拌箱
		转速/(r/min)	26.7	
		搅拌容量/m³	4.1	
		功率/kW	11	

续表

序号	位置	项目名称		参数	备注
6	润滑系统	油脂泵	供脂距离/m	100	盾尾油脂泵采用气动形式
			供脂流量/(L/min)	0.9	
			供脂压力/(kgf/cm^2)	90	
7	管片安装器	类型		圆盘形	此两参数设计联络时要重新核定
		转速/(r/min)		0.3/0.9	
		提升能力/kN		216	
		径向行程/mm		700	
		轴向行程/mm		1000	
		旋转角度/(°)		左右200	
		回转功率/kW		37	
		油缸功率/kW		11	
8	推进油缸	推力/tf		175/个	
		行程/mm		2150	
		数量/台		22	
		工作压力/(kgf/cm^2)		330	
9	铰接油缸	回缩力/tf		200	
		行程/mm		230	
		数量/台		16	
		工作压力/(kgf/cm^2)		350	
10	人闸	形式		双闸	
		直径/mm		ϕ1750	
		工作压力/(kgf/cm^2)		3	
11	螺旋机	形式		有轴式	
		直径/mm		ϕ711.2	
		出渣量/(m^3/h)		191(100%)	
		功率/kW		2×45=90	
		转矩/(kN·m)		38.9	
		最大转速/(r/min)		18	
		保压泵渣装置		配置接口	
		双层闸门配置		双层闸门	
12	皮带运输机	运输量/(m^3/h)		500	
		运送速度/(m/min)		170	
		皮带宽度/mm		800	
		驱动形式		电动机驱动	
13	变压器			干式树脂高压变压器1050kV·A	
14	冷却系统			由于采用步频电机驱动，因此只对油箱进行冷却。冷却泵功率1.5kW，冷却水量20L/min	

第三章 盾构机

续表

序号	项目名称	参数	备注
15	同步注浆系统	可注单、双液浆	
16	泡沫系统	具备	
17	膨润土注入系统	具备	
18	盾尾油脂系统	具备	
19	数据采集系统	具备	
20	导向系统	测量设备（ROBOTEC）	
21	超前注浆系统	预留接口	
22	随机通风系统	配置	
23	通信系统	地面配置2个显示屏，1个电脑主机。	
24	供电系统	1套	
25	压缩空气系统	45kW 螺杆式空压机2台，流量 $7.5m^3/min$，压力 0.7MPa	
26	皮带运输系统	有一台套	
27	后续台车	6节	
28	步频电机驱动	8台55kW	

注：$1kgf/cm^2=98066.5Pa$；$1tf=9.8\times10^3N$。

第四章 盾构施工准备

第一节 盾构施工前的准备工作

施工准备工作包括技术准备、组织准备、物资准备和现场准备等。

一、技术准备

技术准备是施工准备工作的核心。技术准备必须认真做好以下工作。

(一) 图纸会审和技术交底

1. 图纸会审

施工单位在收到拟建工程的设计图纸和有关技术文件后，应尽快组织工程技术人员熟悉、研究所有技术文件和图纸，全面领会设计意图；检查图纸与其各组成部分之间有无矛盾和错误；在几何尺寸、坐标、高程、说明等方面是否保持一致；技术要求是否正确；并与现场情况进行核对。即施工企业内部组织图纸会审时，尽可能把问题解决在正式开工前，避免在施工中出现图纸上的问题再来协商解决，浪费时间，影响进度，有时还会影响质量。

2. 技术交底

施工中必须建立技术与安全交底制度。作业前，主管施工技术人员必须向作业人员进行安全和技术交底，并形成文件。设计技术交底一般由建设单位（业主）主持，设计、监理和施工单位（承包人）参加。先由设计单位说明工程的设计依据、意图、功能要求和施工中应注意的事项，并对特殊结构、新材料、新工艺和新技术提出设计要求，进行技术交底。然后施工单位根据内部图纸会审记录以及对设计意图的理解，提出对设计图纸的疑问、建议和变更。最后在统一认识的基础上，对所探讨的问题逐一做好记录，形成"设计技术交底纪要"，由建设单位正式行文，参加单位共同会签盖章。当工程为设计施工总承包时，应由总承包人主持进行内部设计技术交底。

(二) 现场及周围环境调查

对拟建工程进行实地勘察，进一步获得有关原始数据的第一手资料，这对于正确选择施工方案、制定技术措施、合理安排施工顺序和施工进度计划是非常必要的。

1. 自然条件的调查

其内容包括水文、地质、气候条件、施工现场的地形地物等自然条件的调查分析。

2. 技术经济条件的调查

主要内容包括施工现场的动迁状况、当地可利用的地方材料状况、地方能源和交通运输状况、地方劳动力和技术水平状况、当地生活物资供应状况、可提供的施工用水用电状况、设备租赁状况、当地消防治安状况及分包单位的实力状况等。

3. 现场的调查

对施工现场进行调查（包括机械设备和材料的运输路线、施工场地、作业空间、地下障碍物的状况等），对影响施工质量及施工安全的地质条件（包括地层构成、土性、地下水等）认真详细调查。现场调查项目的内容如表 4-1 所示。

表 4-1 现场调查项目的内容

调查项目	具体内容	调查确认的内容
一般事项	工程概要	工程名称、工程地点、发包方、设计方、监理方、施工方、工程规模
周边状况	通行道路 运输出入口 近邻协议 周边环境 地下水井	道路宽度,交通范围,高度限制； 宽、高、坡度,可否旋转； 协议内容(作业日,时间,振动、噪声限制)； 相邻地界,邻近设施,到作业场所的距离； 周边地下水的应用情况,水质
场地状况	场地 地下障碍物 及埋设物 其他	施工范围,机械设备的组装、解体场所,机械设备作业场所,材料堆场,材料运输通路,弃土堆场,地基承载力(必要时地基加固),平整度,降雨时的状况； 有无地下埋设水管和今后的管理规划,有无旧水井、防空洞、旧构筑物的残余,有无架空线； 有无树木等突出物
地质条件	地质柱状图、土性 地下水	地质钻孔位置,各种土层物理力学指标(无侧限抗压强度等、含水量、渗透系数等),颗粒分析,有无有机质土等特殊土； 地下水位,水位的变化,有无承压水和承压水的水头大小,有无地下水流及状况
与相邻构筑物的关系	地上构筑物 地下构筑物 设备	离工程位置最近点的距离,结构与基础情况； 离工程位置最近点的距离,构筑物的深度和位置,构筑物材质状况； 有无对振动有敏感的精密仪器和设备
关联事项	地下主体结构情况	施工目的,设计意图和桩体位置的关系,基坑开挖程序
用水用电	用水用电	供水能力(水管直径、水量),有无动力用电源,功率
其他	施工困难之处	施工有困难的部位,开挖后易渗水的部位,施工管理达不到标准的部位,其他

(三) 补充勘察

如隧道穿越地层较复杂（如粉土或粉砂等软土地层），对掘进施工影响大。施工阶段需进行补充地质勘察，以进一步查明沿线的地质情况。

1. 补充地质勘探的布孔原则

(1) 隧道洞身穿越区域砂层分布变化地段；
(2) 可能含有承压水地段；
(3) 盾构始发端、到达端位置和联络通道位置；
(4) 沿线岩土分层界限起伏变化超过5m（尤其在隧道洞身范围内）；
(5) 原勘探孔距超过50m的，地层有一定变化的地段；
(6) 部分钻孔没有穿过隧道底板，周围应补充钻孔，查明地质界线；
(7) 计划换刀地点周围，过影响范围房屋基础地段；
(8) 过重要建筑以及构筑物位置，需要桩基处理位置；
(9) 始发井附近可以尽量参考车站相关地质资料。

2. 补充调查范围和内容

(1) 通过补勘详细查明岩土特征、地层分布、地层层序、地质年代、岩石产状、岩层接触关系、构造特征等；
(2) 查明岩土物理力学性质，尤其是岩石的抗压强度和完整性，从而确定掘进模式和掘进参数；
(3) 所有钻孔钻探完毕后，采用325普通混凝土水泥浆注浆封孔，水灰比为1:0.5，并将地面补平以恢复原貌。

（四）沿线建筑物、构筑物、管线调查及保护

1. 沿线施工调查

根据施工图纸的平面图将线路在地面放样出来，以便进行建筑物、管线的调查和监测点的埋设。编制建筑物、构筑物、管线调查方案，对沿线建筑物基础、河道两侧或河道改移余留桩基础、市政管线进行详细调查，并编制调查情况报告。

2. 构筑物、地下管线保护

(1) 针对建筑物的自身情况和盾构施工情况，确定盾构通过建筑物监测的主要控制标准和采取的相应措施，见表4-2。

表4-2 主要控制标准和采取的相应措施

序号	项目	控制标准	采取的相应措施	备注
1	建筑物沉降	20mm	洞内二次注浆	实际根据建筑物自身的结构情况，裂缝等情况综合判断
		20～30mm	地面跟踪注浆	
		30mm以上	顶撑加固措施	
2	建筑物倾斜	a. 混凝土结构、条形基础，基础倾斜方向两端点的沉降差与其距离的比值为0.004； b. 框架结构、桩基础：0.002l（l为相邻桩基间的距离）	洞内二次注浆	
		a. 混凝土结构、条形基础，基础倾斜方向两端点的沉降差与其距离的比值超过0.004； b. 框架结构、桩基础：超过0.002l（l为相邻桩基间的距离）	地面跟踪注浆（或顶撑等加固措施）	

(2) 建筑物、构筑物发生变形时的应急预案。如果盾构线路区间上建筑物较密集，在盾构施工过程中，须加强对周边建筑物的监测，必要时采取顶撑的措施临时加固建筑物和跟踪注浆等措施来控制建筑物的沉降变形，并制订应急预案。

① 提前准备一定数量的钢支撑，及时架设临时支撑。

② 提前准备双液注浆、旋喷注浆机械，编织袋、短木桩等相关应急物资若干。当出现涌泥涌砂现象时，先用编织袋装砂封堵涌泥口，然后迅速进行双液注浆，必要时实施旋喷桩止水加固。

③ 采取以上措施后，加大对地面沉降监测的频率，随时观察变形动态，发现异常，立即增设或加密支撑，并以监测信息指导开挖。

（五）拟定施工方案

施工方案是施工组织设计的核心部分，主要包括三个方面。

1. 施工方法的确定

施工方法是施工方案的关键问题，它直接影响施工进度、质量、安全和工程成本。在确定施工方案时，应细而具体，不仅应拟定出操作过程和方法，还应交代施工流水技术措施。

2. 施工机具的选择

施工机具的选择，根据工程的特点，先在本单位内选择适宜的主导和配套施工机械，不能满足施工要求时考虑租赁或购买。

3. 施工顺序的确定

施工顺序的确定应满足施工的质量、安全、程序、工艺、组织要求，使之与施工方法和施工机械相协调；尽量安排流水或部分流水作业，以充分发挥劳力和机具的效率，使工期缩短。

在全面掌握设计文件和设计图纸，正确理解了设计意图和技术要求，以及进行了以施工为目的的各项调查后，应根据进一步掌握的资料，对投标时初步拟定的施工方法和技术措施等进行重新评价和深入研究，以制订出详尽的更符合现场实际情况的施工方案。施工方案一经确定，即可进行各项临时性结构方案制定及相关准备工作，同时进行施工方案设计。施工设计应在保证安全的前提下尽量考虑使用现有材料和设备，并因地制宜，临时结构应经济实用、装拆简便、功能性强。

（六）编制施工组织设计

施工组织设计是施工准备工作的重要组成部分，也是指导工程施工中全部生产活动的基本技术经济文件。编制施工组织设计的目的在于全面、合理、有计划地组织施工，从而具体实现设计意图，优质高效地完成施工任务。施工组织设计大致包括以下内容：

(1) 编制说明；

(2) 编制依据；

(3) 工程概况和特点；

(4) 施工准备工作；

(5) 施工方案（含专项设计）；

(6) 施工进度计划；

（7）工料机需要量及进场计划；
（8）资金供应计划；
（9）施工平面图设计；
（10）施工管理机构及劳动力组织；
（11）季节施工的技术组织保证措施；
（12）质量计划；
（13）有关交通运输安排；
（14）公用事业管线保护方案；
（15）安全措施。

在隧道施工组织设计中，必须明确以下工序：
（1）施工现场总平面布置；
（2）盾构基座及后靠布置形式；
（3）盾构出洞时洞门密封的方式；
（4）盾构出洞地基加固方式；
（5）材料垂直、水平运输的方式及隧道断面布置；
（6）盾构推进的方案、工艺流程；
（7）隧道注浆方法及控制地面沉降的技术措施；
（8）经过特殊路段的施工技术措施；
（9）盾构进洞地基加固方案及盾构进洞方案；
（10）测量方法等。

编写规范的施工组织设计还应包括以下内容：
（1）组织管理体系；
（2）质量标准及质量保证体系；
（3）安全生产措施；
（4）文明施工措施；
（5）工程用料及施工用料使用计划；
（6）劳动力使用计划；
（7）施工进度计划。

（七）建立健全各项管理制度

通常包括：技术质量责任制、工程技术档案管理制度、施工图纸学习和会审制度、技术交底制度、技术部门及各级人员的岗位责任制、工程材料和构件的检查验收制度、工程质量检查与验收制度、材料出入库制度、安全操作制度、机具使用保养制度等。

二、组织准备

1. 项目部组织机构

根据一般工程项目组织结构的组成，盾构项目组成一般为：公司委派项目经理1名，代表公司，全权负责项目的实施和项目部的运转。项目部下设项目副经理、安全总监、项目总工程师各1名，分别负责本标段的施工生产、安全生产及技术管理工作。另根据需要，施工技术部门、安全质量部门、物资设备部门、财务合同部门、综合后勤部门等，同时考虑车站与区间施工的交叉衔接，一般分为盾构工区及车站工区具体管理落实，见图4-1。

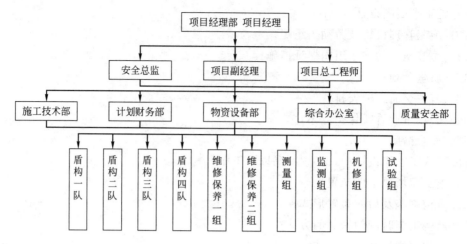

图4-1 项目部组织结构实例图

2. 文明施工管理机构

项目部的文明施工一般由项目副经理或安全总监主责，安全质量部门和综合后勤部门主抓，其他部门配合落实，见图4-2。

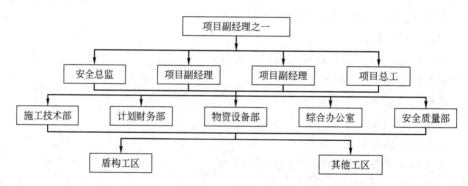

图4-2 项目部文明施工管理机构实例图

3. 安全施工管理机构

项目部的安全施工由安全总监主责，安全质量部门主抓，其余各部门配合落实，见图4-3。

4. 技术及质量管理机构

项目部的技术及质量管理由项目总工程师主责，技术管理由施工技术部门和安全质量部门主抓，其余各部门配合落实，见图4-4。

三、物资准备

材料的准备，主要是根据图纸和施工组织设计的有关要求，并按施工进度，材料名称、规格、数量、使用时间、消耗量编制出材料需用量计划，组织货源、运输、仓储、现场堆放，保证施工顺利进行。

构件的准备，主要指管片的预生产，并落实运输、堆放，保证按时按量供应。

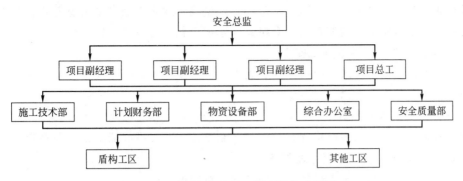

图 4-3 项目部安全施工管理机构实例图

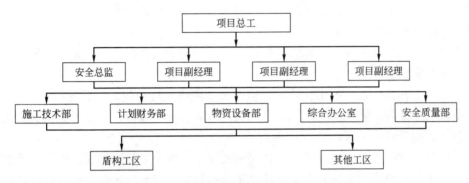

图 4-4 项目部技术及质量管理机构实例图

施工机械的准备，根据所采用的施工方案、施工进度，确定施工机械的类型、数量、进场时间、运输安装方式、放置的位置等，编制施工机械的需求量计划，保证施工顺利进行。

四、现场准备

1. 施工控制网测量

按照勘测设计单位提供的总平面和测绘控制网中所设置的基线桩、水准高程以及重要桩志的保护桩等资料，进行控制网的复测，并根据精度要求和施工方案补充加密施工所需要的各种标桩，进行满足施工要求的平面和立面施工测量控制网，并做好标示加以保护。

2. 搞好"四通一平"

施工现场应水通、电通、通信通、道路通和平整场地。清除施工区域的表层硬物和地下障碍物，遇明浜、暗塘或低洼地等不良地质条件时应抽水、清淤、回填素土并分层夯实。现场道路的承载力应能满足桩基和起重机平稳行走的要求。

3. 建造临时设施

按照施工总平面的布置，建造所有生产、办公、生活、居住和存储等临时用房，以及水泥浆搅拌站等。

4. 安装调试施工机具

对所有施工机具都必须在开工之前进行检查和试运转，在试运转正常后方可开始施工。

5. 材料的试验和物资的堆放

按照材料的需要量和计划，应及时提供包括水泥浆的配合比与强度、钢材的机械性能等各种材料的试验申请计划,并组织材料进场,根据确定的施工顺序采用规定的地点和指定地点的方式对施工所用的安装型钢、配套机具、水泥等物资的放置位置进行确定。

6. 冬期、雨期、高温期施工安排

按照施工组织设计要求,落实冬期、雨期、高温期施工的临时设施和技术措施,做好施工安排。

7. 建立消防、保安措施

建立消防、保安等组织机构和有关的规章制度,布置安排好消防、保安等措施。

8. 建立健全施工现场各项管理制度

依据工程特点,制定施工现场必要的各项规章制度。

9. 新技术项目的试制和试验

按照设计文件和施工组织设计的要求,组织新技术项目的试验研究。

10. 办理同意施工的手续

按照施工当地有关工程部门的管理要求,办妥一切要求办理的同意施工的手续。

11. 施工现场准备

(1) 盾构工作井 盾构的工作井,其建筑尺寸应满足盾构拼装、拆除的施工工艺要求,一般井宽应大于盾构直径1.6~2.0m,井的长度(盾构推进方向)主要考虑到盾构设备安装余地,以及盾构出洞施工所需最小尺寸。

(2) 盾构基座 盾构基座设置于工作井的底板上,用作安装及搁置盾构,更重要的是通过设在基座上的导轨,使盾构在出洞前就有正确的导向。因此导轨要根据隧道设计轴线及施工要求定出平面、高程、坡度来进行测量定位。

盾构基座可采用钢筋混凝土结构(现浇或预制)或钢结构。导轨夹角一般为60°~90°,见图4-5。盾构基座除承受盾构自重外,还应考虑盾构切入土层后,进行纠偏时产生的集中荷载。

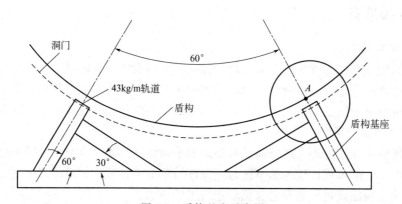

图4-5 盾构基座示意图

(3) 反力架(后座) 在工作井中,盾构向前推进时的反力要靠工作井后井壁来承担,因此在盾构与井壁之间要有传力设施,此设施称为后座。后座通常由隧道衬砌、专用顶块、顶撑等组成。

后座不仅是盾构推进反力的承载结构,还是垂直水平运输的转折点,所以一般情况下后座处应设有供盾构施工垂直运输预留的出土口。当出土口预留口不够时,后座不能整环拼装，应有开口以作垂直运输通道，开口尺寸按盾构施工时进出设备、材料最大尺寸决定。第一环为闭口环，在其上部要加后盾支撑，以保证盾构推进力传至后井壁。

由于工作井平面位置的施工误差将影响到隧道轴线与后井壁的垂直度，为了调整洞口第一环管片与井壁洞口的相交尺寸，后盾管片与后井壁之间需留有一定间隙，待位置调准后再采用混凝土填充间隙，以使盾构推力均匀地传给后井壁，也为拆除后盾管片提供方便。

（4）人行楼梯和井内工作平台搭设　在盾构出洞阶段施工期内，因还没有形成长隧道，盾构设备无法按正常布置，需有一个施工转换过程，在此过程中设备放在井内，需在井内设置施工平台以放置各种设备，并应在合理位置安装上下楼梯，以供施工人员进出作业面工作。

（5）盾构施工地面辅助设施　为了确保盾构正常施工，根据盾构的类型和具体施工方法，配备必要的地面辅助设施。

① 做好施工场地的控制网测量，保证施工质量。

② 做好"四通一平"，根据施工组织设计中的平面布置，设计施工围墙、场区道路、管片堆场，铺设水管、电缆、排水设施，布置场地照明等。

③ 要有一定数量管片堆放场地，场内应设置行车或其他起吊和运输设备，以便进行管片防水处理，并能安全迅速地运到工作面。还可以根据工程或施工条件，搭设大型工棚或移动式遮雨棚，还应设置防水材料仓库和烘箱。

④ 拌浆间：用于拌制管片井壁后注浆的浆体，并配有堆放原材料的仓库。

⑤ 配电间：应有两个电源的变电所供盾构施工使用，且两路电源能互相迅速切换，以免电源发生故障而造成安全事故。

⑥ 充电间：用于井下电机车的蓄电池充电，应配备电瓶箱吊装的设备，充电量要满足井下运输电箱更换所需，对充电间地坪等设施应做防硫酸处理。

⑦ 空压机房：若采用气压施工，应设置提供必要用气量的空气压缩机和储气筒，管路系统要安置有符合卫生要求的滤气器、油水分离器等设备。并有两路电源以保证工作面安全。

⑧ 水泵房：若采用水力机械掘进，或水力管道运土、进行井点降水措施的工程，应于水源丰富处设置水泵房。

⑨ 地面运输系统：主要通过水平、垂直运输设备将盾构施工所需材料、设备、器具运入工作井的井底车场。运输系统的组成形式较多，如垂直运输可采用桁车、大吊车、电动葫芦等起重设备，地面水平运输由铲车、汽车、电瓶车及其行驶道路构成。

根据施工现场的实际条件，结合所有配备的起吊机械、运输设备组成较理想的盾构施工地面运输系统，将工作井、管片防水制作场地、拌浆间、充电间等连成一线。并合理确定行车数量，实现水平和垂直运输互为一体的系统。

⑩ 盾构出土配套设备：盾构法施工掘进是主要工序之一，所以出土设施对盾构施工是至关重要的。出土可采用汽车运输，只配有一定空间的集土坑来堆放土体即可，以不影响井下盾构施工为度。水力机械掘进运土，需要有合适容量的沉淀池。对泥水盾构还应考虑泥浆拌制及泥水分离等设施。

⑪ 其他生产设备：一般包括油库、危险品仓库、设备料具间、机械维修间等。

⑫ 通信设备：隧道施工的特点为线路长，所以各作业点之间通信必不可少。目前通信多采用电话。井下使用的电话必须是防潮、防爆的，在气压施工闸墙内外还需有信号联系。

⑬ 隧道断面布置：主要考虑隧道施工时的水平运输，按车架及载行的管片、土箱等净空要求，以及轨枕的高度、轨道的轨距等主要尺寸，进行横断面布置。对于水力机械出土的盾构来说，隧道断面布置还必须考虑进出水管的布置及接力泵的安装部位，方便管路接头，便于搬运和固定。上述所有装置不得侵入轨道运输的界限。行人通道所用的走道板宽度要大于50cm，与电机车的安全距离大于30cm，净空高度大于1.8m。隧道断面还要布置隧道的照明及其供电、盾构动力电缆、通风管路及接力风机、隧道内清洗及排污管路等。

⑭ 车架转换：由于工作井空间较小，车架不能一次到位，则需要采用车架转换措施。即盾构出洞阶段车架与盾构分离，通过转换油管、电缆等连接车架与盾构，待盾构推进一段距离，隧道内能容纳车架长度时，再拆除转换管路，将车架吊入隧道与盾构相连，达到正常施工的状态。

⑮ 井底车场布置：待盾构出洞，推进一定距离后，管片与土体的摩擦力能平衡盾构的推进反作用力时，即可拆除后盾支撑和后盾管片，利用井内的空间在井底形成一个井底车场，通过搭建平台、铺设双轨等措施来提高水平运输的能力，加快施工进度。

第二节
施工现场平面管理

一、施工平面布置原则

市政工程战线长、工期短、露天作业的特性决定了其施工作业场地的流动性较大，便道设置、临时设置的搭建，机械设备的布设以及物料的堆放都会对标准化现场的创建产生较大影响。

（1）临时设施的布置应符合安全、便利的要求，尽可能避开基坑、高压线路、河流、边坡、危房等危险源，同时合理考虑工程生活和娱乐设施的便利性。

（2）办公生活区和作业区应分开设置，保持安全距离并设置必要的隔离方式。

（3）边道的设置应当考虑车辆、行人通行的因素，最大可能减少车辆、行人的通行难度。

（4）材料的堆放要适宜，既不影响周边安全，又减少二次搬运。

（5）排水、排污、垃圾储放的布置要合理，便于实施。

（6）要充分考虑消防、环保和应急避险的要求。

二、施工现场平面图布置的内容

施工现场平面图的编制需根据市政工程的特点，充分考虑施工各阶段的变化，必要时，可编制阶段性的平面图，便于施工管理。施工现场平面图应包括以下内容。

(1) 临时设施的位置和平面轮廓。
(2) 周边隐患的位置和安全距离。
(3) 道路和主要交通道口。
(4) 施工围护和主要交通警示标志。
(5) 大型设备、机具的位置和安全作业半径。
(6) 材料、土方堆置和运输的线路。
(7) 施工临时供电线路和变配电设施的位置。
(8) 安全消防、给水排水、排污设施。
(9) 应急避险场所的位置。
(10) 绿化区域的设置。

三、施工现场功能区域划分要求

施工现场按照功能可划分为施工作业区、辅助作业区、材料堆放区和办公生活区。施工现场的办公生活区应当与作业区分开设置,并保持安全距离。办公生活区应当设置于在建建筑物半径之外,与作业区之间设置防护措施,进行明显的划分隔离,以免人员误入危险区域。办公生活区设置在在建建筑物坠落半径之内的,必须采取可靠的防砸措施。功能区规划设置时,还应考虑交通、水电、消防、卫生和环保等因素。

四、施工现场平面管理措施

(1) 工地车辆出入口统一设置矩形洗车场和沉淀池、高压冲水枪,保证出入工地的机动车辆在洗车场内冲洗干净。
(2) 保证现场便道畅通,使现场有较好的车辆行驶条件,租赁的材料堆放场、加工厂必须实行硬地化,确保材料不受污染。
(3) 施工现场设置连续、通畅的排水设施,保证场内没有大面积积水,泥浆污水、废水通过排水设施经过沉淀池沉淀,未经处理禁止排入下水道。废浆和淤泥使用封闭的特种专用车辆进行运输。
(4) 施工现场大门口在醒目处张贴施工许可证、规划许可证、夜间施工许可证等证件的复印件,张贴投诉电话。
(5) 施工现场四周悬挂有安全警示语的彩旗、横幅,危险区域设立危险警示标志。
(6) 施工现场入口设安全检查人员,检查是否按照有关规定佩戴劳动保护用品。
(7) 施工机械按照施工平面布置图规定的位置和线路停靠、行驶,保证施工道路的畅通,施工机具进场须经过安全检查。
(8) 严格按照有关散体物料管理的规定,在排放、运输散体物料前办理批准手续,并按照规定委托有资质的单位和个体车辆运输,在工地大门设置专人进行车辆"三证"的检查。
(9) 施工现场内禁止使用有毒物体做燃料,禁止燃烧各类建筑废料和生活垃圾,在固定地点分类别堆放建筑废料,并及时清理。
(10) 施工现场为了避免场内、场外的车辆行驶造成尘土飞扬,安排专人负责喷水,湿润道路,及时清除垃圾。

（11）施工现场进行动火前必须办理《临时动火作业许可证》，动火前配备相应的灭火器材方能动火，动火人员和现场安全责任人在动火后应彻底清理现场火种后才能离开现场。

五、施工现场平面布置

施工现场平面布置图，见图 4-6。

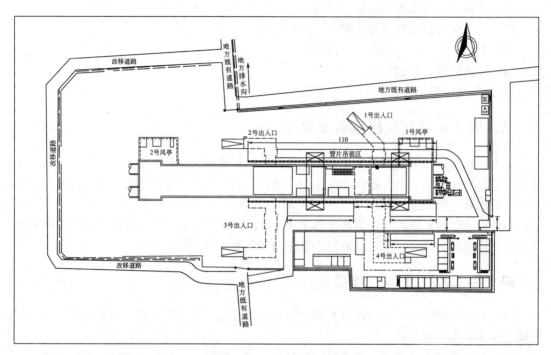

图 4-6　施工现场平面布置图

（1）施工围墙及大门：围墙一般采用彩钢板或砖砌围墙，每隔 3m 设一柱以增加稳定性。围墙高度一般为 2.5m 左右。

（2）临时道路：盾构施工的临时道路一般提供给管片运输车及土方运输车使用，临时道路铺设时应满足强度及防止扬尘两个要求。一般使用加设钢筋网片的混凝土路面。

（3）临时建筑

① 洗车槽：在出入口设置洗车槽，确保城市环境不受污染。

② 工作房：一般设钢筋加工棚和机修房等。

③ 材料库房：库房内分隔存放涂料、小型机具等日杂用品。

④ 同步注浆砂浆拌合站：设置在盾构出土口附近，为盾构掘进提供壁后注浆的浆液。

⑤ 盾构弃土渣坑：临时存放盾构施工产生的渣土，渣坑容量一般要保证能存放 24h 内盾构施工产生的渣土。

⑥ 门式吊车及其轨道梁：根据场地实际情况布置门式吊车的位置及行走距离，需兼顾管片吊装及盾构出土两方面。

（4）办公设施及生活设施：根据施工规模及人员情况设置办公室、食堂、浴室及厕所等。

第三节 端头加固施工

隧道端头加固方法应根据地质、水文、周围环境合理选取。应因地制宜地采用深层搅拌法、高压旋喷法、井点降水法、冷冻法等，有时可多种方法并用。深层搅拌法适用于黏性土层、淤泥质土层；高压旋喷法适用于砂性土、粉土。

一、隧道端头加固的目的

盾构机始发、到达部位地层加固的目的如下：
(1) 消除构筑竖井时造成的周围土体的松动；
(2) 防止拆除临时挡土墙时振动的影响；
(3) 在盾构贯入掘削面前或被拉入竖井内前能使地层自稳及防止地下水流入；
(4) 降低对入口填塞物的压力；
(5) 防止因掘削面压力不足引起的掘削面坍塌（特别是泥水式盾构）；
(6) 防止对地表沉陷或对埋设物的影响。

隧道端头地层加固范围包括达到自稳的强度因素和与土质情况有关的止水因素，这些需根据强度计算及以往的施工经验来确定。

二、隧道端头加固方法

（一）深层搅拌加固

1. 搅拌桩施工程序

搅拌桩施工程序见图 4-7。

2. 机械设备

水泥搅拌桩采用深层搅拌机进行施工，配备相应的导向架、灰浆泵、拌浆机、电子监测表等。

3. 深层搅拌桩施工工艺流程

深层搅拌桩施工工艺流程见图 4-8。

4. 深层搅拌施工注意事项

(1) 搅拌桩的垂直偏差不超过 1%，桩位偏差不大于 50mm，桩径偏差不大于 4%。

(2) 施工前确定搅拌机械的灰浆泵输浆量、灰浆经输浆管达到搅拌机喷浆口的时间和起吊设备提升速度等施工参数；并根据设计通过成桩试验，确定搅拌桩的配比等各项参数和施工工艺。用流量泵控制输浆速度，使注浆泵出口压力约保持在 0.4～0.6MPa，并使搅拌提升速度与输浆速度同步。

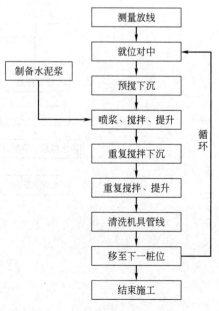

图 4-7 搅拌桩施工程序图

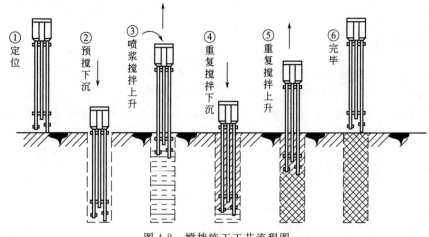

图 4-8 搅拌施工工艺流程图

(3) 为保证桩端施工质量,当浆液到达出浆口后,喷浆坐底 30s,使浆液完全达到桩端。

(4) 通过复喷的方法达到提高桩身强度的目的,搅拌次数以 4 次为宜。当喷浆口到达桩顶高程时,停止提升数秒,保证桩头均匀密实。

(5) 施工时因故停浆,宜将搅拌机下沉至停浆点下 0.5m,待恢复供浆时再喷浆提升。若停机超过 3h,为防止浆液硬结堵管,先拆卸输浆管路,并进行清洗。

(二) 旋喷桩施工方法

喷浆采用三重管法,单喷嘴喷浆,配备旋喷设备进行施工。喷浆导孔之间 100mm,成孔采用 XY-100 型地质钻机。高压旋喷桩施工工艺流程图如图 4-9 所示,成套设备配备表见表 4-3。

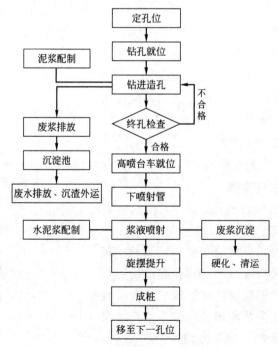

图 4-9 高压旋喷桩施工工艺流程图

表 4-3　高压旋喷桩施工成套设备配备表

序号	设备名称	规格型号	序号	设备名称	规格型号
1	地质钻机	XY-100	5	空压机	0.8MPa,6m³/min
2	高喷台车	PG-1500	6	泥浆泵	BW-150
3	高压泵	高压泵	7	拌浆机	WJG-80
4	灌浆泵	HB-80			

1. 高压旋喷桩施工工艺

（1）平整场地，清除地下障碍物，对地下管线迁移或保护，测定旋喷桩桩位。

（2）采用 XY-100 型钻机，钻孔至设计孔底标高以下 0.3m 处，成孔检验合格后钻机移至下一桩位。

（3）旋喷机就位，调试水、水泥浆压力和流量满足设计要求。

（4）下管旋喷，提升速度为 0.15cm/min，注浆压力大于 1MPa，流量大于 60L/min，水压 28MPa，气压 0.6MPa，浆液配方试验确定。

（5）旋喷至设计顶标高以上 0.3~0.8m 处停机，将旋喷管提出地面。

2. 旋喷桩施工方法说明及技术措施

（1）开始施工时，首先进行现场试验性施工，进一步确定喷射参数及施工工艺。

（2）根据加固端头范围内地层的特点，拟采用施工参数见表 4-4。

表 4-4　三重管法高压旋喷桩施工技术参数表

项　目		技术参数
高压水	水压/MPa	30~35
	水量/(L/min)	80~90
压缩空气	气压/MPa	0.5~0.7
	气量/(L/min)	1500~3000
水泥浆	密度/(kg/L)	1.5
	浆量/(L/min)	60~70
提升速度/(cm/min)		10~15
喷嘴直径/mm		1.8
加浆密度/(g/cm³)		1.2

（3）钻导孔（在均一软弱地层中施工不需要钻导孔，钻杆与喷浆水管为同一管）

① 在砂层中钻孔时采用膨润土配制泥浆护壁，泥浆的主要性能指标控制为：相对密度 1.2~1.3，黏度 25~30s，含砂率 5%。

② 为准确取得地质资料，合理优化施工技术参数，选取钻孔按地质钻探孔要求对不同地层取样分析。

③ 导孔施工质量标准：孔位偏差≤50mm，垂直度≤1%。

④ 钻孔完成经检查验收合格后，高喷台车就位，进行喷浆作业。

（4）浆液配制　浆液采用 42.5 级普通硅酸盐水泥和自来水配制，水灰比 1∶1，采用立式搅拌罐搅拌。

(5) 旋喷注浆

① 台车就位安装调试完成后,将旋喷管插至孔底,先启动灰浆泵送浆,待孔口返浆后按方案设计的技术参数进行旋喷、提升。

② 在旋喷过程中,随时注意各设备的工作情况,以及水、气、浆的压力与流量,做好翔实的施工记录。

③ 旋喷提升过程中如中途发生故障,立即停止施工,待检查排除故障后再继续施工。

④ 冒出浆液由泥浆泵抽至沉淀池沉淀处理。

(6) 回灌 喷射结束后,随即在喷射孔内进行自然水压力静压填充灌浆,直到浆面不再下沉为止。

(7) 旋喷桩施工技术措施

① 施工前根据现场环境和地下埋设物的位置等情况,复核高压喷射注浆的设计孔位。施工前预先挖设排浆沟及泥浆池,施工过程中将废弃的冒浆液导入或排入泥浆池,沉淀凝结后运至场外或弃置。

② 旋喷桩相邻两桩施工间隔时间不小于48h,间隔不小于1.5m。

③ 钻机安放保持水平,钻杆垂直,其倾斜度不得大于1.5%。施工前检查高压设备及管路系统,其压力和流量满足设计要求。注浆管和喷嘴内杂物清理干净,注浆管接头的密封圈良好。

④ 正式施工前进行试桩,以确定合理的水压力、提升速度、浆液配比和压力等参数。

⑤ 旋喷过程中保证桩体的连续性,若因故停止,第二次旋喷的接桩长度必须大于20cm。

⑥ 施工中若出现大量冒浆,应立即停止并采取措施。

⑦ 钻孔位置和设计位置的偏差不大于50mm。实际孔位、孔深和每个钻孔内的地下障碍物、洞穴、涌水、漏水及与工程地质报告不符等情况均详细记录。

⑧ 高压喷射注浆完毕,迅速拔出注浆管,彻底清洗注浆管和注浆泵,防止凝固堵塞。为防止浆液凝固收缩影响柱顶高程,必要时在原孔位采用冒浆回灌或二次注浆等措施。

(三) 冷冻法加固

冷冻法是将自然状态下不均匀的地层通过冻结变成具有均匀力学性质的冻土。其优点是加固效果好,且冻土墙还能用温度来控制,可以确保长期处于稳定状态,加固范围与高压注浆法一样,按一般临时建筑物来计算。冷冻法技术施工工艺流程见图4-10。

1. 计算方法

竖井前造成的冻土,是止水性好、强度高的加固层。作用于冻土的垂直荷载按总土、水压力考虑,水平荷载按静态土压和水压考虑。

冻好的冻土,因冰的冻结性质,使土体与竖井挡土墙牢固黏结在一起,所以冻土墙可当作周边被竖井墙固定的固板来解析。另外,到达段可作为被竖井固定、被盾构支承的梁或者水平圆筒来计算。

2. 设计强度或安全系数

冻土的强度取决于土质、温度及盐分浓度。在地下水中含盐量较高的海岸沿线和填筑地设计中,应预先调查盐分浓度,然后按相应的强度进行设计,作为设计标准,砂质冻土的抗压强度为 6MPa。

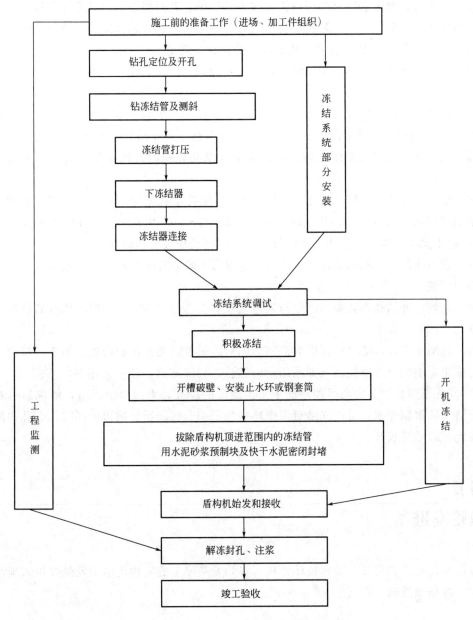

图 4-10 冷冻法施工工艺流程图

该设计标准因使用屈服值或承载力，所以需要设定安全系数。作承重墙时取安全系数 $F_0 \geqslant 2.0$，但需根据其重要程度和有效尺寸取 $2 \leqslant F_s \leqslant 3$ 的范围进行设计。冻土墙温度分布不一样，故强度也不一样，但可按壁厚方向的平均温度对应的强度作为均匀结构物来对待。

3. 主要技术要求

（1）各种钻孔施工开孔误差不大于 100mm。钻孔最大偏斜值不得大于 150mm，且所有钻孔均应进行终孔测斜，并绘制钻孔偏斜图和各钻孔位置成孔图，据此确定是否补孔及补孔位置。外圈孔不进入盾构开挖面。

（2）冻结管、测温管管材均采用优质碳素结构钢，其材料性能应符合相关规范规定，并应有合格的质量检验证书。管路连接均采用外管箍焊接连接，选择的外管箍材质应与连接管路材质相同。焊条采用 E43 系列，其质量应符合有关规定。

（3）冻结孔钻进深度不小于设计值，不大于设计 0.5m。不能循环盐水的管头长度不得大于 150mm。

（4）冻结管下放后应进行注入清水试压，试验压力至少为 0.8MPa，经试压 30min 压力下降不超过 0.05MPa，再延续 15min 压力不变为合格，气压试验要求同水压试验。

（5）施工冻结孔时的土体流失量不得大于冻结孔体积，否则应及时进行注浆控制地层沉降。

（6）设计积极冻结时间不小于 40 天。要求冻结孔单孔流量不小于 $5m^3/h$；积极冻结 7 天盐水温度降至 $-18℃$ 以下；开挖时盐水温度降至 $-28℃$ 以下；去、回路盐水温差不大于 $2℃$。如盐水温度和盐水流量达不到设计要求，应延长积极冻结时间。

（7）积极冻结时，在冻结区附近 200m 范围内不得采取降水措施。在冻结区内土层中不得有集中水流。

（8）开挖区冻结孔布置圈冻结壁与地连墙交界处温度不高于 $-8℃$，其他部位冻结壁平均温度为 $-10℃$ 及以下。

（9）冻结施工前，需对所有影响范围内的管线采取适当的保护措施，施工过程中，加强检测，冻胀影响完全可以控制（如采用定向钻孔，局部冻结，热水循环等）。

（10）冻土融化后其标高可能略低于原始地层的标高，为减少融沉量，解冻后可在隧道内进行适当的跟踪注浆，减小冻结对周围环境的影响。在冻结管拔出的同时，在孔内灌注水泥—黏土浆或粉煤灰浆。

第四节
盾构始发准备

盾构始发是指利用反力架和负环管片，将始发基座上的盾构机由始发竖井推入地层，开始沿设计线路掘进的一系列作业。

一、始发准备

1. 门吊安装与检验

场内门吊负责出土、吊装电瓶、下管片、吊装卸管片等。门吊安装前要向主管部门报装，并邀请对安装调试过程进行监督，及时通过检验，投入使用。

2. 同步注浆砂浆拌合站

配置砂浆拌合站时应同步布置好材料堆放场地，做好除尘密封设施，减少环境污染。

3. 电力系统

积极与电力部门取得联系，严格按照用电安全规程做好电力系统布置。

4. 通风系统

根据隧道的长度及施工环境配置风机，一般设置于车站结构的中板或底板上。

5. 充电设备

按照电瓶车的数量及电池组的数量设置充电柜。

二、始发流程

盾构始发流程如图 4-11 所示。

三、洞门的凿除

由于盾构机对硬岩的破碎能力有限，为了保护盾构刀盘和电机。始发或到达前需要将洞门端头围护结构进行凿除。

（1）洞门开凿过程中，为保证始发井或吊出井围护结构的稳定，凿洞分两阶段进行。第一阶段在端头井土体加固检验合格后开始凿除，盾构始发设施下井前完成。第二阶段在盾构机组装调试好和其他始发准备完成后快速进行。

（2）开凿前，搭设双排脚手架，由上往下分层凿除，洞门凿除的顺序见图 4-12。首先将开挖面桩钢筋凿出裸露并用氧焊切割掉，然后继续凿至迎土面钢筋外露为止。当盾构机刀盘抵达混凝土桩前约 0.5~1m 时停止掘进，然后再将余下的钢筋割掉，打穿剩余部分桩的桩心及护壁，并检查确定无钢筋。

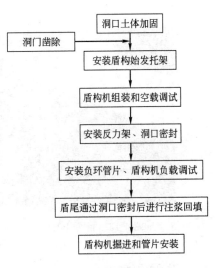

图 4-11 盾构始发流程图

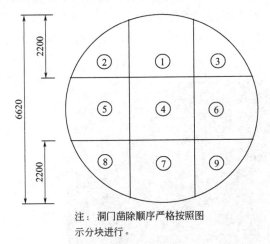

图 4-12 洞门凿除的顺序

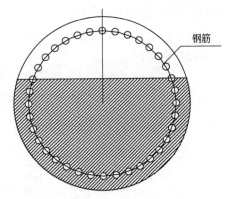

单根钻孔桩剖面图

注：1. 阴影部分为第一次凿除部位，保留外排钢筋和保护层；2. 剩余部分为第二次凿除部位。

（3）洞门凿除过程的应急措施

① 发现有异常情况后，迅速用木板和钢管撑住，防止钻孔桩外土体坍塌，然后尽快从

围护外进行注浆加固。

② 若土体压力较大时，迅速用预先制作好的钢筋网片与围护结构的钢筋焊接一起后用木板和钢管支撑稳定。然后在围护结构外围进行注浆加固，同时在洞门里面进行注浆加固。

四、始发设施的安装

1. 始发托架安装

始发前，清理基坑后，将始发托架依据隧道设计轴线安装定位好。考虑始发托架在盾构始发时要承受纵向、横向的推力以及抵抗盾构旋转的扭矩，所以在盾构始发之前，对始发托架两侧用 H 型钢进行加固。始发托架的安装、定位见图 4-13，加固的方式见图 4-14。

图 4-13 始发托架的安装、定位

图 4-14 始发托架的加固方式

2. 洞门密封

洞门密封采用折页式密封压板，如图 4-15 所示，其密封原理如图 4-16 所示。施工分两步进行，第一步在始发端墙施工过程中，做好始发洞门预埋件的埋设工作，预埋件必须与端墙结构钢筋连接在一起。第二步在盾构正式始发之前，清理完洞口的渣土，完成洞口密封压板及橡胶帘布板的安装。

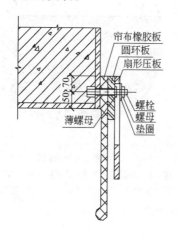

图 4-15 折页式密封压板

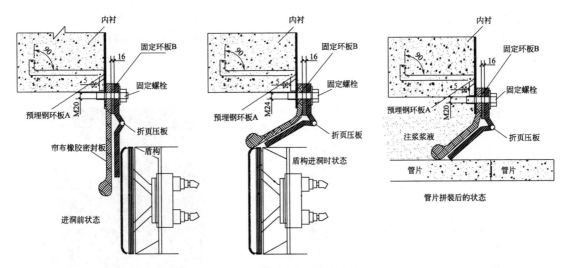

图 4-16 始发洞口密封原理

安装步骤：

① 洞门防水密封施工前，先检查材料的完好性，尤其是帘布橡胶板是否完好，径向尼龙线密集排列和螺栓孔是否完好。

② 安装前清理完洞口的渣土和疏通预埋钢板的孔并涂上黄油。

③ 将螺栓旋入预先埋设在井圈周边的螺母内。

④ 安装帘布橡胶板及圆环板，并用薄螺母固定在井壁上。

⑤ 将扇形压板套在装有薄螺母的螺栓上。

⑥ 根据盾构穿越洞圈时及始发后的两个阶段，注意调整扇形钢的位置。

洞门处防水装置安装注意事项：

① 由于帘布橡胶板和扇形压板通过它与管片的密贴防止管片背注浆时的浆液外流，所以安装时螺栓必须进行二次旋紧。

② 防止安装扇形压板时损坏帘布橡胶板。

③ 检查盾构机头外壳表面是否有凸起物，若有凸起物，需清理干净并在机头外壳表面涂上黄油，以免撕裂帘布橡胶板，利于盾构机顶入。

3. 始发设施加固预埋件安装

沿线路顶进方向在车站底板上预埋的钢板，见图 4-17。

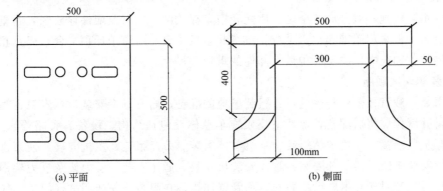

图 4-17 预埋件示意图

4. 反力架安装

在盾构主机与后配套连接之前，开始进行反力架安装。在安装反力架时，反力架端面与始发台水平轴垂直，以便盾构轴线与隧道设计轴线保持平行。反力架的结构形式见图 4-18，反力架加固的方式见图 4-19。

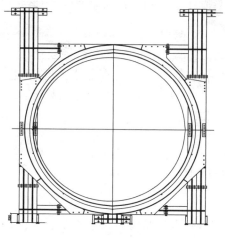

图 4-18 反力架的结构形式

图 4-19 反力架的加固

（1）反力架在工厂加工后进行试拼装合格并检查基准环的平整度合格后方可进场。

（2）安装反力架前，先将反力架位置定位，然后分节安装反力架部件并调节好位置。

（3）定位反力架和基准环，利用垂线和经纬仪测量调整基准环的平整度，使基准环与始发台水平轴垂直，调整好后将反力架与中板和底板的预埋件焊接固定。

第五节 盾构组装与调试

一、设备吊装

1. 组装场地的布置及吊装设备

盾构的组装场地一般分成三个区：后配套拖车存放区、主机及配件存放区、起重机存放区。吊装设备一般采用履带起重机 1 台、汽车起重机 1 台、液压千斤顶 2 台，以及相应的吊具，它们的吨位和能力取决于盾构最大部件的重量和尺寸。

2. 组装和调试顺序

盾构组装一般宜按下列程序进行：组装场地的准备、始发基座安装、行走轨道铺设、吊装设备准备并就位、将后配套各部件组装成拖车总体（包括结构、设备、管路等）、将连接桥与后配套组装连接、主机中体组装、主机前体组装、刀盘组装、主机前移、使刀盘顶到掌子面、管片安装机轨道梁下井安装、管片安装机安装、盾尾安装、反力架及反力架钢环的安装、主机与后配套对接、附属设备的安装和管路连接。在组装前安装调试好门吊，使组装安排更加灵活，有利于缩短组装时间。组装调试程序见图 4-20。

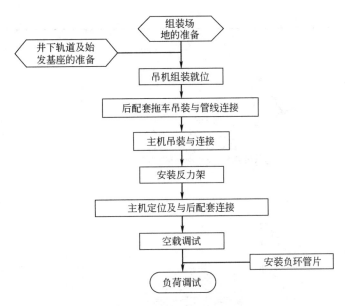

图 4-20 盾构组装调试程序图

3. 盾构组装顺序（见表 4-5）

表 4-5 盾构组装顺序

序号	步骤	施工顺序	说明
1	组装始发台、托架		1. 盾构运输到施工场地； 2. 组装盾尾、焊接盾尾及盾尾密封刷； 3. 组装第五节台车，临时托架吊入井内； 4. 洞内铺设轨道
2	组装五节台车		1. 第四节台车吊入井内，同时组装第三节台车并送到井口； 2. 将第三节台车吊入井内，同时完成第二节台车的组装及井内第三、四节台车的连接； 3. 依此类推，完成四节台车的组装下井及连接。 其中，各个环节吊入井内台车的后移配合进行
3	组装桥架		1. 第四节台车吊入井内的同时对桥架进行组装； 2. 桥架吊入井内

第四章 盾构施工准备

续表

序号	步骤	施工顺序	说明
4	吊装螺旋输送机		1. 完成桥架与后配台车的连接； 2. 螺旋输送机吊入井内
5	吊装中盾		1. 螺旋输送机后移； 2. 中盾吊入井内
6	组装前盾与中盾		1. 中盾后移； 2. 前盾吊入井内
7	组装刀盘		1. 前盾与中盾的连接及后移； 2. 刀盘吊入井内
8	组装管片拼装机、盾尾		1. 主机连接及前移； 2. 管片拼装机及盾尾的吊入井内及拼装

序号	步骤	施工顺序	说明
9	组装螺旋输送机		1. 螺旋输送机前移; 2. 螺旋输送机吊起及组装
10	设备连接、安装反力架		1. 反力架吊入井内; 2. 安装反力架; 3. 盾构机设备的连接
11	完成组装、准备始发		1. 完成组装; 2. 盾构机调试,准备始发

4. 组装技术措施

（1）盾构组装前必须制定详细的组装方案与计划，同时组织有经验的经过技术培训的人员组成组装班组。

（2）组装前应对始发基座进行精确定位。

（3）履带吊机工作区应铺设钢板，防止地层不均匀沉陷。

（4）大件组装时应对始发井端头墙进行严密的观测，掌握其变形与受力状态。

（5）大件吊装时必须有90t以上的吊车辅助翻转。

二、盾构调试

盾构调试按阶段分为工厂调试和施工现场调试。现场调试又分为井底空载调试、试掘进重载调试。工厂调试阶段的工作是对设计、制造质量及主要功能进行调试；井底调试阶段的工作是在盾构吊到井底后按照井底调试大纲对其总装质量及各种功能进行检查和调试；试掘进重载调试是试掘进期间进行重载调试，经调试并验收合格后即可交付使用。

1. 空载调试

盾构组装和连接完毕后，即可进行空载调试。空载调试的目的主要是检查盾构各系统和设备是否正常运转，并与工厂组装时的空载调试记录进行比较，从而检查各系统是否按要求运转，速度是否满足要求，对不满足要求的，要查找原因。主要调试内容为：液压系统、润滑系统、冷却系统、配电系统、注浆系统、控制系统以及各种仪表的校正。

2. 负载调试

通过空载调试证明盾构具有工作能力后，即可进行负载调试。负载调试的主要目的是检查各种管线及密封的负载能力，使盾构的各个工作系统和辅助系统达到满足正常生产要求的工作状态。通常试掘进时间即为对设备负载调试时间。负载调试时，采取严格的技术和管理措施，保证工程安全、工程质量和线形精度。

3. 调试方案

（1）针对制定调试方案，对液压和电气等关键部件进行压力设定、功能检测。

（2）推进系统测试：推进速度、油缸压力检测。

（3）刀盘驱动系统测试：正转、反转功能、最大速度、速度调节、压力等是否正常。

（4）液压泵站测试：检查液压油过滤、循环系统。

（5）管片安装系统测试：各自由度功能检测、抓取管片功能检测。

（6）注浆泵系统测试：各个功能是否达到性能要求，换向和调速是否正常。

（7）其他辅助液压系统测试。

（8）管片吊机功能测试。

（9）齿轮油循环系统测试：系统是否正常，液位报警功能等是否正常。

（10）盾尾油脂注入系统测试：工作压力是否正常，自动工作情况是否合理。

（11）主轴承 HBW 系统测试：工作压力是否正常，并将刀盘前部油脂注满。

（12）油脂密封系统是否正常并且将油脂注满主轴承，直至溢出，测量压力是否到达要求，控制部分功能是否正常，小油脂桶液位连锁功能是否正常。

（13）测试空气加压系统的控制部分是否正常，压力是否正常。

（14）水循环系统能否工作，主驱动部分流速是否达标，压力是否正常。

（15）整机联动控制是否正常，各个环节在控制室的控制情况是否正常。

（16）盾构机故障显示测试。

第五章
盾构掘进施工

第一节
土压平衡盾构掘进

土压平衡式（earth pressure balance）盾构，简称 EPB 盾构。土压平衡式盾构机在机械式盾构的前部设置隔板，土仓和排土用的螺旋输送机内充满切削下来的渣土，依靠推进油缸的推力给土仓内的开挖土渣加压，使土压作用于开挖面以使其稳定。土压平衡式盾构的支护材料是土壤本身。

土压平衡式盾构的工作原理为：刀盘旋转切削开挖面的泥土，破碎的泥土通过刀盘开口进入土仓，泥土落到土仓底部后，通过螺旋输送机运到皮带输送机上，然后输送到停在轨道上的渣车上。盾构在推进油缸的推力作用下向前推进，盾壳对挖掘出的还未衬砌的隧道起着临时支护的作用，承受周围土层的土压、地下水的水压以及将地下水挡在盾壳外面。掘进、排土、衬砌等作业在盾壳的掩护下进行。

一、土压平衡盾构的掘进模式

土压平衡式盾构一般有三种模式，即敞开式、局部气压模式和土压平衡模式，见图 5-1。每一种掘进模式具有不同的特点和使用条件。

1. 敞开式

土压平衡式盾构面对稳定性较好的岩层时，可以采用敞开式掘进，不用调整土仓压力。敞开式掘进模式一般用于地层自稳条件比较好的场合，即使不对开挖面进行连续压力平衡，在短时间内也可保证开挖面不失稳，土体不坍塌。在能够自稳、地下水少的地层多采用这种模式。盾构切削下来的渣土进入土仓内即刻被螺旋输送机排出，土仓内仅有极少量的渣土，土仓基本处于清空状态，掘进中，刀盘和螺旋输送机所受反扭力较小。采用敞开模式掘进时，以滚刀破岩为主，采用高转速、低扭矩和适宜的螺旋输送机转速推进；同步注浆时浆液

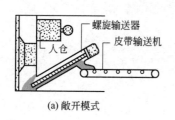 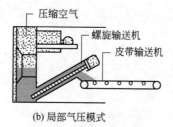 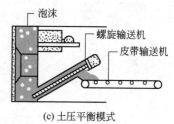

(a) 敞开模式　　　　　　(b) 局部气压模式　　　　　　(c) 土压平衡模式

图 5-1　土压平衡盾构的三种掘进模式

可能渗流到盾壳与周围岩体件的空隙甚至刀盘处，为避免此现象发生，可采取适当增大浆液黏度、缩短浆液凝结时间、调整注浆压力、管片背后补充注浆等方法来解决。

2. 局部气压模式

局部气压式也称半敞开式。土压平衡盾构对于开挖面具有一定的自稳性，可以采用半敞开式掘进；调节螺旋输送机的转速，土仓内保持 2/3 左右的渣土，如果掘进中遇到围岩稳定但富含地下水的地层，或者施工断面上大部分围岩稳定，仅有局部会出现失压崩溃的地层，或者破碎带，此时应增大推进速度以求得快速通过，并暂时停止螺旋机出土，关闭螺旋机出土闸门，使土仓的下部充满渣石，向开挖面和土仓中注入适量的添加材料（如膨润土、泥浆或添加剂）和压缩空气，使土仓内渣土的密水性增加，同时也使添加材料在压力作用下渗进开挖面地层，在开挖面上产生一层致密的"泥膜"。通过气压和泥膜阻止开挖面涌水和坍塌的现象发生，再控制螺旋机低速转动以保证在螺旋机中形成"土塞"，完全可以安全快速地通过这类不良地层。掘进中土仓内的渣土未充满土仓，尚有一定空间，通过向土仓内输入压缩空气与渣土共同支撑开挖面和防止地下水渗入。该掘进模式适用于具有一定自稳能力和地下水压力不太高的地层，防止地下水渗入的效果主要取决于压缩空气的压力。在上软下硬地层施工时多采用这种模式。在上软下硬地层施工时，滚刀破岩为主破碎硬岩，以齿刀、刮刀为主切削土层。在河底段掘进时，需要添加泡沫剂、聚合物、膨润土等改良渣土的止水性，以使土仓内的压力稳定平衡。

3. 土压平衡模式

土压平衡式盾构对于开挖地层稳定性不好或有较多的地下水的软质岩地层时，需采用土压平衡模式（即 EPB 模式）。此时需根据前面地层的不同，保持不同的渣仓压力。

盾构在掘进开挖面土体的同时，使掘进下来的渣土充满土仓内，并且使土仓内的渣土密度尽可能与隧道开挖面上的土壤密度接近。在推进油缸的推力作用下，土仓内充满的渣土形成一定的压力，土仓内的渣土压力与隧道开挖面上的水压、土压等实现动态平衡，这样开挖面上的土壤就不会轻易坍落，既完成掘进又不会造成开挖面土体的失稳。

土仓内的压力可通过改变盾构的掘进速度或螺旋机的转速（排渣土量）来调节，按与盾构掘削土量（包括加泥材料量）对应的排渣量连续出土，保证掘削量与排渣量相对应，使土仓中的流塑性渣土的土压力能始终与开挖面上的水土压力保持平衡，保持开挖面的稳定性。压力大小根据安装在土仓壁上的压力传感器来获得，螺旋机转速（排土量）根据压力传感器获得的土压自动调节。

采用土压平衡模式时，以齿刀、切刀为主切削土层，以低转速、大扭矩推进。土仓内土压力值应略大于静水压力和地层土压力之和，在不同地质地段掘进时，根据需要添加泡沫剂、聚合物、膨润土等以改善渣土性能，也可在螺旋输送机上安装止水保压装置，以使土仓内的压力稳定平衡。

二、渣土改良和管理

1. 渣土改良的目的

在盾构施工中尤其在复杂地层盾构施工中，进行渣土改良是保证施工安全、顺利、快速的一项不可缺少的重要技术手段。渣土改良就是通过盾构配置的专门装置向刀盘面、土仓或螺旋输送机内注入泡沫或膨润土，利用刀盘的旋转搅拌、土仓搅拌或螺旋输送机旋转搅拌使添加剂与渣土混合。其主要目的就是要使盾构切削下来的渣土具有好的流塑性、合适的稠度、较低的透水性和较小的摩阻力，以满足在不同地质条件下采用不同掘进模式掘进时都可达到理想的工作状况。其具体目的有：

（1）使渣土具有良好的土压平衡效果，利于其稳定开挖面，控制地表沉降。

（2）提高渣土的不透水性，使渣土具有较好的止水性，从而控制地下水流失。

（3）提高渣土的流动性，利于螺旋输送机排土。

（4）防止开挖的渣土黏结刀盘而产生泥饼。

（5）防止螺旋输送机排土时出现喷涌现象。

（6）降低刀盘扭矩和螺旋输送机的扭矩，同时减少对刀盘和螺旋输送机的磨损，从而提高盾构的掘进效率。

2. 改良的方法与添加剂

由于添加材的作用，土压盾构排出的掘削土砂几乎均为含水率高和流动性大的土砂，所以必须在施工现场对掘削土砂做改良处理，进而作为建设污泥废弃或作再生利用。

土体改良的方法分为物理改良和化学改良方法。物理方法有水、土分离法，日晒法及强制脱水法；化学方法有水泥改良法、石灰改良法、高分子改良法。其中，强制脱水法与水泥盾构施工法中二次溺水处理（加压、脱水等方式）相同。

土压盾构工法中多使用化学方法，无论哪种化学方法，都是利用水与化学材料发生反应，降低含水率，设备的规模形式也大体相同。水泥改良法和石灰改良法两者的一个共同特点是改良土是碱性，强度高，价格便宜。高分子改良法的优点是见效快，改良土呈中性；缺点是价格贵，改良效果不太稳定，运输过程中存在再次呈现流动的可能。因此，多数情况下采用优势互补的复合改良剂，即集上述两类方法的优点。

添加剂有单一添加剂和复合添加剂两种。单一添加剂包括矿物质类如黏土、膨润土等，高分子类［包括不溶性聚合物如丙烯类（树脂）、淀粉类和水溶性聚合动物如纤维类（CMC纸浆渣）、多糖类、负离子类乳胶组织（硅溶胶）和表面活性材料（气泡剂等）］；复合添加剂包括第一种是黏土（膨润土）＋气泡，第二种是膨润土＋有机酸，第三种是纤维素＋负离子类乳胶。

3. 渣土改良的主要技术措施

（1）在砂质黏性土和全、强、中风化泥质粉砂岩的掘进中，拟采取分别向刀盘面和土仓内注入泡沫的方法进行渣土改良，必要时可向螺旋输送机内注入泡沫。同时，采用滚刀与齿刀混合破岩削土或全齿刀削土，增大刀盘开口率等方法来防止形成泥饼。

（2）在硬岩地段拟采取向刀盘前和土仓内及螺旋机内注入泥浆的方法来改良渣土。

（3）在富水断层带和其他含水地层采用土压平衡式掘进时，拟向刀盘面、土仓内和螺旋输送机内注入膨润土，并增加对螺旋输送机内注入的膨润土，以利于螺旋输送机形成土塞效应，防止喷涌。

（4）在砂土地层中掘进时，拟采用向刀盘面和土仓内注入泡沫来改良渣土。泡沫剂注入量根据具体情况确定。

根据地层砂土的粒径累加曲线计算出矿物类或表面活性材料添加剂的使用量。另外，水溶性高分子类添加剂的用量参考矿物类添加剂的使用量。

三、掘进过程中盾构姿态控制

1. 盾构掘进方向控制

盾构掘进施工中，盾构操作员需要连续不断地得到盾构轴线相对于隧道设计轴线位置及方向的关系，以便使被开挖隧道保持正确的位置；盾构在掘进中，以一定的掘进速度向前开挖，也需要盾构的开挖轨迹与隧道设计轴线一致，为此盾构操作员必须及时得到所在位置的信息反馈。如果掘进方向与隧道设计轴线偏差超过一定的界限，就会使隧道衬砌侵限、盾尾间隙变小，使管片局部受力恶化，也会造成地层损失增大而使地表沉降加大。

盾构施工中，采用激光导向来保证掘进方向的准确性和盾构姿态的控制，导向系统用来测量盾构的坐标（X、Y、Z）和位置（水平、上下和旋转），测量的结果可以在面板上显示，以便将实际的数据和理论数据进行对比。导向系统还可以在存储每环管片安装的关键数据。目前，国内使用的盾构主要有以下三种类型导向系统。

① PPS 导向系统　PPS 系统采用固定、自动或电动控制的全站仪来测量系统元器件，这些元器件包括：2 个 EDM 棱镜，它们安装在盾构靠近刀盘的固定位置上；1 个参照棱镜，被安装在全站仪架上，用以检测全站仪的稳定性；1 个高精度的电子倾斜仪，用来测量盾构的倾斜和扭转。这些元器件的控制由随机 PPS 系统电脑自动控制。

② SLS-T APD 系统　SLS-T APD 系统为 VMT 公司生产，由 ELS 激光靶、激光全站仪、棱镜、计算机、黄盒子等系统组成。SLS-T APD 系统的主要基准是由初始安装在墙壁或隧道衬砌上的激光全站仪发出的一束可见激光。激光束穿过机器中的净空区域射到安装在机器前部的电子激光靶上。在电子激光靶内部是一个双轴倾斜仪，用这个倾斜仪来测量 ELS 靶的仰俯角和滚动角。电子激光靶的前方安装有一个反射棱镜，激光基准点和电子激光靶之间的距离通过全站仪中的内置 EDM 来测定。通过测定激光站和基准点的绝对位置，就能得到电子激光靶的绝对位置及方位，从而得到机器的位置和方位。SLS-T APD 导向系统不仅能随时（特别在掘进的过程中）精确测量盾构的位置，而且它还通过简单明了的方式把得到的结果呈现在驾驶员面前，以便驾驶员及时采取必要的纠偏措施。

黄盒子用来给全站仪和激光供电。系统计算机和全站仪之间的通信通过黄盒子进行。

③ ROBOTEC 系统　ROBOTEC 导向系统由全站仪、棱镜（有挡板保护，测量时挡板自动打开）、数据线、各种接口设备、操作软件组成。它的工作原理与 SLS-T APD 系统相似。ROBOTEC 系统的特点是：不用接收靶，直接使用棱镜，减少了一层换算关系；它还可以在盾构推进中实现无人值守及自动测量的功能。

2. 推进油缸的分区控制

盾构的推进机构提供盾构向前推进的动力，通过分区操作盾构推进油缸控制盾构掘进方向。推进机构包括 N 个推进油缸和一个推进液压泵站。推进油缸按照在圆周上的区域被编为 4~5 个组。现一般为 4 组，见图 5-2，分上、下、左、右可分别进行独立控制的 4 个液压区。在曲线段（包括水平曲线和竖向曲线）施工时，盾构推进操作控制方式是把液压推进油缸进行分区操作。每组油缸均能单独控制压力，为使盾构沿着正确的方向开挖，可以调整 4 组油缸的压力。油缸也可以单独控制。

一般情况下，当盾构处于水平线路掘进时，应使盾构保持稍向上的掘进姿态，以纠正盾构因自重产生的低头现象。通过调整每组油缸的不同推进速度、每组压力来对盾构进行纠偏和调向。油缸的后端顶在管片上以提供盾构前进的反力。在上、下、左、右每个区域中各有一只油缸安装了行程传感器，通过油缸的位移传感器可以知道油缸的伸出长度和盾构的掘进状态。

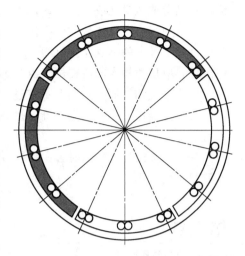

图 5-2 盾构推进油缸分组

3. 推进过程中的蛇行和滚动

在盾构推进过程中，蛇行和滚动是难以避免的。出现蛇行和滚动主要与地质条件、推进操作控制有关。针对不同的地质条件，进行周密的工况分析，并在施工过程中严格控制盾构的状态，以减少蛇行值和盾构的滚动。当出现滚动时，可采取正反转刀盘的方法来纠正盾构姿态。盾构推进时还需注意以下几个问题：

① 工作面的地层结构及物理力学特性的不均匀性。
② 推进系统性能的平衡性、稳定性。
③ 监控系统的敏感性、可靠性和稳定性。
④ 富水软弱地层对盾壳的环向弱约束性。
⑤ 通过软硬变化地层时，刀盘负载与盾壳约束条件的不对称性（包括进出洞的类似情况）。

四、盾构姿态调整与纠偏

在实际施工中，盾构推进方向可能会偏离设计轴线并超过管理警戒值。在稳定地层中掘进，因地层提供的滚动阻力小，可能会产生盾体滚动偏差；在线路变坡段或急弯段掘进，有可能产生较大的偏差。

（1）参照上述方法分区操作推进油缸来调整盾构姿态，纠正偏差，将盾构的方向控制调整到符合要求的范围。

（2）在急转弯和变坡段，必要时可利用盾构的超挖刀进行局部超挖来纠偏。

（3）当滚动超限时，盾构会自动报警，此时应采用盾构刀盘反转的方法纠正滚动偏差。

五、方向控制及纠偏注意事项

（1）在切换刀盘转动方向时，应保留适当的时间间隔，切换转速不宜过快。

（2）根据掌子面地层情况应及时调整掘进参数。调整掘进方向时应设置警戒值与限制值，达到警戒值时就应该实行纠偏程序。

（3）蛇行修正及纠偏时应缓慢进行。在直线推进的情况下，应选取盾构当前所在位置点与设计线上远方的一点作—直线，然后再以这条线为新的基准进行线形管理。在曲线推进的情况下，应使盾构当前所在位置点与远方点的连线同设计曲线相切。

（4）推进油缸油压的调整不宜过大、过快。

（5）正确进行管片选型，确保拼装质量与精度，以使管片端面尽可能与计划的掘进方向垂直。

（6）盾构始发、到达时方向控制极其重要，应按照始发、到达掘进的有关技术要求，做好测量定位工作。

第二节
泥水盾构掘进

一、泥水盾构的构成

泥水盾构也称泥水加压式平衡盾构（slurry pressure balance shield），简称 SPB 盾构。泥水盾构是在机械式盾构的前部设置隔板，装备刀盘及输送泥浆的送、排泥管和推进盾构的推进油缸。在地面上还配有泥水处理设备。泥水盾构由以下五大系统构成：

（1）一边利用刀盘挖掘整个开挖面、一边推进的盾构掘进系统。

（2）可调整泥浆物性，并将其送至开挖面，保持开挖面稳定的泥水循环系统。

（3）综合管理送排泥状态、泥水压力及泥水处理设备运转状况的综合管理系统。

（4）泥水分离处理系统。

（5）壁后同步注浆系统。

泥水盾构利用循环悬浮液的数量（体积）对泥浆压力进行调节和控制，采用膨润土悬浮液（俗称泥浆）作为支护材料。开挖面的稳定是将泥浆送入泥水室内，在开挖面上形成不透水的泥膜，通过该泥水膜的张力保持水压力，以平衡作用于开挖面的土压力和水压力。开挖的土砂以泥浆形式输送到地面，通过泥水处理设备进行分离，分离后的泥水进行配比调整，再输送到开挖面。

二、开挖面稳定机理

1. 泥膜形成机理

泥水盾构是通过泥水仓中适当的压力使泥浆在开挖面形成泥膜，支撑隧道开挖面的土体，并由刀盘切削土体表面的泥膜，形成高密度的泥浆，然后由排泥泵及管道把泥浆输送到地面进行分离处理。

在泥水平衡的理论中，泥膜的形成是至关重要的。当泥水压力大于地下水压力时，泥水按达西定律渗入土壤，形成与土壤间隙呈一定比例的悬浮液，浆液中的黏土颗粒被捕获并积聚于土壤与泥水的接触表面，泥膜就此形成。随着时间的推移，泥膜厚度不断增加，渗透抵抗力逐渐增强。当泥膜抵抗力远大于正面土压时，产生泥水平衡效果。

2. 泥膜形成的基本要素

泥水盾构施工时，以泥水压力来抵抗开挖面的土压力和水压力以保持开挖面的稳定，同时控制开挖面变形和地基沉降；在开挖面形成不透水性泥膜，保持泥水压力有效作用于开挖面。从泥水平衡理论中可以看出，在泥水盾构法施工中，尽快形成不透水的泥膜是一个相当关键的环节。

在开挖面，随着加压后的泥水不断渗入土体，泥水中的砂土颗粒填入土体孔隙中，可形成不透水的泥膜。而且由于泥膜形成后减小了开挖面的压力损失，泥水压力可有效地作用于开挖面，从而可以防止开挖面的变形和崩塌，并确保开挖面的稳定。因此，在泥水盾构施工中，控制泥水压力和控制泥水质量是两个重要的课题。

三、掘进参数管理

1. 切口水压的设定

盾构切口水压由地下水压力、静止土压力、变动土压力组成。切口泥水压力应介于理论计算值上下限之间，并根据地表建构筑物的情况和地质条件适当调整。

2. 掘进速度

正常掘进条件下，掘进速度应设定为 20~40mm/min；在通过软硬不均匀地层时，掘进速度控制在 10~20mm/min。在设定掘进速度时，应注意以下几点。

（1）盾构启动时，需检查推进油缸是否顶实，开始推进和结束推进之前速度不宜过快。每环掘进开始时，应逐步提高推进速度，防止启动速度过大冲击扰动地层。

（2）每环正常掘进过程中，掘进速度值应尽量保持恒定，减少波动，以保证切口水压稳定和送、排泥管的畅通。在调整掘进速度时，应逐步调整，避免速度突变对地层冲击扰动和切口水压摆动过大。

（3）掘进速度的快慢必须满足每环掘进注浆量的要求，保证同步注浆系统始终处于良好工作状态。

（4）掘进速度选取时，必须注意与地质条件和地表建筑物条件匹配，避免速度选择不合适对盾构刀盘、刀具造成非正常损坏和使隧道周边土体扰动过大。

3. 掘削量的控制

掘进实际掘削量 Q 可由下式计算得到：

$$Q = (Q_2 - Q_1)T$$

式中　Q_2——排泥流量，m^3/h；

　　　Q_1——送泥流量，m^3/h；

　　　T——掘削时间，h。

当发现掘削量过大时，应立即检查泥水密度、黏度和切口水压。此外，也可以利用探查装置了解土体坍塌情况。在查明原因后应及时调整有关参数，确保开挖面稳定。

4. 泥水指标控制

（1）泥水密度　泥水密度是泥水主要控制指标。送泥时的泥水密度控制在 $1.05~1.08g/cm^3$ 之间，使用黏土、膨润土（粉末黏土）提高相对密度，添加 CMC 来增大黏度。工作泥浆的配置分两种，即天然黏土泥浆和膨胀土泥浆。排泥密度一般控制在 $1.15~1.30g/cm^3$。

(2) 漏斗黏度　黏性泥浆在砂砾层可以防止泥浆损失，保持作业面稳定。在坍塌性围岩中，使用三次泥水。但是泥水黏度过高，处理时容易堵塞筛眼，造成作业性下降；在黏土层中，黏度不能过低，否则会造成开挖面塌陷或堵管事故，一般漏斗黏度控制在 25～35s。

(3) 析水量　析水量是泥水管理中的一项综合指标，它更大程度上与泥水的黏度有关。悬浮性好的泥浆就意味着析水量小，反之越大。泥水的析水量一般控制在 5% 以下，降低土颗粒含量和提高泥浆的黏度，是保证析水量的主要手段。

(4) pH 值　泥水的 pH 值一般为 8～9。

(5) API 失水量　API 失水量 $Q<20mL$（100kPa，30min）。

四、泥水压力管理

泥水盾构工法是将泥膜作为媒体，由泥水压力来平衡土体压力。虽然泥水渗透体积随泥水压力上升而上升，但它的增加量远小于压力的增加量，而增加泥水压力将提高作用于开挖面的有效支撑压力，提高开挖面的稳定性。

作用在挖面上的泥水压力一般设定为：泥水压力＝土压＋水压＋附加压。

附加压的标准值为 0.02MPa，一般要根据渗透系数、开挖面松弛状况、渗水量等进行设定。附加压力过大，则因盾构推力增大和泥水对开挖面的渗透加强，相反会带来塌方、泥水窜入后仓等危害，需要慎重考虑。此外，泥水压力的设定也有不同的理论，常有与开挖面状况不吻合的时候。因此，要从干砂量测定结果等进行推测和考虑，并需要通过试验来对泥水压力数值等进行修正。

1. 直接控制型泥水盾构的泥水压力管理

直接控制型泥水盾构在掘进中的实际泥水压力值的管理，按图 5-3 作自动管理。其中，用压力信号传送器 No.2 接受由 P1 泵送出的送泥压力，并送往泥水压力调节，由自动调节来操作控制阀 CV-3，通过调节阀的开关进行压力调整。用压力信号传送器 No.1 接受开挖面泥水压力，并送往开挖面泥水压力保持开挖调节器，在这里把它和设定压力的差作为信号送给控制阀 CV-2，通过阀的开闭进行压力调节。由此，对于设定压力的管理，控制在 ±0.01MPa 的变动范围以内。

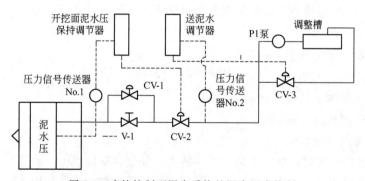

图 5-3　直接控制型泥水盾构的泥水压力控制

2. 间接控制型泥水盾构的泥水压力管理

间接控制型泥水盾构的泥水压力的控制采用泥水气平衡模式。如图 5-4 所示，在盾构的泥水室里装有一道半隔板，将泥水室分割成两部分，半隔板前面称为泥水仓，半隔板后面称为气垫仓。调压时在泥水仓内充满压力泥水，在气垫仓内盾构轴线以上部分加入压缩空气，形成气压缓冲层，气压作用在气垫仓内的泥水液面上；由于在接触面上的气、液具有相同的压力，因此只要调节空气的压力，就可以确定开挖面上相应的支护压力。

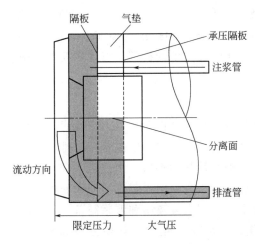

图 5-4　泥水气平衡示意图

当盾构推进时，由于泥水的流失或盾构推进速度的变化，进出泥水量将会失去平衡，气垫仓内的泥水液面就会出现上下波动，为维持设定的压力值（与设定的气压值发生偏差，由 Samson 调节器根据泥水仓内的气压传感器测得值与设定的气压值比较得出），通过进气或排气改变气压值。当盾构正面土压值增大时，气垫仓内泥水液位升高（高于盾构轴线），由于气垫仓内气体体积减小，压力值升高，排气阀打开，降低气垫仓内气体压力，当气体压力达到设定的气压值时，关闭排气阀；当盾构正面土压值减小时，气垫仓内泥水液位降低（低于盾构轴线），由于气垫仓内气体体积增加，压力降低，进气阀打开，升高气垫仓内气体压力，当气体压力达到设定的土压值时，关闭进气阀。通过液位传感器，可以根据液位的变化控制进泥泵或排泥泵的转速，在保持压力设定值不变的状态下（由 Samson 调节器差分控制系统控制），使气垫仓内泥水液位恢复到盾构轴线位置。

间接控制型泥水盾构通过压缩空气来间接地自动调节土仓内悬浮液的压力，使之与开挖面的水土压力相平衡，从而实现支撑作用。压缩空气垫能够调节泥浆的平面高度，在发生漏水或水从开挖面渗入的情况下，它起着一个吸振器的作用并最终可消除压力峰值。调压仓压缩空气不断调整悬浮液面的高度，及时满足或补充掘进工作面对膨润土液的需求，这种调整可以达到比较精确的程度。如果平衡状态被打破，空气控制系统会自动迅速向调压仓内补充高压空气，或排出高压空气，保证压力的平衡状态。过压的高压空气通过安全阀或调节阀排出。

泥水盾构的发展经过三种历程，即日本历程、德国历程、英国历程。到目前只有日本和德国两个主要发展体系。以日本的泥水盾构为基础开发出了土压平衡盾构，而德国的泥水盾构则推动了混合型盾构的开发。德国和日本体系的主要区别是，德国体系的泥水盾构在泥水仓中设置了气压仓，日本体系的泥水盾构的泥水仓则全是泥水。

日本一般采用直接控制型泥水盾构。直接控制型泥水系统采用泥水平衡模式，其流程为：送泥泵从地面泥浆调整槽将新鲜泥浆输入盾构泥水仓，与开挖泥土进行混合，形成稠泥浆，然后由排泥泵输送到地面泥水分离站，经分离后循环使用。泥水仓中泥水压力，可通过调节送泥泵转速或调节控制阀开度来控制。由于送泥泵安在地面，控制距离长，易产生延迟效应，不便于控制泥浆泵压力，因此常用调节控制阀的开度来进行泥浆压力调节。

德国采用间接控制型泥水盾构，其泥水系统的工作特征是由泥浆和空气双重回路组成，因此也称为 D 模式或气压复合模式。间接控制型泥水盾构与直接控制型泥水盾构相比，操作控制更为简化，对开挖面土层支护更为稳定，对地表变形控制也更为有利。

五、泥水分离技术

泥水盾构是通过加压泥水来稳定开挖面，其刀盘后面有一个密封隔板，与开挖面之间形成泥水仓，仓里充满了泥浆，开挖土渣与泥浆混合后由排浆泵输送到洞外的泥水分离站，经分离后进入泥浆调整池进行泥水性状调整后，由送泥泵将泥浆送往盾构的泥水仓重复使用。通常将盾构排出的泥水中的水和土分离的过程称为泥水处理。

泥水处理设备设于地面，由泥水分离站和泥浆制备设备两部分组成。泥水分离站主要由振动器、旋流器、储浆槽、渣浆泵等组成；泥浆制备系统由沉淀池、调浆池、制浆设备组成。

1. 泥水分离站

选择泥水处理设备时，必须考虑两个方面：一是必须具有与推进速度相适应的分离能力，二是必须能有效地分离排泥浆中的泥土和水分。同时，在考虑分离站的能力时还应有一定的储备系数。

泥水处理一般分为三级：一级泥水处理的对象是粒径 $74\mu m$ 以上的砂和砾石，工艺比较简单，用振动筛或旋流器等设备对其进行筛分，分离出的土颗粒用车运走；二级泥水处理的对象主要是一级处理时不能分离的 $75\mu m$ 以下的淤泥、黏土等的细小颗粒；三级处理是对需排放的剩余水作 pH 值调整，使泥水排放达到国家环保要求，其处理采用的材料主要是稀硫酸或适量的二氧化碳气体。

2. 泥浆制备

从泥水分离站排出的泥浆经沉淀后进入调整槽，在调整槽内对泥浆进行调配，确保输送到盾构的泥浆性能满足要求。制浆设备主要包含 1 个剩余泥水槽、1 个黏土溶解槽、1 个清水槽、1 个调整槽、1 个 CMC（粉末黏剂）储备槽、搅拌装置等。泥浆制备时，使用黏土、膨润土（粉末黏土）提高密度，添加 CMC 来增大黏度。黏性大的泥浆在砂砾层可以防止泥浆损失、砂层剥落，使作业面保持稳定。在坍塌的围岩中，也宜使用高黏度泥水。但是泥水黏度过高，处理时容易堵塞筛眼；在黏土层中，黏度不能过低，否则会造成开挖面塌陷。

六、适应地质范围

泥水盾构最初是在冲积黏土和洪积砂土交错出现的特殊地层中使用，由于泥水对开挖面的作用明显，因此在软弱的淤泥质土层、松动的砂土层、砂砾层、卵石砂砾层、砂砾和坚硬土的互层等地层中均适用。

目前泥水加压盾构工法对地层的适用范围不断扩大，即使处于恶劣的施工环境和存在地下水等不良条件下，由于有相应的处理方法，因而几乎能适应所有的地层。

1. 黏性土层

黏土矿物经相互间电化学结合而形成的黏性土层，近似变质了的凝胶块状体，因泥水相对密度大和所加压力容易形成对开挖面的稳定，不论黏性土层的软弱状态如何，都适合于用泥水盾构施工。泥水盾构也适用于粉砂土地层施工。

2. 砂层

不含水的砂层由于漏浆，不能保持住对开挖面的加压和稳定。通常，在含有某一数量的粉砂土、黏土的冲积层中，几乎都有一定的含水率，全部都是细砂的地层很少见，干燥的松散砂也很少有，由于砂层内摩擦角有许多在28°左右，所以大部分可用泥水加压来保持开挖面的稳定。松散的含水率大的砂层，在其他盾构工法中很难保持土层稳定，可采用泥水盾构并提高其泥水相对密度、黏度和压力。

3. 砾石层

对于水分多、不含有作为黏合剂的粉砂土及黏土等的砾石层和有大直径的砾石层，可采用泥水盾构施工，并在泥水仓内安装砾石破碎装置。

4. 贝壳层

贝壳层很难称为一种土层，含有水且贝壳很多的土体中，同上述砾石层一样更加坚固，开挖面很难稳定，但使用泥水盾构并用大刀盘挖土就可以成为能适应的地层。

泥水盾构能适用于各类地质的土层，对开挖面难以稳定的土质特别有效，泥水盾构能克服地面条件和其他地下条件所造成的种种困难，譬如上部是河或海等有水体的地方、有道路和建筑物的地方以及适合于要减少沉降的地方等。在这些场所采用泥水加压盾构，无论在工法上还是经济上都是有效的。

第三节
特种盾构工法简介

一、扩径盾构工法

所谓局部扩大盾构法，就是在隧道的任意位置对局部断面进行扩大的一种施工方法，如图5-5所示。

1. 主要施工原理

（1）正常段施工。首先，进行等断面正常段隧道的施工，在局部断面扩大部分设置特殊管片，在正常段和特殊段管片之间同时设置导向环。

（2）周围盾构反力支墩施工。拆除特殊段下部的预制扇形砌块，设置围护结构后进行土体开挖，必要时可对局部土体进行加固，浇筑圆周盾构掘进时的反方向支墩。

（3）扩大部盾构的反向承台制作。在扩大部基础内的导向环片上安装圆周盾构后，边掘进边拼装圆周管片，最后形成扩大部盾构的反力承台（始发基地）。

（4）扩大部盾构安装和掘进。在始发基地内安装扩大部盾构，进行扩大部隧道的开挖。

2. 局部扩大盾构法的特点

（1）可根据用途在任何位置以任意长度对隧道进行局部扩大。

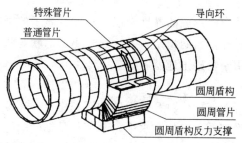

(a) 圆周盾构反力支撑和扩大部盾构反力承台施工

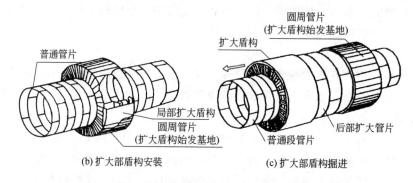

(b) 扩大部盾构安装　　　　　　(c) 扩大部盾构掘进

图 5-5　局部扩大盾构法施工原理图

（2）局部扩大后的断面形状仍然是圆形，故其力学性能保持圆形断面的特性。
（3）也可进行左右和上下全方位偏心局部扩大。
（4）与开挖式施工法相比，工程费用和工期都可以在一定程度上减少。
（5）无需设置施工场地和工作井，对周边环境的影响少。

3. 施工实例

局部扩大盾构法可运用于各种地下工程，列举几项工程实例的主要技术参数如表 5-1 所示。

表 5-1　施工实例一览表

施工例序号	隧道外径/m		扩大部施工延长/m	用途
	普通段	扩大段		
1	6.60	7.80	24.10	电力线人孔
2	2.00	3.15	6.55	电力线人孔
3	6.60	9.20	29.50	共同沟分叉部
4	2.00	3.15	2.62	管路合流部
5	1.90	3.90	8.50	电力线人孔
6	1.95	3.90	8.50	电力线人孔
7	2.75	3.90	25.35	电缆连接部
8	6.00	8.71	11.25	管路合流部

二、球体盾构法

球体盾构是利用球体本身可自由旋转的特点，将一球体内藏于先行主机盾构的内部，在球体内部又设计一个后续次机盾构。先行盾构完成前期开挖后,利用机体的旋转改变隧道的推进方向,进行后期隧道的开挖,改向后盾构掘进机刀具的交换和维修非常方便。到目前为止,在日本已开发3种用途的球体盾构掘进机并在9个工程中得到运用。

1. 纵横式连续推进球体盾构

纵横式球体盾构是用一台盾构掘进机完成竖井向工作井和横向隧道开挖的一种特殊盾构掘进机。在纵向主机盾构内预先设置一个可旋转的球体,在球体内又设置了一台专门用于开挖横向隧道的长度较短的盾构。在纵向盾构内设有驱动轴可自由旋转的球体,横向盾构的主体切削刀盘兼用于开挖竖向工作井。也就是说,只要在横向盾构的主体刀盘的外侧安装一个环状的超挖刀具,就可以用同一个切削装置开挖两个功能和尺寸不同的地下空间。纵横式球体盾构共享一个切削驱动装置,主体切削刀和外侧环状刀具之间采用铰接式拉杆连接,通过油压千斤顶可使铰接式拉杆伸缩。竖向工作井开挖结束后,外侧环状刀具脱离主体刀盘残留在土中,见图5-6。

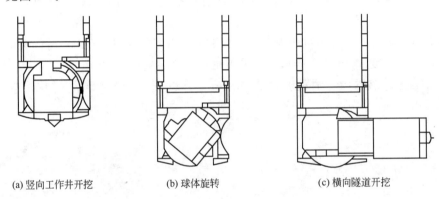

(a) 竖向工作井开挖　　(b) 球体旋转　　(c) 横向隧道开挖

图5-6　纵横式连续推进球体盾构的开挖

纵横式球体盾构的主要特点如下:

(1) 因竖向工作井和横向盾构隧道是连续推进的,所以它无需考虑盾构进出洞时的土体加固处理和漏水等技术问题,提高了大深度工作井和隧道施工的安全性和施工速度,对缩短工期有积极的作用。

(2) 竖向工作井施工时对周围环境和地基沉降的影响较一般的施工法要小。

(3) 竖向工作井的内部空间和井壁厚度都可减小,节省工作井的工程费用。

(4) 隧道推进过程中,开挖刀具的交换和维修非常方便,更适用于长距离隧道的开挖。

2. 横横式连续推进球体盾构

横横式球体盾构的开挖原理与纵横式球体盾构基本相同,先行主机盾构和后续次机盾构可在同一水平面内进行直角开挖。交通拥挤的十字路口以及在地下一定深度内存在有各种管线设施无法构筑竖向工作井的地区可采用此施工方法。

3. 长距离开挖球体盾构

设置在球体内的刀盘和其驱动装置与球体一起在盾构掘进机内运转,刀具的修理和更换等作业也在盾构掘进机内进行,作业不受时间、地点的限制,且在开挖好的隧道内正常大气压中工作,解决了长距离盾构开挖时刀具交换的技术性问题,无需另外构筑工作井,在一定程度上可减少工程费用,尤其适用于工期不是很紧无需设置换气井的长距离上下隧道的施工。图 5-7 为用于长距离隧道球体盾构的刀具交换示意图。

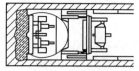 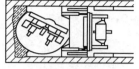 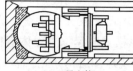

(a) 刀盘回缩收藏　　　　　　(b) 球体旋转　　　　　　(c) 刀具交换

图 5-7　球体盾构刀具交换示意

4. 工程实例

球体盾构已在下水道工作中得到了广泛的运用。图 5-8 为实际工程中使用的 3 例球体盾构掘进机。

(1) 纵横式盾构　先行主机盾构直径为 5.90m，开挖深度为 19.3m，后行次机盾构直径为 4.20m，开挖长度 2017m，盾构形式为纵向开挖主机盾构泥水式，横向开挖次机盾构泥土式。

(2) 横横式盾构　先行主机盾构直径为 3.93m，开挖深度为 578m，后行次机盾构直径为 2.68m，开挖长度 898m。盾构形式均采用泥水式。

(3) 长距离开挖盾构　盾构直径为 9.45m，开挖深度为 4435m，盾构形式均采用泥水式。

图 5-8　实际工程中使用的 3 例球体盾构

三、多圆盾构工法

MF (multimate face) 盾构法是由多个部分错位的圆形断面重合而成，可同时开挖多个圆形断面的盾构法。隧道有效面积较开挖面积相等的单圆断面要大，是一种较为经济合理的断面形式。两个或多个大小不同的圆形断面通过一定规则的叠合可提供任意断面形式的隧道，在隧道线路规划时，对线形选择有更多的灵活性。上下空间受限制的情况下，则可选择横向叠合式。MF 盾构法更适用于地铁车站、共同沟和地下停车场等大断面隧道开挖。MF 盾构法示意图见图 5-9。

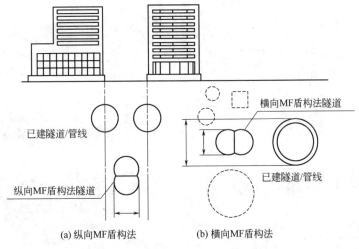

图 5-9　MF 盾构法

1. MF 盾构法的特点

(1) 由 MF 盾构法建成的隧道的基本结构形式为圆形，所以它保持了圆形断面的力学特性。
(2) 隧道可由多个小型圆断面叠合形成，开挖量小，断面利用率高。
(3) 在隧道线路规划时对线形的选择有更多的灵活性，可根据需要选择横向 MF 盾构或纵向 MF 盾构，更加适用于地下空间受到限制的隧道建设。
(4) 根据土质情况和施工条件以及对周围环境影响的需要，采用泥水盾构或土压盾构。
(5) 盾构由多个独立控制的圆形断面组成，可根据不同地质条件进行土体开挖管理。
(6) 通过调整各刀盘的转速和转向，利用开挖时作用在盾构上的反力可有效地控制盾构的姿势，纠偏也相对容易。
(7) 采用横向多圆盾构法可用于地铁车站、地铁车辆机务区段的开挖。

2. 工程实例

MF 盾构在地铁工程中运用较多，横向两圆断面主要用于地铁线路段的隧道，横向三圆以上断面用于地铁车站和地铁机务段的隧道施工。图 5-10 所示为实例工程中使用的两例 MF 盾构法开挖的隧道：横向两圆断面地铁线工程的开挖宽度为 12.19m，两个圆断面均不大于 7.42m，施工长度为 619m；横向三圆断面地铁站工程的开挖宽度为 17.44m，其中中间圆断面为 8.85m，两侧圆断面均不大于 8.14m，施工长度为 275m。

四、H&V 盾构工法

所谓 H&V（horizontal variation & vertical variation）盾构法，是将几个圆形断面根据需要进行组合，以开挖多种断面形式的一种特殊施工方法。H&V 施工法可同时开挖多条隧道，进行方式有像绳子一样互相纠缠在一起的螺旋形式推进和让其中的某一个断面从中独立出去的分叉推进两种方式，可根据隧道的施工条件和用途在地下自由地掘进和改变隧道走向及断面形式。其施工原理主要采用了一种叉式铰接改向装置，这种装置可使盾构机体前端各自沿着相反的方向旋转,从而改变盾构推进方向,达到螺旋式推进的目的(图 5-11)。

(a) 横向两圆盾构地铁线路工程

(b) 横向三圆盾构地铁车站工程

图 5-10　施工实例(1)

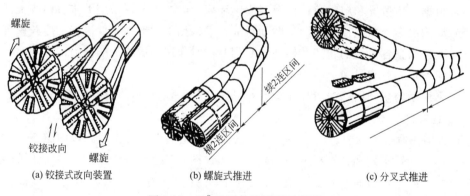

(a) 铰接式改向装置　　　(b) 螺旋式推进　　　(c) 分叉式推进

图 5-11　H&V 盾构法原理示意图

1. 原理

(1) 螺旋式推进原理　相邻两个断面的盾构之间设置铰接式改向装置,使两盾构能各自沿着相反的方向螺旋式旋转。促使盾构螺旋式旋转是有效地运用了盾构轴向偏转的特性,由偏心千斤顶提供旋转外力。在盾构改向侧迎土面通过局部超挖刀具进行局部开挖,使盾构顺利并稳定地进行螺旋式过渡。

(2) 分叉式推进原理　H&V 中盾构配备有独立的驱动和排土设备。相邻两个盾构的前部和后部都由螺栓连接,两者均可在盾构的内部拆除。盾构掘进机之间在解除连接后由侧向千斤顶将需要分离的盾构顶出后各自沿着自己的方向推进。

2. 特点

(1) 特制的铰接式方向装置，对盾构掘进机的姿态及方向的控制比较容易。各盾构驱动装置和开挖装置相互独立，可根据不同土质情况对开挖面的稳定进行管理，可自由选择采用泥水式盾构还是土压式盾构。

(2) 从纵向到横向或从横向到纵向，隧道断面在地下可自由地过渡和转换，无需设置工作井，对缩短工期、降低成本有利。

(3) 可根据需要自由地选择断面形式，而断面的基本形状是圆形。单圆盾构良好的力学性，线形设计时可不受周边障碍物的限制。

3. 工程实例

H&V盾构法通过试验性施工证实此施工法可适用于各种地下工程，并在地铁和下水道中得到了运用。迄今试验性施工1例，工程施工实例2例。主要指标分别如下。

盾构掘进机A：地铁车站工程施工实例，采用2主、2子、4圆泥水盾构掘进，其中主机不大于6.56m×2台，子机不大于1.72m×2台。隧道宽13.18m、高7.06m，施工长236m。

盾构掘进机B：下水道工程施工实例，采用纵向2圆分岔式泥水盾构掘进机，上部盾构不大于3.29m，下部盾构为2.89m，施工长154m。

五、可变断面盾构工法

所谓可变（自由）断面盾构法，就是在一个普通圆形盾构主刀盘的外侧设置数个规模比刀盘小的行星刀盘，行星刀盘随主刀盘的旋转在外围作自转的同时绕主刀盘公转，行星刀盘公转的轨道由行星刀盘扇动臂的扇动角度确定（图5-12）。通过对行星刀盘扇动臂的调节可开挖各种非圆形断面的隧道。也就是说，通过对行星刀盘公转轨道的设计，可选择如矩形断面、椭圆形断面、马蹄形断面、卵形断面等非圆形断面（图5-13）。此盾构法尤其适用于地下空间受限制的，如穿越既成管线和水道之间的中小型隧道工程。

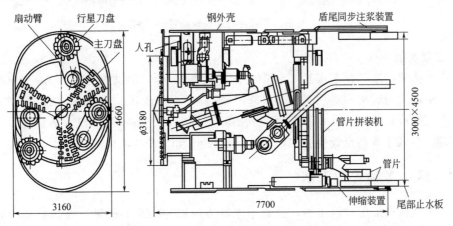

图5-12 自由断面盾构构造图（尺寸单位：mm）

1. 自由断面盾构的特点

(1) 可开挖多种非圆形断面的隧道，选择细长型断面，使宽度或深度受限制的地下空间更有效地得到利用。

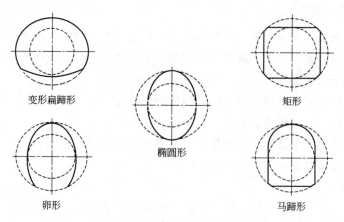

图 5-13 可开挖的非圆形断面

（2）可根据不同的使用目的合理选择不同断面，比如共同沟和电力管线等选择矩形断面，公路和铁路隧道则选择马蹄形断面等。

（3）隧道断面的最大纵横尺寸之比为椭圆形 1.5∶1.0，矩形 1.2∶1.0，马蹄形 1.35∶1.0。

（4）行星刀盘上的刀具呈梅花状布置，扇动臂采用计算机自动控制（图 5-14）。

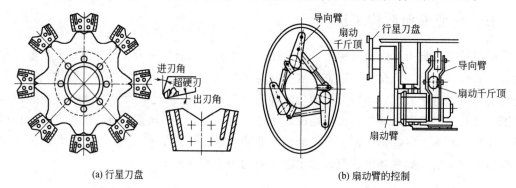

图 5-14 行星刀盘及扇动臂的控制

2. 工程实例

自由断面盾构法已在下水道工程中使用，图 5-15 为一例试验性施工和一例施工实例。试验施工中使用的盾构掘进机为宽 3.16m、高 4.66m 的土压式平衡单点铰接盾构掘进机。试验施工直线段长 36m，曲线段半径 $R=60$m，长 16m。实际工程段为盾构宽 3.16m、高 4.66m 的土压式平衡两点铰接盾构，累计开挖长 565m，曲线段最小曲率半径 $R=20$m。

六、偏心多轴盾构工法

偏心多轴盾构采用多根主轴，垂直于主轴方向固定一组曲柄轴，在曲柄轴上再安装刀架。运转主轴刀架将在同一平面内作圆弧运动，被开挖的断面接近于刀架的形状。因此，可根据隧道断面形状的要求设计刀架为矩形、圆形、圆环形、椭圆形或马蹄形。图 5-16 为开挖圆形断面和矩形断面的偏心多轴盾构原理示意图。

偏心多轴盾构的特点：

（1）可根据需要选择刀架形状开挖任意断面的隧道。

(a) 纵向椭圆形盾构机

(b) 试验施工隧道

(c) 实际工程隧道

图 5-15 施工实例（2）

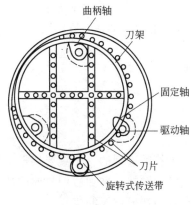
(a) 圆形断面

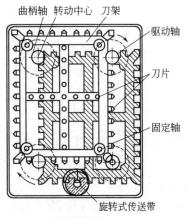
(b) 矩形断面

图 5-16 偏心多轴盾构的原理示意图

（2）刀架转动半径小，可选择较小的驱动扭矩。因采用多个转动轴同时扭动刀架，所以盾构掘进机具有紧凑、易装、易拆、易运等特点，适用于大断面隧道开挖。

（3）刀架转动半径小，刀具的行走距离也小，刀片的磨损少，一副刀具比一般盾构可多挖 3 倍以上的距离，适合于长距离隧道开挖。

（4）刀架驱动装置小，盾构掘进机内施工操作空间大，可根据需要在盾构掘进机内配置土体改良设备，对整个隧道断面的任何位置进行土体改良，适用于曲率半径小、隧道间隔小、土质差等施工条件差的地方。

（5）采用十字形交叉式刀片，此刀片的前后刀刃的角度相等，可进行全方位开挖。

第四节
管 片 拼 装

一、盾构工程中的管片选型

管片选型的原则有三个：①管片选型要适合隧道设计线路；②管片选型要适应盾构机的

姿态；③管片选型要根据现有的管模数量和类型及生产能力。

1. 管片选型要适合隧道设计线路

（1）根据隧道的埋深和地质状况，管片分为深埋、浅埋、中埋式三类。深埋、浅埋、中埋类环的选型严格依据设计图纸的要求。

（2）根据隧道中线的平曲线和竖曲线的走向，管片分为标准环、左转弯、右转弯三类。直线地段除施工纠偏外，多采用标准衬砌环；曲线地段可通过标准衬砌环与左、右转弯衬砌环组合使用以模拟曲线。

2. 管片选型要适应盾构机的姿态

管片是在盾尾内拼装，所以不可避免地受到盾构机姿态的制约。管片平面尽量垂直于盾构机轴线，让盾构机的推进油缸能垂直地推在管片上，这样使管片受力均匀，掘进时不会产生管片破损。同时也要兼顾管片与盾尾之间的间隙，避免盾构机与管片发生碰撞而破损管片。当因地质不均、推力不均等原因使盾构机偏离线路设计轴线时，管片的选型要适宜盾构机的姿态。

3. 根据管模数量和类型及生产能力

应根据现有的管模数量和类型及生产能力选型。

二、影响管片选型的因素

1. 盾构机的盾尾间隙的影响

盾尾与管片之间的间隙叫盾尾间隙。盾尾间隙是管片选型的一个重要依据。如果盾尾间隙过小，则盾构机在掘进过程中，盾尾将会与管片发生摩擦，增加盾构机向前的阻力和造成管片被压坏引起隧道渗漏水，同时使盾尾密封效果减弱造成盾尾漏浆。

2. 推力油缸行程和铰接油缸行程差的影响

盾构机是依靠推力油缸顶推在管片上产生的反力向前掘进的，推力油缸按上、下、左、右四个方向分成四组，每一个掘进循环这四组油缸的行程的差值反映了盾构机与管片的平面位置之间的空间关系，可以看出下一个掘过循环盾尾间隙的变化趋势。当管片平面不垂直于盾构机轴线时，各组推进油缸的行程就会有差异。当这个差值过大时，推进油缸的推力就会在管片环的径向产生较大的分力，从而影响已拼装好的隧道管片及掘进姿态。通常以各组油缸行程的差值的大小来判断是否应该拼装转弯环，在两个相反的方向上的行程差值超过一定程度时，就应该拼装转弯环来进行纠偏。通过转弯环的调整左右与上下的油缸行程差值就控制在警戒值以内，有利于盾构掘进及保护管片不受破坏。

铰接油缸可以被动收放，有利于曲线段的掘进及盾构机的纠偏。同样铰接油缸的行程差也影响管片的选型。这时应将上下或左右的推进油缸行程差值减去上下或左右的铰接油缸行程差值，最后的结果作为管片选型的依据。

三、管片的安装

一般工程管片拼装采用错缝拼装。管片在安装前仍要进行一次检查，在确认管片种类正确、质量完好无缺和密封垫黏结无脱落，管片的吊装孔预埋位置正确，逆止阀、封堵盖完好无损，以及其他主要预埋件和混凝土的握裹牢固，管片接头使用的螺栓、螺母、垫圈、螺栓防水用密封垫等附件准备齐全后，才允许安装。每环管片安装结束后要及时拧紧各个方向的螺栓，且在该环脱出盾尾后再次拧紧。

对掘进过程中出现的管片裂缝和其他破损,要及时观察记录并提醒盾构机操作手注意,要选择合适时间对管片进行修补。管片安装是盾构法施工的重要环节,其安装质量的好坏不仅直接关系到成洞的质量,而且对盾构机能否继续顺利推进有着直接的影响。

1. 安装顺序

管片安装采取自下而上的原则,由下部开始,先装底部标准块(或邻接块),再对称安装标准块和邻接块,最后安装封顶块。封顶块安装时,先径向搭接2/3,径向推上,然后纵向插入。

拼好的一环管片从盾尾脱出时,受到自重和压力的作用产生变形,当变形量过大,既成环和拼装环高低不平,影响到安装纵向螺栓时,用真圆保持器对管片进行临时整圆。

2. 拼装工艺

管片安装工艺流程见图5-17。

(1)在防水处理前必须对管片进行清理,然后再进行密封的粘贴。

(2)安装过程中彻底清除盾壳安装部位的垃圾和积水,同时必须注意管片的定位精确,尤其第一环要做到居中安放。

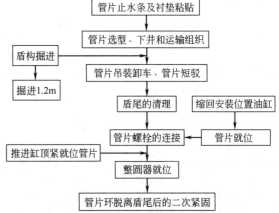

图 5-17 管片安装工艺流程图

(3)用管片拼装机将管片吊起,沿吊机梁移动到盾尾位置。

(4)安装时千斤顶交替收回,即安装哪段管片收回哪段相对应的千斤顶,其余千斤顶仍顶紧。

(5)管片安装把握好管片环面的平整度、环面的超前量以及椭圆度,还有用水平尺将第一块管片与上一环管片精确找平。

(6)第二块管片与上一环管片和第一环管片大致对准后,先纵向压紧环向止水条,再环向压紧纵向止水条,并微调对准螺栓孔。

(7)边拼装管片边拧紧纵、环向连接螺栓。

(8)在整环管片脱出盾尾后,再次按规定扭矩拧紧全部连接螺栓。

3. 特殊地段的管片安装

(1)曲线段管片安装 平面曲线采用左转弯、右转弯衬砌环进行调整,竖曲线用低压石棉垫片调整,蛇形修正用橡胶垫片调整。施工中注意标准管片和左右转弯管片的衔接,拼装工艺与标准管片相同。

(2)区间内联络通道位置处的管片安装 区间隧道的联络通道与正线隧道相接处采用特殊片,以通缝形式拼装。此时管片仍为封闭的,并在洞门周边设置一圈封闭钢梁,构成一坚固的封闭框架,在联络通道施工前,先拆除通道部位的特殊片,将洞口荷载完全传到框架上,再向里施工。此段管片安装时由于管片分块较多,因而注意标准管片和楔形管片的衔接,拼装工艺与标准管片相同。

4. 隧道管片修补

对已安装好的管片出现的破损处和超过一定宽度的裂缝及所有渗水裂缝,都要进行修补处理。具体办法为选用高强度等级的环氧水泥砂浆回填修补，并压实抹光，做到既能保证强度和防水效果，又能保证美观。隧道的修补采用可移动的工作平台。修补工作开始前一个月向监理工程师提交详细的修补方案。

5. 管片拼装质量控制

（1）成环环面控制：环面不平整度应小于 10mm，相邻环高差控制在 10mm 以内。

（2）安装成环后，在纵向螺栓拧紧前，进行衬砌环椭圆度测量。当椭圆度大于 20mm 时，应做调整。管片拼装允许误差见表 5-2。

表 5-2 管片拼装允许误差

项 目	允许偏差	备 注
相邻环的环面间隙	≤0.8mm	内表面测定，不加传力垫
纵缝相邻块间隙	1mm+1.1mm−0	其中 1mm 为传力衬垫
对应的环向螺栓孔的不同轴度	≤1.0mm	
成环后内径	±2mm	
成环后外径	±2mm	

四、管片安装中的注意事项

（1）管片接头必须拧紧，为避免管片旋转过程中安装头单独承受管片重量，应将四条压板均匀地接触管片，避免管片拼装过程中螺栓头被拔出。

（2）管片拼装过程中，第一块管片的位置尤为重要，它决定了本环其他管片的位置及拼缝的宽窄。管片高于相邻块，将会导致 K 块的位置不够；低于相邻块，纵缝过大，防水性降低。同时，第一块应平整，防止形成喇叭口。

（3）当拼装第五块（A 或 B）时，应用尺子量 K 块空位的宽度，并调整第五块，保证拼装顺利进行。

（4）管片拼装应满足规范规定的偏差：高程和平面不侵限；每环相邻管片平整度 10mm；纵向相邻环环面平整度 10mm；衬砌环直径椭圆度 5%。

（5）拧紧螺栓应确保螺栓紧固，拧紧力矩要达到设计要求 300N·m。

（6）同一环内各管片的相邻位置应符合设计图纸要求，不可互换。每环管片上有管片类型标记、环类型标记、纵缝对接标记、安装管片时应认真查看这些标记，保证管片安装正确；管片迎千斤顶面和背千斤顶面不同，方向不要错装。操作手在安装管片时看到管片中心管片标识字符应是正置的，如果是倒置的，则管片朝向错误。

（7）管片 K 块安装方法为先纵向搭接 2/3，然后安装器径向推顶到预定位置再纵向插入。F 块及 B、L 与 F 块相邻面止水条，在安装面应涂润滑剂。

（8）安装时注意小心轻放，避免损坏管片和止水条。

（9）对掘进过程中出现的管片裂缝和其他破损，要及时观察记录并提醒盾构机操作手注意，要选择合适时间对管片进行修补。

（10）每次根据需要拼装管片的位置，回缩相应位置的部分千斤顶。过多的千斤顶回缩是十分危险的，前面土体的支撑压力会使得盾构机后移，轻则导致盾构机姿态变样，重则引起安全事故。

(11) 封顶块先径向居中压入安装位置，搭接长度大于 0.9m（故一般要求千斤顶行程量 1700mm 左右时才停止掘进），调准后再沿纵向缓慢插入。如遇阻碍应缓慢抽出后进行调整。严禁强行插入和上下大幅度调整，以免损坏或松动止水条。

五、管片拼装操作安全

(1) 管片拼装必须落实专人负责指挥，盾构机司机必须按照指挥人员的指令操作，严禁擅自转动拼装机，以免发生伤亡事故。

(2) 举重臂旋转时，严禁施工人员进入举重臂活动半径内，拼装工在管片全部定位后，方可作业。

(3) 拼装管片时，拼装工必须站在安全可靠的位置，严禁将手脚放在环缝和千斤顶的顶部，以防受到意外的伤害。

(4) 举重臂必须在管片固定就位后，方可复位，封顶拼装就位未完毕时，人员严禁进入封顶块下方。

(5) 举重臂旋转时，盾构司机必须看清旋转半径内的人员，并鸣号警示。

(6) 举重臂拼装端头必须拧紧到位，并定期检查磨损情况，对内丝口损坏的管片必须采取可靠的措施方可使用。

六、管片上浮的控制

(1) 采用快凝浆液注浆，尽快封闭管片与地层的间隙，防止隧道上浮。

(2) 同步注浆注意注浆的同步性和均匀性，根据总的方量计算，每 100mm 需注入 33~40 个冲程量，注浆时均等注入空隙，同时做到上部的两个注浆管的注浆量要为总的注浆量的 3/4。

(3) 在同步注浆的基础上，结合聚氨酯注浆在隧道周围形成环箍，每隔 10m 打一道环箍，使隧道纵向形成间隔的止水隔离带，以减缓、制约隧道上浮。

(4) 加强测量和监测的频率，并及时调整盾构姿态，适当将轴线降低掘进。

第五节
盾构同步注浆（壁后注浆）

盾构推进时，盾构空隙在围岩塌落前及时地进行压浆，充填空隙，稳定地层，不但可以防止地面沉降，而且有利于隧道衬砌的防水。选择合适的浆液（初始黏度低、微膨胀、后期强度高），注浆参数，注浆工艺，在管片外围形成稳定的固结层，将管片包围起来，形成一个保护圈，防止地下水侵入隧道中。

一、注浆目的与方式

1. 注浆目的

(1) 使管片与周围岩体的环形空隙尽早建立注浆体的支撑体系，防止洞室岩壁塌陷与地下水流失造成地层损失，控制地面沉降值。

（2）尽快获得注浆体的固结强度，确保管片衬砌的早期稳定性，防止长距离的管片衬砌背后处于无支撑力的浆液环境内使管片发生位移变形。

（3）作为隧道衬砌结构加强层，具有耐久性和一定强度。充填密实的注浆体将地下水与管片相隔离，避免或大大减少地下水直接与管片的接触，从而作为管片的保护层，避免或减缓了地下水对管片的侵蚀，提高管片衬砌的耐久性。

2. 注浆方式

（1）同步注浆　同步注浆与盾构掘进同时进行，是通过同步注浆系统及盾尾的注浆管，在盾构向前推进盾尾空隙形成的同时进行，浆液在盾尾空隙形成的瞬间及时起到充填作用，使周围岩体获得及时的支撑，可有效防止岩体的坍塌，控制地表的沉降。

（2）二次补强注浆　管片背后二次补强注浆则是在同步注浆结束以后，通过管片的吊装孔对管片背后进行补强注浆，以提高同步注浆的效果，补充部分为充填的空腔，提高管片背后土体的密实度。二次注浆其浆液充填时间滞后于掘进一定的时间，对围岩起到加固和止水的作用。

（3）堵水注浆　为提高背衬注浆层的防水性及密实度，在富水地区考虑前期注浆受地下水影响及浆液固结率的影响，必要时在二次注浆结束后进行堵水注浆。

二、注浆材料及配比设计

1. 注浆材料

采用水泥砂浆作为同步注浆材料，该浆材具有结石率高、结石体强度高、耐久性好和能防止地下水浸析的特点。水泥采用 42.5 抗硫酸盐水泥，以提高注浆结石体的耐腐蚀性，使管片处在耐腐蚀注浆结石体的包裹内，减弱地下水对管片混凝土的腐蚀。

2. 浆液配比及主要物理力学指标

根据盾构施工经验，同步注浆拟采用表 5-3 所示的配比。在施工中，根据地层条件、地下水情况及周边条件等，通过现场试验优化确定。同步注浆浆液的主要物理力学性能应满足下列指标：

表 5-3　同步注浆材料配比和性能指标表

水泥/kg	粉煤灰/kg	膨润土/kg	砂/kg	水/kg	外加剂
80~140	381~241	60~50	710~934	460~470	按需要根据试验加入

（1）胶凝时间：一般为 3~10h，根据地层条件和掘进速度，通过现场试验加入促凝剂及变更配比来调整胶凝时间。对于强透水地层和需要注浆提供较高的早期强度的地段，可通过现场试验进一步调整配比和加入早强剂，进一步缩短胶凝时间。

（2）固结体强度：1d 不小于 0.2MPa，28d 不小于 2.5MPa。

（3）浆液结石率：>95%，即固结收缩率<5%。

（4）浆液稠度：8~12cm。

（5）浆液稳定性：倾析率（静置沉淀后上浮水体积与总体积之比）小于 5%。

3. 同步注浆主要技术参数

（1）注浆压力　注浆压力略大于该地层位置的静止水土压力，同时避免浆液进入盾构机的土仓中。最初的注浆压力是根据理论的静止水土压力确定的，在实际掘进中将不断优化。

如果注浆压力过大，会导致地面隆起和管片变形，还易漏浆；如果注浆压力过小，则浆液填充速度赶不上空隙形成速度，又会引起地面沉陷。一般而言，注浆压力取 1.1～1.2 倍的静止水土压力，最大不超过 3.5bar。

由于从盾尾圆周上的四个点同时注浆，考虑到水土压力的差别和防止管片大幅度下沉和浮起的需要，各点的注浆压力将不同，并保持合适的压差，以达到最佳效果。在最初的压力设定时，下部每孔的压力比上部每孔的压力略大 0.5～1.0bar。

（2）注浆量　根据刀盘开挖直径和管片外径，可以按下式计算出一环管片的注浆量。

$$V = \pi/4 KL(D_1 - D_2)$$

式中　V——一环注浆量，m^3；
　　　L——环宽，m；
　　　D_1——开挖直径，m；
　　　D_2——管片外径，m；
　　　K——扩大系数，取 1.3～2。

（3）注浆时间和速度　在不同的地层中需根据不同凝结时间的浆液及掘进速度来具体控制注浆时间的长短。做到"掘进、注浆同步，不注浆、不掘进"，通过控制同步注浆压力和注浆量双重标准来确定注浆时间。注浆量和注浆压力达到设定值后才停止注浆，否则仍需补浆。同步注浆速度与掘进速度匹配，按盾构完成一环掘进的时间内完成当环注浆量来确定其平均注浆速度。

（4）注浆结束标准及注浆效果检查　采用注浆压力和注浆量双指标控制标准，即当注浆压力达到设定值，注浆量达到设计值的 85％ 以上时，即可认为达到了质量要求。注浆效果检查主要采用分析法，即根据压力-注浆量-时间曲线，结合管片、地表及周围建筑物量测结果进行综合评价。对拱顶部分采用超声波探测法通过频谱分析进行检查，对未满足要求的部位进行补充注浆。

4. 同步注浆方法、工艺

同步注浆示意图如图 5-18 所示。壁后注浆装置由注浆泵、清洗泵、储浆槽、管路、阀件等组成。同步注浆与盾构掘进同时进行，即在盾构向前推进盾尾形成空隙的同时进行，通过同步注浆系统及盾尾的内置注浆管，采用双泵四管路（四注入点）对称同步注浆。注浆可根据需要采用自动控制或手动控制，自动控制方式即预先设定注浆压力，由控制程序自动调整注浆的速度，当注浆压力达到设定值时，自行停止注浆。手动控制方式则由人工根据掘进情况随时调整注浆流量、速度、压力。同步注浆示意图如图 5-18 所示。

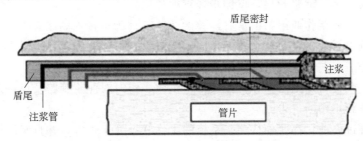

图 5-18　同步注浆示意图

管片衬砌背后同步注浆工艺流程及管理程序如图 5-19 所示。

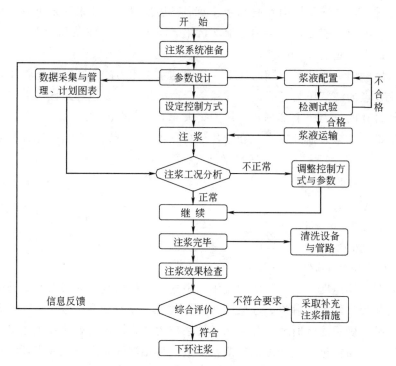

图 5-19 管片衬砌背后同步注浆工艺流程及管理程序

5. 同步注浆设备配备

(1) 搅拌站：自行设计建造砂浆搅拌站一座，搅拌能力符合掘进速度要求。

(2) 同步注浆系统：一般为与盾构机同步配置，根据实际掘进地层的勘探情况选择配备注浆泵的型号、注浆压力及注浆流量。

(3) 运输系统：自制砂浆罐车，自带搅拌功能，随列车编组一起运输。罐车容量需满足一环掘进所需浆量。

6. 同步注浆的注意事项

(1) 在开工前制定详细的注浆作业指导书，并进行详细的浆材配比试验，选定合适的注浆材料及浆液配比。

(2) 制定详细的注浆施工设计和工艺流程及注浆质量控制程序，严格按要求实施注浆、检查、记录、分析，及时做出 p（注浆压力）-Q（注浆量）-t（时间）曲线，分析注浆速度与掘进速度的关系，评价注浆效果，反馈指导下次注浆。

(3) 成立专业注浆作业组，由富有经验的注浆工程师负责现场注浆技术和管理工作。

(4) 根据洞内管片衬砌变形和地面及周围建筑物变形监测结果，及时进行信息反馈，修正注浆参数和施工工艺，发现情况及时解决。

(5) 做好注浆设备的维修保养，注浆材料供应，定时对注浆管路及设备进行清洗，保证注浆作业顺利连续不中断进行。

(6) 每环掘进之前，都要确认注浆系统的工作状态处于正常，并且浆液储量足够，掘进中一旦注浆系统出现故障，立即停止掘进，进行检查和修理。

7. 二次注浆（又称壁后注浆）

盾构机穿越后考虑到环境保护和隧道稳定因素，如发现同步注浆有不足的地方，通过管片中部的注浆孔进行二次补注浆，补充一次注浆未填充部分和体积减少部分，从而减少盾构机通过后土体的后期沉降，减轻隧道的防水压力，提高止水效果。二次注浆使用专用的泥浆泵，注浆前凿穿外侧保护层，安装专用的注浆接头。二次注浆采用水泥浆-水玻璃双液浆，注浆压力一般为 0.2~0.4MPa。

第六节
刀具的检查与更换

刀具在掘进过程中，刀刃因磨耗超限或脱落、缺损、偏磨时，必须进行刀具更换。刀具可分为切刀、刮刀、撕裂刀和滚刀等，分别适用于不同的地质条件。当地质条件发生变化时，为保证盾构施工安全和加快施工进度，亦应更换适应于该地层条件的刀具。盾构运行时，刀盘上不同位置的滚刀磨损量不一样，可根据刀具磨损程度的不同，进行位置的更换，以节约施工成本。

一、常压换刀

当盾构在硬岩或自稳能力较强的地段（整体性较好的中风化、微风化地层）掘进时，不需带压进仓，这种情况下可在无压下直接进入刀盘作业。刀具更换程序应为：刀盘清理→刀具检查和磨损量的测量→制定换刀计划→刀具拆除→安装新的刀具→做好详细的刀具更换记录→整体检查。

二、带压换刀

在需要带压进仓换刀时，严格按照带压进仓作业程序进行，制定详细的升压、减压作业细则。人员仓升压与减压按国家《空气潜水减压技术要求》（GB/T 12521—2008）所规定的原则进行，不得随意调整。带压进仓作业要点如下：

（1）建立健全安全质量责任制，进仓、检查刀盘及换刀、减压作业、运输严格按规程操作。

（2）带压进仓换刀人员必须经过岗前培训，培训合格方能持证作业。作业人员上岗前针对进仓、检查刀盘及换刀、减压作业的特点进行安全交底，树立安全作业意识。

（3）带压进仓前及换刀过程中检测人员应检测、跟踪地面的变化情况。进仓人员应时刻注意观察刀盘内水位变换情况。

（4）实行主要领导 24h 现场值班制度。

（5）保证现场材料供应，确保作业过程的有效运转。

（6）值班工程师现场 24h 值班，并在值班过程中做好带压进仓作业的各种记录并整理成文，第二天及时上报公司。

（7）带压作业过程中，加强各种检测仪表、空压机、气路电路的观测，如发现空压机故障，应立即启动另一台空压机，如发现停电，应立即启动内燃机发电机，如发现管路漏气，应立即汇报并及时处理，以防意外情况发生。

（8）每班作业时，电工应加强用电管理，确保工地施工用电安全。

(9) 人仓、自动保压系统及减压仓由专人负责操作，同时做好各项记录。

(10) 作业人员作业时应佩戴好个人防护用品，防止意外伤亡事故发生。

(11) 仓内严禁易燃易爆物品，严禁使用明火，防止爆炸造成事故。

三、刀具检查与更换的安全要点

刀具的检查与更换必须在确保安全的前提下进行。刀具更换是一项较复杂的工序，首先除去压力仓中的泥水、残土，清除刀具上黏附的泥沙，确认要更换的刀具，运入工具，设置脚手架，然后拆去旧刀具，更换上新刀具。更换刀具停机时间比较长，易造成盾构整体沉降，从而引起地层及地表沉降，损坏埋设及地表建（构）筑物，危及工程安全。为此，更换前应做好准备工作，尽量减少停机时间。更换作业尽量选择在中间竖井或地质条件较好、地层较稳定的地段进行。如必须在地质条件较差的地层进行时，必须带压更换刀具或对地层进行预加固，确保开挖工作面及基地稳定。

刀具更换时必须确保作业人员的安全。更换刀具的人员必须系好安全带，刀具的吊装和定位必须使用吊装工具。尤其是在更换滚刀时要使用抓紧钳和吊装工具。所有用于吊装的刀具和工具都必须经过严格的检查，以确保人员和设备的安全。需转动刀盘时，必须使进仓人员撤离至安全区域，由专人操作，任何人不得擅自启动。

换刀前要制定详细的换刀方案，并做好技术交底和人员培训。同时，还要制定详细的应急预案。刀具更换必须实行土木工程师和机电工程师值班制度，带压进仓作业要有严格的带压进仓方案，带压进仓作业要制定安全措施，并进行交底。刀具的更换、机具的使用按照相关机具操作规程进行，刀具运输要有安全措施，做到自防、互防和联防。刀具更换所剩余的废弃物应统一回收，避免造成环境污染。更换刀具时必须做好更换记录，更换记录主要包括刀具编号、原刀具类型、刀具磨损量、修复刀具的运行记录、更换原因、更换刀具类型、更换时间和作业人员姓名等。

换刀原则：拆一把换一把的换刀顺序，以便土仓周边土层发生变化时可及时回复掘进。试转和复紧：在刀具更换完成并经工程师检查后，关闭仓门（稳定地层可先不关闭）；试转刀盘若干圈后，再安排人员进入土仓复紧刀具。回复掘进：开始阶段将刀盘转速和千斤顶推力由小到大逐渐增加，避免因幅度过大造成对刀具的损坏。

第七节
洞内出渣、运输及弃土外运

一、洞内水平运输

1. 隧道内轨线规划

在盾构施工掘进过程中，应提前规划好出渣列车的运行线路。特别是多区间标段的施工中，对于出土口和出土线路的良好规划，可以大大减少运输距离、缩短运输时间。

一般左右线隧道洞内均采用钢轨铺设单线运输轨线，用压板螺栓固定钢轨，轨枕间用钢筋拉牢。在列车交汇处或换车处设置道岔，在同一条运输线路上，道岔设置得越少越好。

2. 洞内运输列车编组

洞内运输一般采用重载编组列车,配备两列。每列车由变频电机车牵引渣车、砂浆车和管片车组成,列车编组见图 5-20。盾构掘进每循环的出渣进料运输任务可由一列编组列车完成。

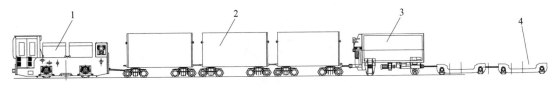

图 5-20 重载列车编组示意图

1—电机车;2—渣车;3—砂浆车;4—管片车

3. 出渣、进料方法

当盾构机掘进时,螺旋输送机把渣土卸到渣车内,同时电瓶车牵引渣车缓慢前移,将渣车装满。在渣车装渣的前期,前面的材料车与渣车脱钩卸管片和材料,当渣车装满后再与材料车相接,电瓶车拉至工作井内,由门吊吊出卸渣,完毕后再将空车放回井内,由进料口吊装洞内所需材料。一环管片开挖土方一次运走。配备 2 列编组列车,当一列车装满渣体准备运出时,另一列车已装好材料停放在盾构始发井会车道上,在管片安装完成前此列车可到达工作面,可以继续掘进下一环。这样在盾构掘进过程中始终保持有列车保证出渣,从而确保施工进度。

4. 劳动力组织

出渣运输、劳动力组织安排见图 5-21。

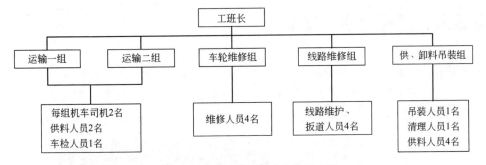

图 5-21 出渣运输、劳动力组织安排

二、垂直运输

垂直运输分为两部分:第一部分为施工材料的垂直运输;第二部分为渣土垂直运输。施工材料垂直运输由安装在出土口上的门吊完成,其移动方向为沿隧道纵向,轨料、钢管、管片及油脂、油料等材料由此门吊进行装卸和垂直起吊。左右线渣土垂直运输可由一台门吊完成,也可安装两台门吊以提高运输效率。门吊的移动方向需垂直于隧道方向,见图 5-22。

三、渣土外运

渣土外运一般集中在夜间进行,利用挖掘机将渣坑中的渣土装入封闭式运输汽车,然后按照业主拟定路线运输至业主指定的弃渣点,在场地出渣门口设置洗车槽。运输车辆出施工场地前进行清洗,安排带盖的密封性良好的自卸汽车外运渣土,避免渣土在运输中洒、漏,影响城市环境。

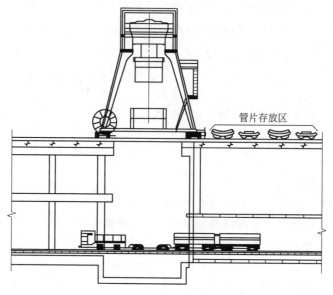

图 5-22 垂直运输示意图

第八节
隧道通风、循环供水、照明

根据盾构施工的特点，在隧道内布置"三管、三线一走道"，三管即 $\phi 150$ 的冷却（循环）水管、$\phi 100$ 的排污管和 $\phi 1000$ 的通风管；三线即 10kV 高压电缆、380/220V 动力照明线和 43kg 的运输轨线。其布置形式见图 5-23。

图 5-23 三管、三线一走道布置图

一、隧道通风

1. 隧道内通风环境要求

根据盾构施工的特点,在施工中采用压入式通风来解决防尘、降温及人员、设备所需要新鲜空气。隧道内通风环境要求见表 5-4。

表 5-4 隧道内通风环境要求

序号	项目	要求	
1	通风模式	机械通风	
2	新鲜空气量	每人每分钟供应 3m³	
3	作业环境的卫生标准	道中氧气含量按体积不小于 20%; 粉尘最高容许浓度,每立方米空气中粉尘(含有 10%以上的游离二氧化硅)为 2mg	
		有害气体最高容许浓度	① 一氧化硅最高容许浓度为 30mg/m³
			② 二氧化碳按体积不得大于 0.5%
			③ 氮氧化物(换算成二氧化碳)为 5mg/m³ 以下
			④ 隧道内气温不得超过 30℃
			⑤ 噪声不得大于 90dB

2. 隧道通风设置

配备轴流风机和风管进行压入式通风,风机设在始发井隧道结构内,通风量采用最小断面风速法进行计算。

工作面需要的风量:

$$Q_{需} \geqslant V_{min} S$$

式中,V_{min} 为最小断面风速;S 为开挖断面面积。

二、隧道给排水

(1) 盾尾里的积水,用排污泵加装钢管排水管接力直接抽至洞外沉淀池。

(2) 为防止富水区突然涌水,在盾构机下部一侧增设二台备用排水泵,当积水量过大时,启动该泵排水,出水管与污水管连通。

(3) 为满足供水要求,洞内设置供水管,在供水管中间增设管道增压泵。为满足隧道清理用水等,可每隔 60m 在水管上安装水阀,并连接水管以备清洗管片和冲刷运输掉渣等。

三、隧道照明

10kV 高压电缆采用侧壁悬挂式,悬挂方式和位置严格按照国家相关规范进行。380/220V 照明线路布置见图 5-23。

(1) 照明线路在隧道井口正一环处,此处设置一台双电源自动切换箱。从地面变电所接入分别来自二路不同受电系统,来保证隧道照明的不间断。

(2) 配线方式,采用 BV3×16^2+2×10^2 五线制(即 L1-L1,N,PE)。

(3) 电箱配置,每百米配置一台分段配电箱,供照明安装和动力用电使用。

（4）灯具安装，每 5 环设置电支架 1 只和安装防水型荧光灯 1 只，配置 10A 插入式熔断器保护。分别三相电源跳接，安装位置见图 5-23。

（5）单条区间隧道贯通后，在该区间 1/2 距离处断开线路，从另一端头井接入电源，以提高线路容量。

第九节
盾构机到达

盾构机到达是指从盾构机到达下一站（掉头井）之前 50m 到盾构机贯通区间隧道进入车站被推上盾构接收基座的整个施工过程。其工作内容包括：盾构机定位及接收洞门位置复核测量、地层加固、洞门处理、安装洞门圈密封设备、安装接收基座等。

一、盾构到达的准备工作

盾构到达，应做好以下工作：

（1）制定盾构接收方案，包括到达掘进、管片拼装、壁后注浆、洞门外土体加固、洞门围护拆除、洞门钢圈密封等工作安排。

（2）对盾构接收井进行验收并做好接收盾构的工作。

（3）盾构到达前 100m 和 50m 时，必须对盾构轴线进行测量、调整。

（4）盾构切口到达接收井距离约 10m 时，必须控制盾构推进速度、开挖面压力、排土量，以减少洞门地表变形。

（5）盾构接收时应按预定的拆除方法与步骤拆除洞门。

（6）当盾构全部进入接收井内基座上后，应及时做好管片与洞门间隙的密封，做好洞门堵水工作。

二、接收基座的安装与定位

接收基座的构造同始发基座，接收基座在准确测量定位后安装。其中心轴线应与盾构接收井的轴线一致，同时还要兼顾隧道设计轴线。接收基座的轨面高程应适应盾构姿态，为保证盾构刀盘贯通后拼装管片时有足够的反力，可考虑将接收基座的轨面坡度适当加大。接收基座定位放置后，采用工字钢对接收基座前方和两侧进行加固，防止盾构推上接收基座的过程中，接收基座移位。

在接收基座安装固定后，盾构可慢速推上接收基座。在通过洞门临时密封装置时，为防止盾构刀盘和刀具损坏橡胶板帘布，在刀盘外圈和刀具上涂抹黄油。盾构在接收基座上推进时每向前推进 2 环拉紧一次洞门临时密封装置，通过同步注浆系统注入速凝浆液填充管片外形间隙，保证管片姿态正确。

三、到达段掘进

根据到达段的地质情况确定掘进参数：低速度、小推力、合理的土压力（或泥水压力）

和及时饱满的回填注浆。在最后10～15环管片拼装中要及时用纵向拉杆将管片连接成整体，以免在推力很小或者没有推力时引起管片之间的松动。

四、洞门圈封堵

在最后一环管片拼装完成后，拉紧洞门临时密封装置，使橡胶板帘布与管片外弧面密贴，通过管片注浆孔对洞门圈进行注浆填充。注浆的过程中要密切地关注洞门的情况，一旦发现有漏浆的现象应立即停止注浆并进行封堵处理，确保洞门注浆密实，洞门圈封堵严密。

第十节
盾 构 调 头

盾构掘进施工中，常有短距离盾构隧道采用单台盾构机进行双线掘进的情况。当盾构机从始发站到达接收站后，在接收站已经进行车站封顶施工，不具备盾构机起吊条件的情况下，盾构机需在接收站进行调头施工后向始发站掘进。

盾构调头施工包括盾构机调头和后配台车设备调头，是一项风险较大、技术性较高的施工。在盾构调头施工前必须做好充分的施工策划和施工准备工作。在进行盾构调头施工的过程中，亦需要严格控制各项参数，避免安全及质量事故的发生。

一、盾构调头施工策划及施工准备工作

1. 现场场地情况分析

根据实际场地情况进行调头方案准备，并根据实际场地的设计图纸进行盾构机调头模拟，如图5-24所示。

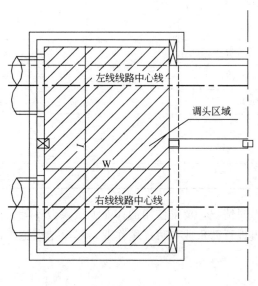

图5-24 盾构机调头场地示意图

施工场地现场的平纵断面尺寸、盾构机及底座的平纵断面尺寸、车站板面的平整度及始发端头有无上翻梁和集水井等,均是实际施工中考虑的主要因素。

2. 人力资源配备

(1) 盾构机及后配台车设备调头施工管理人员设置　盾构机及后配台车设备调头施工组织机构,见图 5-25。

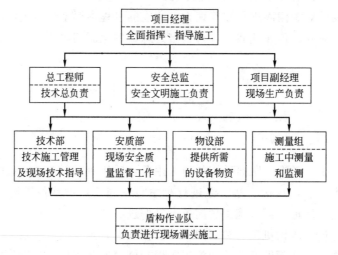

图 5-25　盾构机及后配台车设备调头施工组织机构图

(2) 盾构机及后配台车设备调头施工作业人员配置　施工作业人员配置,见表 5-5。

表 5-5　施工作业人员配置例表

序号	职务(工种)	需要人数	工作内容
1	盾构队队长	2	负责现场指挥、协调
2	土建工程师	2	现场技术指导
3	机械工程师	2	现场机械技术指导
4	作业队带班班长	2	带领作业人员作业
5	现场普通作业人员	30	现场作业
6	机电班带班班长	2	带领机电班人员作业
7	电焊工	4	切割、焊接
8	机修工	2	设备保养维修
9	电工	2	现场接电及安全用电管理

根据具体施工中的不同情况,要求使用的作业人员人数不等。但盾构调头施工作为一项风险性较大的施工,应当进行两班或三班连续作业,尽早结束施工以避免安全及质量事故的发生。

3. 设备及材料配备

盾构机掉头机料具配置,见表 5-6。

表 5-6　盾构调头机料具配置表

序号	名称	型号	数量	备注
1	接收托架		1	盾构接收使用
2	钢板	δ20	根据实际场地大小决定	盾构井底板铺设
3	液压泵站		1	液压油缸动力源
4	液压油缸	150t	4	垂直顶升
5	液压油缸	100t	2	水平顶升
6	手拉葫芦	10t	5	安全限位
7	手拉葫芦	3t	2	油缸、盾构部件拆装
8	卷尺	5m	4	油缸行程及盾构机位置测量
9	二氧化碳保护焊机		2	盾构部件焊接
10	钢丝绳		5	安全限位
11	水泵		2	井底抽水

4. 施工场地找平

由于一般情况下车站板面浇筑的平整度并不能完全达到盾构机调头施工的要求，故施工中一般采用砂浆找平并铺设钢板，以保证调头施工中板面的平整度和有效降低调头施工中产生的摩擦力，见图 5-26。

图 5-26　盾构板面铺设砂浆示意图

钢板铺设要求：
（1）钢板与钢板之间紧密靠拢，钢板之间缝隙进行焊接，并打磨处理。
（2）钢板铺设需用水平尺校准，保证钢板面水平，钢板与钢板接缝处应平顺。
（3）钢板接缝焊接后，每隔4m用长200mm直径20mm的螺纹钢植入底板，并与钢板接缝进行焊接固定钢板，防止钢板产生水平位移。

5. 盾构机及后配台车设备拆除分离

盾构接收后，需对盾构机及后配台车设备进行拆除分离。一般分解为盾体（包含刀盘、前盾、中盾和盾尾），连接桥架，后配台车（台车一般5～7节不等，分别进行拆除分离）。分离设备前应做好各种管线的标志工作，调头后按照标志做好盾构管线的连接工作，连接后严格按照规则试运行。

二、盾构机调头施工

1. 盾构机平移前准备施工

盾构接收时，考虑到洞门的设计标高，必须在接收托架底部加入支墩以吻合洞门的设计标高。盾构接收后，必须去掉支墩方可进行盾构调头施工。具体的施工流程见图 5-27。平移前盾构机及底座整体示意图如图 5-28 所示。

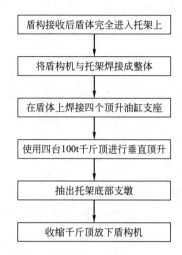

图 5-27 平移前准备施工流程图

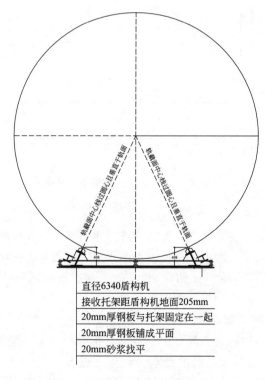

图 5-28 平移前盾构机及底座整体示意图

2. 盾构机平移及调头施工

(1) 盾构机接收后，一般停在距离内衬墙较近的位置，停机位置见图 5-29。

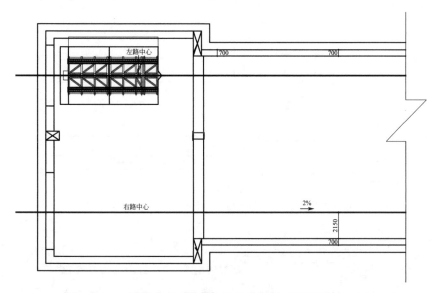

图 5-29　盾构机接收停机位置示意图

(2) 用 2 个 100t 液压油缸将盾构机向外平移，使盾构机整体达到盾构调头指定位置，见图 5-30。

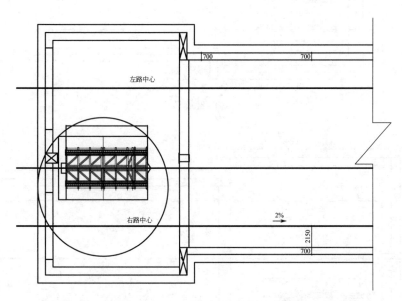

图 5-30　盾构达到调头指定位置示意图

(3) 盾构机顺时针旋转 90°，位置见图 5-31。
(4) 盾构机顺时针再旋转 90°，累计旋转 180°，完成盾构调头，位置如图 5-32 所示。
(5) 将盾构机平移至始发位置，盾构机轴线与隧道平面中线重合，如图 5-33 所示。

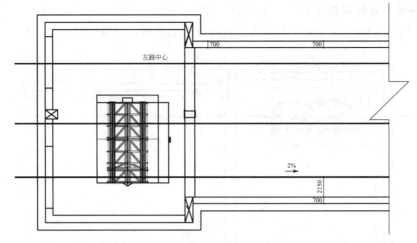

图 5-31 盾构机顺时针旋转 90°位置示意图

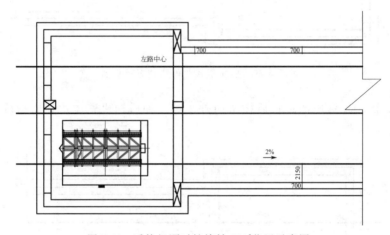

图 5-32 盾构机顺时针旋转 180°位置示意图

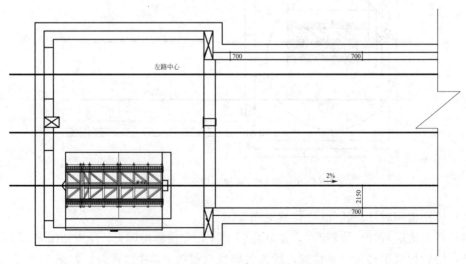

图 5-33 盾构机移至始发位置示意图

3. 调整盾构机始发位置

将盾构机用千斤顶顶起，将支墩放入盾构托架底部，保证盾构机标高与始发洞门标高一致，如图 5-34 所示。然后将油缸缩回，将盾构机和托架一起落在垫块上，油缸缩到零时，取掉油缸，割除油缸支座，并进行打磨处理，同时对始发托架进行加固处理。

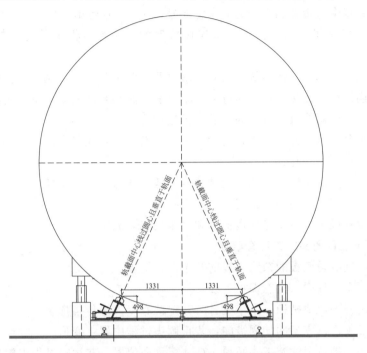

图 5-34 盾构机顶起并放入支墩示意图

4. 盾构机调头施工注意事项

盾构主机调头时，主要是两个方面，一个是平移，一个是旋转。

（1）盾构平移

① 盾构机在平移前，一定要将主机和托架焊接牢固。

② 提前将盾构机平移轨道上的杂物清理干净，并涂抹黄油。

③ 千斤顶在推进过程中，严格控制推进速度，及时进行纠偏，防止托架侧移。

④ 为千斤顶提供反力的构件必须加固牢靠，防止出现意外。

⑤ 千斤顶行程不够时，可通过增加垫块来延长，尽量减少千斤顶的移动次数。

（2）盾构旋转

① 测量组提前标明需转向的点位，现场实施过程中，派专人进行跟踪、指导。

② 在托架旋转中心的角上用一千斤顶作为支点，用另外千斤顶在托架最佳顶推位置附近顶推托架，形成旋转力偶，使托架以固定转轴为旋转中心按预定旋转轨迹旋转。

③ 转动角度不宜过大，过程中及时调整托架与轨道的位置关系，防止托架从轨道滑落。

④ 待调头完成后，将盾构机主体推进至始发位置，并进行初步定位。

三、后配台车设备调头施工

一般情况下，如果调头场的顶板上有挂钩，可以直接将台车推到指定位置，使用手动葫芦将台车拉起，调转方向后直接放在轨道上即可完成调头施工。在调头场地内没有吊钩的情况下，可以将后配台车和连接桥架固定在特定的列车底盘上，将后配台车和连接桥架拖运到出土口进行吊车吊起旋转调头施工。

1. 后配套台车的运输吊装施工顺序（以 6 节后配套台车为例）

（1）用电瓶车牵引带特制平台的渣车将 6 号台车、5 号台车、4 号台车、3 号台车、2 号台车依次托至始发站吊装口，为了保持连接桥架的稳定性，将 1 号台车与连接桥架最后倒运。

（2）将连接桥架和 1 号台车从端头井口吊出并旋转 180°，完成调头后再调入端头井，并将 1 号台车与连接桥架连接，一起通过电瓶车牵引特制平台的渣车，将连接桥架与 1 号台车运送至已完成调头的盾构机位置，并与盾构机进行连接。

（3）将 2 号台车吊出井口完成旋转 180°后，放置在带特制平台的渣车上，用电瓶车牵引运送至 1 号台车位置，并与其连接。

（4）用 2 号台车调头的方法依次完成 3 号台车、4 号台车、5 号台车、6 号台车的调头并连接，完成后配套台车的调头施工。

后配台车设备调头，主要是轨道铺设和台车吊起后的旋转。

2. 后配台车设备调头施工注意事项

（1）尽早清理隧道底板的杂物，提前开始进行铺轨。

（2）起吊台车过程中，注意保护管线。

（3）旋转过程一定要平稳，吊车配合时一定要有专人进行指挥。

（4）台车必须进行完备的加固措施，防止调头过程中发生变形。

（5）台车如需进行运输施工，必须先行计算重心位置，在运输过程中施加配重保持台车平衡，防止倾覆。

第十一节
盾构机解体、退场及保养

一、盾构机的解体拆卸

盾构机的解体吊装出井与下井吊装采用相同的起吊方法。

1. 盾构机拆卸总体思路

（1）隧道贯通后，盾构机在接收架协助下移位至工作井，即进行拆卸。

（2）拆卸顺序与组装顺序相反，后装的先拆，先装的后拆。

（3）采用 450t 吊机吊装的方案。

（4）拆卸之前对整机各部、各系统管路、电路与组件进行详细标识。

（5）拆卸以拆卸作业指导书为依据有序进行。

2. 拆卸原则

（1）拆卸方案以厂商原始技术资料为依据。

（2）在不影响起吊、包装、运输及保证设备不致变形的情况下，尽可能不拆得太零散。

(3) 拆卸方案围绕二次组装来制定。
(4) 拆卸方案与拆卸记录资料妥善保存,作为二次组拼的依据。

3. 盾构机拆卸顺序

盾构机拆卸顺序示意图如图 5-35 所示。

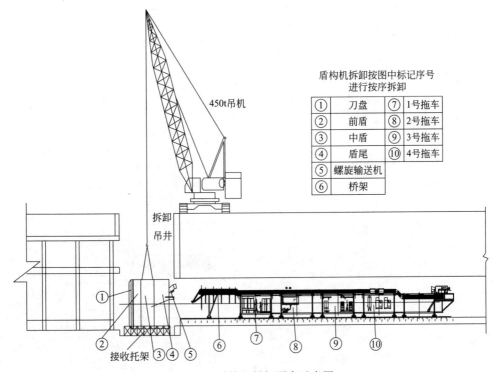

图 5-35　盾构机拆卸顺序示意图

(1) 先清除刀盘泥渣。
(2) 断开盾构机风、水、电供应系统。
(3) 管线与小型组件拆除。
(4) 盾构主机吊出工作井,运往指定地点再组装或拆卸、解体、检修、包装。
(5) 后配套系统分节吊出。
(6) 零部件清理、喷漆、包装、储存。

4. 拆卸工作注意事项

(1) 在隧道贯通前,需全面仔细复查、补全盾构机、电、液各部件的标识。
(2) 拆卸专用拖车、牵引车连接装置准备完好。
(3) 检查各种管接头、堵头短缺数量、规格,并补齐加工。
(4) 贯通前进行主机、后配套及其辅助设备的带负荷性能测试,以全面鉴定各机构、设备的性能状态,为拆卸后及时维护、修理和制定配件计划提供依据。
(5) 无论何种零部件储存前均需检查标识。
(6) 零件入库存放前检查零件性能状态,并对短缺损坏的零件列出配件清单。

5. 盾构机拆卸流程

盾构机拆卸流程,如图 5-36 所示。

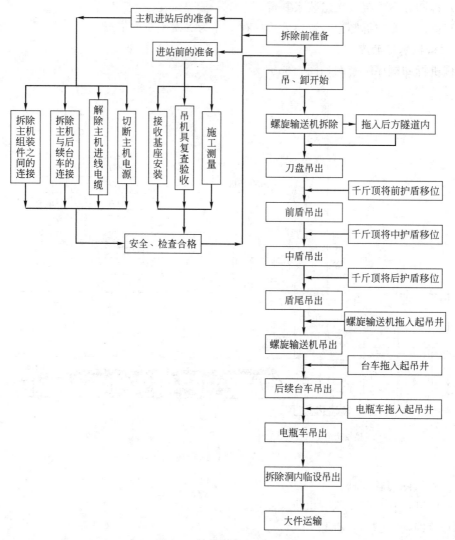

图 5-36 盾构机拆卸流程图

6. 盾构机解体后在施工场地堆放

考虑施工场地较狭小,盾构机解体按拆卸一批运出一批的方法。

二、盾构机的退场

盾构机的运输、吊卸由具有资历的专业大件吊装运输公司负责。现场安排安全检查小组,确保吊装时的安全工作。

三、盾构机的维护保养

盾构机是盾构工程的关键机械,必须要维持盾构机的正常使用,才能保证工程的工期和隧道质量。

(1)开始的维护操作见表 5-7。

表 5-7　开始的维护操作

组成部分	部件	开始的维护操作
液压系统	所有的液压油过滤器	替换所有的液压油过滤器
刀盘轮驱动装置	行星齿轮传动装置	在 50h 之后对油进行更换
压缩空气源	螺旋压缩机	启动前:测试旋转和油位 启动后:测试泄漏和压缩机温度 1 周后:测试泄漏和压缩机温度,旋紧电气连接

(2) 使用前和使用后的维护作业见表 5-8。

表 5-8　使用前和使用后的维护作业

组成部分	部件	使用前和使用后的维护作业	注释
人闸装置	纸带记录器	操作实验,确保充分的纸和打印机笔尖,拉出送纸器	
人闸装置	电话、应急电话压力表	操作实验,必要时更换有缺陷的设备	
人闸装置	加热元件系统	清洗加热装置并进行操作测试	
盾构	人行气闸门的密封	检查、清洗,必要时更换损坏的密封	在超压操作之前和之后实施

(3) 必需的维护作业见表 5-9。

表 5-9　必需的维护作业

组成部分	部件	必需的维护作业	注释
刀盘轮	刀头刀具	检查磨损和裂缝,必要时进行更换	把检查结果记录在维护表中
刀盘轮驱动装置	最高温度检测器	除去最高温度检测器上的污染物和/或沉淀物	根据污染情况确定时间间隔
螺旋输送机	磨损管片、磨损管子	对磨损管片和磨损管子进行肉眼检查	
隧道掘进机整机	所有部件	清洁该设备	在使用蒸汽喷射和高压水装置前应注意不要让轴承、轴端子、液压机构、齿轮、电缆和轴承销被高压水损坏
冷却回路	膨胀罐	充入制冷剂后检查制冷	
冷却回路	热交换器	用压缩空气清洗热交换器的冷却散热片	

(4) 日保养和日检查见表 5-10。

表 5-10　日保养和日检查

组成部分	部件	每日的维护作业	注释
盾构	盾尾	从底部除去残留的泥浆、杂质、石头、水和金属零件	底部清理不彻底或未清理会导致盾尾密封的损坏
盾构	盾尾的润滑脂系统	控制阀的操作测试	
盾构	盾构脂润滑泵装置	借助于压力计,检查脂润滑泵装置	

续表

组成部分	部件	每日的维护作业	注释
盾构/压缩空气设备	隧道掘进机上所有空气洁净装置	根据需要排除水,清洗过滤器,更换和加入油	
刀盘轮	旋转连接密封	检查泄漏室是否有泄漏的液体	当液体泄漏时,立即停止掘进
刀盘轮驱动装置	主传动装置	检查油位,必要时填充润滑油。检查泄漏舱是否有液体泄漏	
刀盘轮驱动装置	驱动密封润滑点	测试所有的润滑接头,润滑内密封。清除内密封处的污物和液体	
螺旋输送机	驱动密封	检查泄漏舱是否有液体泄漏	
螺旋输送机	输送机整机	检查直管排水、所有滚轮的旋转、刮板和边缘导板的磨损和裂缝	
拼装机	拼装机轨道	检查轨道和轮子,必要时进行清扫	
拼装机头	旋入轴	对损坏和裂缝进行可视检查	
拼装机/管片吊机	报警灯和报警喇叭	操作测试	
后援系统/压缩空气源	压缩机	检查冷冻液液位和收集器部件	
后援系统/喂片机		清扫喂片机	
后援系统/喷浆	泥浆泵	一般的可视检查,检查液压油、水、电源、润滑和压力阀缸	
后援系统/液压系统	液压油箱	检查油位高度,需要时添加	
后援系统/膨润土	膨润土泵	检查填塞料箱的填料是否紧密。必要时,重新调整或更换	不要给填塞料箱加太大的应力
后援系统/供水	水过滤器	检查压头,如大于1.5bar(1bar=10^5Pa)就更换滤芯	
后援系统/润滑脂	润滑脂泵	对维护单元的空气驱动检查油位	参阅来自IST公司的维护文件
液压系统	所有液压管道	测试气密性,检查软管做好擦损记号,测试泄漏	
所有部件	马达和泵	检查轴承的噪声、温度和密封,需要时更换	

(5) 周保养和周检查见表 5-11。

表 5-11 周保养和周检查

组成部分	部件	每周的维护作业	注释
盾构	盾构底部的推力缸	润滑球形板/滑板杆的底侧	
盾构/压缩空气设备	压缩空气调节设备	激活旁路压缩空气调节器	
刀盘轮	旋转接头	润滑接头四周的轴承加润滑脂,必要时用手操作	
刀盘轮驱动装置	主传动装置	测试油的污染和含水量	维护时间间隔根据油污染的程度决定,否则每季度维护1次
刀盘轮驱动装置	行星齿轮	肉眼检查,噪声检查,油检查	
螺旋输送机	输送	油位检查,需要时添加	

续表

组成部分	部件	每周的维护作业	注释
螺旋输送机	轴承珠,输送机滑动,远程控制	润滑	
拼装机	润滑脂加注点	加润滑脂:枢轴承、小齿轮、主动轮、左/右横动装置、滑板横动装置、液压油缸的铰接孔、在对中的润滑接头上的拼装机头的旋转接头	
拼装机头	旋入轴	使用超声波扫描,检查有无损坏和裂缝	
管片处理站	管片起重设备	对损坏和紧密性进行一般检查,给所有的轴承和钢索加润滑脂	
管片处理站	喂片机	给所有的轴承和滑动表面加润滑脂	
泥浆输送系统	输送带	清洗滑轮和惰轮,检查输送带,查油位	
后援系统/压缩空气源	螺旋压缩机	检查油位,测试泄漏和压缩机温度,检查压缩冷冻液的污染情况	
后援系统/喷浆系统	泥浆泵	检查所有的夹具,测试轴间隙和旋转轴密封和滑动刀盘轮。从滑动和旋转缸对接头加润滑脂	
后援系统/液压系统	油箱	油位开关的运行测试,肉眼检查,噪声检查,油位检查	
液压系统	所有的液压油缸	润滑球面轴承和/或球面	
液压系统	所有的滤油器	检查滤油器,在漏油处更换O形圈,检查滤芯的污染指标,按开关	

（6）月保养和月检查见表5-12。

表5-12 月保养和月检查

组成部分	部件	每月的维护作业	注释
盾构	锁压力墙壁的门	给铰链上的润滑接头加润滑脂	
盾构/压缩空气源	维护单元	测试污染情况	
刀盘轮驱动装置	行星齿轮传动装置	检查螺钉紧固件	
刀盘轮驱动装置	行星齿轮传动装置	检查冷却水的流量	
螺旋输送机	螺旋管	用超声波扫描检查螺纹管的厚度	
拼装机	拼装机轴承	检查轴承的紧固螺栓	
盾构/后援系统	事故吊车、液罐吊车和起重装置	润滑电缆绞盘、链和轴承	
后援系统/紧急灯	如有,采用电池	测试负荷水平和容量	
后援系统/压缩空气源	螺旋压缩机	更换油和滤芯,检查皮带	
后援系统	轮子场合	润滑调节螺栓和轮皮带	
后援系统/灌浆系统	泥浆泵	给控制杆和接头加润滑油。检查工作零件,出力柱塞紧固件和螺栓	
液压系统	所有的液压蓄能器	检查氮气的压力,如果有必要,进行补充	
泥浆输送系统	输送带	一般的目测检查,检查传动装置油的高度,如果有必要,给轴承加润滑油,增加皮带的张力	

（7）季度保养和季度检查见表5-13。

表 5-13 季度保养和季度检查

组成部分	部件	每季度的维护作业	注释
刀盘轮驱动装置	主传动装置	对油进行测试,测试污染物和水的含量	
刀盘轮驱动装置	行星齿轮	检查油的质量,如果需要,对油进行更换	
盾构/后援系统	提升装置	检查载重链的变形和磨损,检查悬架吊耳的裂缝和变形	
液压系统	液压油箱	对油进行测试,测试污染物和水的含量	
后援系统/压缩空气源	螺旋压缩机	旋紧电气连接,更换进气过滤器和油过滤器,测试溢流阀	
后援系统/膨润土	膨润土泵	润滑轴承	

(8) 每半年的维护保养和检查见表 5-14。

表 5-14 每半年的维护保养和检查

组成部分	部件	每半年的维护作业	注释
盾构/能源供应	电缆盘	检查传动油位,检查链的松紧和链的润滑	
刀盘轮驱动装置	主传动装置	更换齿轮油	
刀盘轮驱动装置	行星齿轮	更换油(在 2500h 之后)	
后援系统/压缩空气设备	溢流阀	利用吹空气通过溢流阀,对溢流阀进行清洁	
液压装置的电驱动马达	电动马达	如果可以使用注油器,给轴承加润滑油	
液压装置	所有的过滤器	更换过滤器的滤芯	
泥浆输送系统	输送带	检查工作零件,在护罩下进行清洁工作	
所有的部件	所有的起重机	检查电器开关工具和装置	

(9) 每年的维护保养和检查见表 5-15。

表 5-15 每年的维护保养和检查

组成部分	部件	每年的维护作业	注释
后援系统/灌浆系统	泥浆泵	由工作人员进行安全性检查。检查滑动枢轴的密封	
后援系统/压缩空气源	压缩机	更换空气过滤器,检查整套设备有无损坏,检查分离器的浮动机构,更换油	
泥浆输送系统	输送带	更换齿轮油	
电气设备	变压器	检查连接头和水龙头连接的紧固性。用干燥压缩空气或氮气吹掉变压器上的灰尘	
所有的部件	所有的起重机	由专业人员进行操作的安全性检查	

第十二节
地中对接技术

盾构地中对接,即两台盾构分别从两边相向掘进至结合地点正面对接。之所以采取地中对接施工方式,主要有三种因素:一是单条隧道长度大,采用两台盾构从两端同时相向掘进,以缩短工期;二是因道路交通状况和周围环境等问题而难以设置到达(转向)竖井或因河底施工而不能设置竖井;三是因为埋设深度大,设置竖井不经济。

1998年建成通车的日本东京湾横断公路是目前世界上最长的海底公路隧道,长9.4km,由2条隧道组成,最大深埋50m,采用8台直径4.14m的泥水平行盾构施工。8台盾构在海底实现了高新技术在隧道工程中的应用。

2007年开建的广深港铁路客运专线狮子洋隧道工程全长10.8km,其中盾构段长9277m,采用4台直径11.18m的泥水平行式盾构施工。隧道施工方案在国内首次采用了"相向施工,地中对接,洞内解体"的方式掘进,即"2个工作井、4台盾构地中对接",标志着我国修建水下隧道取得新进展。隧道内径9.80m,外径10.81m,采用"7+1"分块式的通用楔形环钢筋混凝土单层管片衬砌。

从国外成功实例看,地中对接有辅助施工法和机械对接法两种方案。盾构进行正面地中对接时,必须尽量选择环境和地质条件好的结合地点。结合处一般采用化学加固法、高压喷射搅拌法、冻结施工法等进行加固。但是,为了减少辅助施工法的使用、缩短工期,也可以采用直接用机械对接的方法。无论采用哪种施工法,都要考虑现场的施工环境、围岩条件、工程成本及工期等来确定。

一、机械对接技术

机械式地下对接施工法,需要高精度的对接,不仅盾构的纵、横向位置,而且盾构正面的倾斜度也必须对准。为此,除要准确进行隧道内的基线测量和水准测量外,还要拥有在两台盾构靠近时正确掌握其相互位置关系的技术,见图5-37。

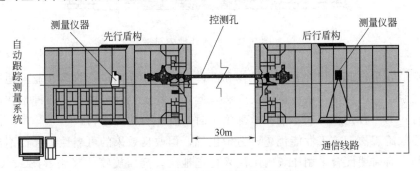

图5-37 机械对接时盾构的靠近测量

(1)两台盾构机根据测量数据进行吻合对接。

(2)将装在推进侧盾构内的贯入环插入接受侧盾构内,进行机械式对接,使两台盾构在地下结合。贯入式地中对接见图5-38。

(3)完成对接后,在贯入环内周焊接连接钢板,使两台盾构的盾壳形成一体,拆去盾壳外的其余结构后,浇筑混凝土。

二、辅助施工对接技术

1. 地层稳定处理的方法

辅助施工法对接是一种常用方法,即在对接区域进行地层稳定处理,在达到止水及防止

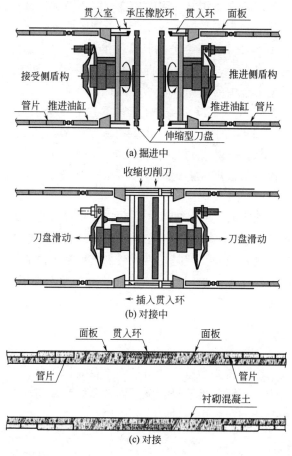

图 5-38 贯入式地中对接

砂流入要求后,可拆卸盾构外壳内的结构和部件,并在盾壳内进行衬砌作业。地层稳定处理采用化学注浆法、冻结法及高压旋喷注浆法。此外,稳定处理分两种:一种是在盾构到达前从地面进行;另一种是在海底不能从上部施工时,就从盾构内进行。

化学注浆施工法,施工性能优越,造价也低,但改良效果的可靠性仍存在不足,适用条件受到限制,有时要配合采用压气施工法来稳定地层。高压旋喷注浆法(JSG、CJG 等)是将水泥浆与地层混合或置换,因而可望获得良好的效果。冻结法造价高,工期长,但能切实改良地层。冻结法可以从盾构内施工,故适用于海底地下对接、埋设深度大和大断面的地下对接。

从盾构内进行施工冻结法是:

① 两侧的盾构到达后,从两台盾构内设置冷冻管,造成冻土。

② 让某一侧的盾构先到达,设置冷冻管开始冷冻,另一侧盾构后到达,仅用附着冷冻管造成冻土。

由两侧盾构内进行冻结的方法适用于两台盾构几乎同时到达的场合。由于土方少,改良范围基本上左右对称,因而有利于冻胀和解冻沉降,但存在工期长的缺点。从一侧的盾构内冻结的方法是从先行的盾构内进行冻结,可以缩短工期,但改良的范围较大,且改良范围的形状不规则,易产生冻胀和解冻沉降等不利因素。究竟采用哪一种方法,均要考虑地层、造价及工期等条件。

2. 超前注浆法加固

为了确保盾构对接以及第一台拆卸后进行人工挖掘的安全，地层加固一般采用超前注浆法。方法如下：在两台盾构距离约35m时，从两台盾构内围绕盾体360°进行超前地层加固处理。为了达到封闭整个地层的目的，在整个35m范围的加固分3排圆周注浆孔逐步实施。整个盾构周圈预留有25个超前注浆孔，通过这些注浆孔注入双液浆来加固地层。加固地层的方法及顺序，见图5-39。

（1）当两盾构距离约35m时，从两盾构内围绕盾体360°进行超前钻孔。
（2）进行注浆加固作业。
（3）两台盾构分别向前掘进一段距离，相距约20m时，再次进行360°超前钻孔和注浆。
（4）两台盾构分别再向前掘进一段距离，相距约5m时，再次进行360°超前钻孔和注浆。
（5）完成地层加固后，即可进行盾构的拆卸。

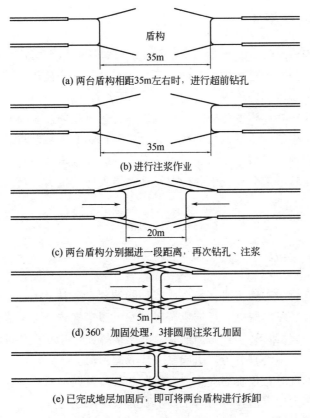

图5-39 超前注浆法辅助加固

3. 盾构解体与隧道结构对接

当在对接段完成盾构解体、拆除、运出后，即可将盾壳内的杂物清理干净，进行对接段隧道结构的施工和连接。由于盾构在地中实现对接，为了便于盾构在隧道内拆卸，护盾的设计一般采用双层独立的内外盾壳。除尾壳外，前盾和中盾均为双盾壳设计。拆卸时，盾尾壳直接留在地层中，仅拆除中体和前体的内盾壳，前盾和中盾的外壳留在地层中作为盾构洞内拆机的支护。在外壳的保护下，所有内部钢结构和部件都可拆卸。在后续工程中，仅需再制作前盾与中盾的外护盾和盾尾，即可利用所有拆卸下来的钢结构和部件重新组装成一台完整的盾构。

第十三节
特殊地段施工

一、浅覆土层施工

(1) 为了减少施工对环境的影响，可采取地层加固、地面构筑物保护措施。

(2) 应事先制订相应的措施，以克服因覆土荷载小而导致盾构抬头。

二、小半径曲线施工

(1) 必须根据地层条件、超挖量、壁后注浆、辅助工法等制订小半径曲线施工方案和安全施工措施，并注意防止推进反力引起隧道变形、移动等。当使用超挖装置时，应将超挖量控制在施工需要的最小范围内。

(2) 壁后注浆应选择体积变化小、早期强度高、速凝型的注浆材料。

(3) 应增加施工中线、水平测量的频率，并定期检测洞内控制点。

(4) 在施工过程中应采取措施防止后配套车架脱轨或倾覆。

(5) 为防止由于转弯部分超挖引起地层松动和增大地层抗力，可考虑选择合适的辅助工法进行地层加固。

(6) 应注意把盾尾间隙的变化控制在允许的范围内。

三、大坡度区段施工

在大坡度区段进行盾构施工时，易造成成环隧洞浮动，盾构在上坡时容易发生"上抛"现象，盾构后配套容易发生脱落，运输机车容易发生溜车事故，可采取以下针对性措施。

(1) 每环推进结束后，必须拧紧当前管片的连接螺栓，并在下环推进时进行复紧，避免作用于管片上的推力产生垂直分力，引起已成环隧洞浮动。

(2) 盾构上坡推进时，很容易发生"上抛"现象，可调整盾构向上纠偏0.2%左右，调整好土仓（泥水）压力设定值，以切口土体不隆起或少隆起为度。

(3) 在选择运输设计和安全设施时，必须考虑大坡度区段施工的安全，对牵引机车进行必要的牵引力计算，并考虑一定的余量。施工中可采用大吨位电机车作为水平运输的牵引动力，并要求具有安全可靠的制动装置；同时编组列车的管片车及砂浆车也安装制动装置；隧洞运输轨道在盾构后配套及盾构内设置安全可靠的制动装置。

(4) 上坡时应加大盾构下半部推进千斤的推力，这样可以有效控制盾构的方向。对后配套拖车，要采取防止滑脱措施。

(5) 同步及即时注浆时宜采用收缩率小、早期强度高的浆液。

(6) 在急下坡始发与到达时，基座应有防滑移安全措施。

(7) 在急上坡到达时，为防止地层坍塌、漏水，事先必须制订相应对策。

(8) 在大坡度区段，地层的土水压力随着推进而时刻变化，因此开挖面压力也必须根据土水压力进行适当调整。特别是下坡时，由于压力仓内的开挖土砂有可能出现滞留而不能充分取土，必须慎重管理开挖土量。

四、地下管线过程施工

(1) 在施工前，必须详细查清沿线受施工影响范围内的各种地下管线的分布、管线的类型、允许变形值等情况，分析预测地层隆陷对管线的影响，并在施工中加强监测。针对不同的管线及其与隧道的不同位置关系，采取合理的保护措施。

(2) 对重要管线和施工中难以控制的管线，施工前应根据不同情况采用迁移、加固措施。当施工前预测和施工中监测分析确认某些管线可能受到损害时，根据地面条件、管线埋深等采用加固、悬吊或管下地基注浆等保护方案。加强与有关管线单位的协同合作，顺利完成对管线的调查与保护工作。

(3) 盾构掘进时应及时调整掘进速度和出土量，从而减少地表的沉降和隆起，及时对环形空隙进行充填，做好补压浆工作。

(4) 加强地面沉降监测，尤其要对沉降敏感的重要管线（如混凝土管、煤气管等）布点监测并及时分析评估施工对管线的影响。根据施工和变位情况调节观测的频率，及时反馈指导施工。

(5) 在盾构进入管线区域以前，以已通过地段所得到的地层变形实际监测成果为基础，再次对管线区内的地面沉降作出进一步预测，以期准确反映实际情况并据此作出正确的管线保护方案。

五、地下障碍物处理

(1) 地下障碍物处理前，必须查明障碍物具体位置和实体外廓，制订处理方案，以确保施工安全。

(2) 地下障碍物的处理一般遵循提前和从地面采取处理的原则。如确需在盾构掘进过程中进行处理时，必须充分研究可行性与对策。

(3) 从地面拆除地下障碍物时，可选择合适的辅助工法，拆除后要妥当地进行回填。

(4) 在盾构掘进过程中拆除障碍物时，可选择带压作业或地层加固方法。

(5) 在开挖面的狭窄空间内安全地进行障碍物的切断、破碎、拆除、运出作业，应尽量控制地层的开挖量以保障开挖面的稳定。

六、穿越建（构）筑物施工

盾构施工前必须对可能穿越的建（构）筑物进行调查，并根据以往的工程经验预计施工对建筑物的影响。必须有针对性地制订保护方案，采取保护措施，周密地进行管理，控制地表变形。对在施工影响范围内（左线与右线隧道的中线两侧各30m）的所有地面建筑物包括高架桥、人行天桥、地下通道、地下商场等进行调查，调查的重点是四层（含四层）以上的建筑物，尤其是位于隧道上方距左右线隧道断面15m范围内的业主未提供详细资料的建筑物要详细调查清楚，对已有资料的要求进一步核实，未有资料的要全面调查。施工对建筑物的影响主要取决于地层变形的特征。根据不同地质和埋深条件，以及对施工引起的地层变形及其对建筑物的影响的不同，采取必要的加固与保护措施。

（1）对天然浅基础建筑物加强建筑物变形监测分析，加强地表隆陷监测反馈指导施工；严格规范控制盾构施工掘进机的工况选择、转换和操作控制，及时使用油脂充填环形间隙，减少地层损失，控制地表隆陷。

（2）对深基础建筑物，结合以往成功实例和国内外的经验，隧道盾构法施工引起的松动圈厚度一般不超过2.5m，桩底距隧道2.5m范围内的桩基采取洞内径向注浆加固桩基底部地层，以保护和提高桩基承载力。对距隧道2.5～4.0m范围内的桩基，以洞内径向注浆加固桩底地层作为备用方案，将根据施工监测分析结果报业主和监理工程师批准后实施。

以建筑物调查结果和量测结果为基础，对施工前和施工初期引起的地层沉降及其对建筑物的影响进行精确预测。在施工期间，严格控制盾构掘进机的工况和操作参数，以减少地层损失；环形间隙及时填充注浆，减少地层变形；使管片衬砌尽量支撑地层，以控制围岩松弛和塑性区的扩大。

七、穿越江河地段施工

盾构下穿河流风险大，在掘进过程中易发生涌砂、涌水等情况，严重时地面河底塌陷、河水灌入隧道，导致无法掘进施工。针对河道河床底下的地质条件情况以及覆土厚度，应采用主动保护措施进行施工。

（1）应详细查明工程地质和水文地质条件和河床状况，设定适当的开挖面压力，加强开挖面管理与掘进参数的控制，防止冒浆和地层坍塌。

（2）必须配足配水设备和设施。

（3）壁后注浆应采用速凝早强的注浆材料，加强二次注浆。

（4）长距离穿过江河前，应对盾构密封系统进行全面检查和处理。

（5）采取措施防止盾构掘进对堤岸的影响。

（6）派专人乘船二十四小时观察盾构掘进线路动态。

（7）提前对刀具进行检查、更换，对设备进行认真维修保养，确保过江过河掘进过程中万无一失，并制定相应应急预案。

第十四节
盾构法施工控制

一、盾构进出洞控制

地铁盾构施工中，盾构进出洞是盾构法施工的重要环节之一。进出洞口外侧的土体一般要进行改良，使土体的抗剪、抗压强度提高，透水性降低，自身具有短期稳定的能力。

盾构到达段必须做好盾构轴线的方向传递测量和接收盾构的准备工作，推进轴线应控制在到达要求的偏差范围内，洞口封门必须严格按照工艺要求拆除。

二、盾构隧道的线形控制

线形控制的主要任务是通过控制盾构姿态，使构建的衬砌结构几何中心线线形顺滑，且偏离设计中心线的距离在容许误差范围内。

1. 掘进控制测量

随着盾构掘进，对盾构及衬砌的位置进行测量，以把握其偏离设计中心线的程度。测量项目包括：盾构的横向偏差、竖向偏差、俯仰角、方位角、滚转角和切口行程；盾尾间隙和衬砌环中心坐标、底部高程、水平直径、垂直直径、前端面里程等。

2. 方向控制

掘进过程中，主要对盾构姿态以及拼装管片的位置进行控制。

盾构方向修正依靠调整盾构千斤顶使用数量和设定刀盘回转力矩进行。

三、开挖控制

开挖控制的目的是确保开挖面稳定。

土压平衡盾构通过前端刀盘切削开挖面土层，切削下来的土体流入土仓，由于推进作用，使切削土体对开挖面加压，以平衡开挖面土水压力。盾构的实际排土量应与推进时切削下来的土量相等。要想保持盾构正常推进，土体应该具有一定的流塑性和抗渗性。

泥水平衡盾构是在机械式盾构刀盘的后方设置一道封闭隔板，隔板与刀盘间的空间称为泥水舱。前端刀盘切削下来的土砂进入泥水舱，经搅拌装置搅拌后形成高浓度泥水，经泥浆泵泵送到地表的泥水分离系统，待土、水分离后，再把滤除掘削土砂后的泥水经适当处理后重新送回泥水舱。在同时，通过推进力把泥水舱内泥水压力传递到开挖面，以维持开挖面稳定。

四、土压（泥水压）控制

开挖面的土压（泥水压）控制值，按地下水压（间隙水压）＋土压＋预备压设定。

计算土压（泥水压）控制值时，一般沿隧道轴线取适当间隔（例如 20m），按各断面的土质条件，计算出上限值与下限值，并根据施工条件在其范围内设定。土体稳定性好的场合取低值，地层变形要求小的场合取高值。

（上限值）P_{max}＝地下水压＋静止土压＋预备压

（下限值）P_{max}＝地下水压＋主动土压或松弛土压＋预备压

为使开挖面稳定，土压（泥水压）变动要小；变动大的情况下，一般开挖面不稳定。

五、泥浆性能控制

泥水平衡式盾构掘进时，泥浆起着两方面的重要作用：一是依靠泥浆压力在开挖面形成泥膜或渗透区域，开挖面土体强度提高，同时泥浆压力平衡了开挖面土压和水压，达到了开挖面稳定的目的；二是泥浆作为输送介质，担负着将所有挖出土砂运送到工作井外的任务。因此，泥浆性能控制是泥水平衡式盾构施工的最重要因素之一。

泥浆性能包括：物理稳定性、化学稳定性、相对密度、黏度、pH、含砂率。

六、排土量控制

1. 开挖土量计算

单位拥进循环（一般按一环管片宽度为一个掘进循环）开挖土量当使用仿形刀或超挖刀时，应计算开挖土体积增加量。

2. 土压平衡式盾构出土运输方法与排土量控制

土压平式盾构的出土运输（二次运输）一般采用轨道运输方式。

土压平衡式盾构排土量控制方法分为重量控制与容积控制两种。重量控制有检测运土车重量、用计量漏斗检测排土量等控制方法。容积控制一般采用比较单位掘进距离开挖土砂运土车台数的方法和根据螺旋输送机转数推算的方法。我国目前多采用容积控制方法。

3. 泥水平衡式盾构排土量控制

泥水平衡式盾构排土量控制方法分为容积控制与干砂量（干土量）控制。

七、管片拼装控制

1. 拼装方法

（1）拼装成环方式　盾构推进结束后，迅速拼装管片成环。除特殊场合外，大都采取错缝拼装。在纠偏或在曲线施工的情况下，有时采用通缝拼装。

（2）拼装顺序　一般从下部的标准（A型）管片开始，依次左右两侧交替安装标准管片，然后拼装（B型）管片，最后安装楔形（K型）管片。

（3）盾构千斤顶操作　拼装时，若盾构千斤顶同时全部缩回，则在开挖面土压的作用下盾构会后退，开挖面不稳定，管片拼装空间也将难以保证。因此，随管片拼装顺序分别缩回盾构千斤顶非常重要。

（4）紧固连接螺栓　先紧固环向（管片之间）连接螺栓，后紧固轴向（环与环之间）连接螺栓。采用扭矩扳手紧固，紧固力取决于螺栓的直径与强度。

（5）楔形管片安装方法　楔形管片安装在邻接管片之间，为了不发生管片损伤、密封条剥离，必须充分注意正确地插入楔形管片。为方便插入楔形管片，可装备能将邻接管片沿径向向外顶出的千斤顶，以增大插入空间。

拼装径向插入型楔形管片时，楔形管片有向内的趋势，在盾构千斤顶推力作用下，其向内的趋势加剧。拼装轴向插入型楔形管片时，管片后端有向内的趋势，而前端有向外的趋势。

（6）连接螺栓再紧固　一环管片拼装后，利用全部盾构千斤顶均匀施加压力，充分紧固轴向连接螺栓。盾构继续掘进后，在盾构千斤顶推力、脱出盾尾后土（水）压力的作用下，衬砌产生变形，拼装时紧固的连接螺栓会松弛。为此，待推进到千斤顶推力影响不到的位置后，用扭矩扳手等，再一次紧固连接螺栓。

2. 真圆保持

管片拼装呈真圆，并保持真圆状态，对于确保隧道尺寸精度、提高施工速度与止水性及减少地层沉降非常重要。

管片环从盾尾脱出后，到注浆浆体硬化到某种程度的过程中，多采用真圆保持装置。

3. 管片拼装误差及其控制

管片拼装时，若管片间连接面不平行，导致环间连接面不平，则拼装中的管片与已拼管片的角部呈点接触或线接触，在盾构千斤顶推力作用下，发生破损（图 5-40）。为此，拼装管片时，各管片连接面要拼接整齐，连接螺栓要充分紧固。

图 5-40　管片环间连接面不平状况示意图

另外，盾构掘进方向与管片环方向不一致时，盾构与管片产生干涉，将导致管片损伤或变形。为防止管片损伤，预先要根据曲线半径与管片宽度对适宜的盾构方向进行控制。

盾构纠偏应及时连续，过大的偏斜量不能采取一次纠偏的方法，纠偏时不得损坏管片，并保证后一环管片的顺利拼装。

4. 楔形环的使用

在盾构工程中，除曲线施工外，为进行蛇行修正，也可使用楔形环管片。

5. 管片上浮的控制

掌握隧道所经地段的里程、强度、深度、含水量和土层分布等地质条件，根据每个地段的地质特点采取不同的掘进方法。掘进时，要注意掘进的推力、速度和掘进模式等施工参数，并适时做出调整。

八、注浆控制

注浆是向管片与围岩之间的空隙注入填充浆液，向管片外压浆的工艺，应根据所建工程对隧道变形及地层沉降的控制要求选择同步注浆或壁后注浆，一次压浆或多次压浆。

1. 注浆目的

管片拼装完成后，随着盾构的推进，管片与洞体之间出现空隙，如不及时充填，地层因应力释放而产生变形，其结果是发生地面沉降、邻近建（构）筑物沉降、变形或破坏等。

注浆的主要目的：

（1）抑制隧道周边地层松弛，防止地层变形。

（2）使管片环及早安定，千斤顶推力能平滑地向地层传递，作用于管片的土压力平均。减小作用于管片的应力和管片变形，盾构的方向容易控制。

（3）形成有效的防水层。

2. 注浆材料的性能

一般对注浆材料的性能有如下要求：

（1）流动性好。

（2）注入时不离析。

（3）注浆材料具有结石率高、结合体强度高、耐久性好等特点，具有均匀的高于地层土压的早期强度。

（4）良好的充填性。

（5）注入后体积收缩小。

（6）阻水性和耐腐蚀性高。

（7）适当的黏性，以防止从盾尾密封漏浆或向开挖面回流。

（8）不污染环境。

3. 一次注浆

一次注浆分为同步注浆、即时注浆和后方注浆三种方式。

（1）同步注浆　同步注浆是在空隙出现的同时进行注浆、填充空隙，分为从设在盾构的注浆管注入和从管片注浆孔注入两种方式。前者，其注浆管安装在盾构外侧；后者，管片从盾尾脱出后才能注浆。

（2）即时注浆　一环掘进结束后从管片注浆孔注入的方式。

（3）后方注浆　掘进数环后从管片注浆孔注入的方式。

一般盾构直径大，或在冲积黏性土和砂质土中掘进，多采用同步注浆；而在自稳性好的软岩中，多采取后方注浆方式。

4. 二次注浆

二次注浆是以弥补一次注浆缺陷为目的进行的注浆。具体作用如下：

（1）补足一次注浆未充填的部分。

（2）填充由浆体收缩引起的空隙。

（3）以防止周围地层松弛范围扩大为目的的补充。

以上述（1）与（2）为目的的二次注浆，多采用与一次注浆相同的浆液；若以（3）为目的，多采用化学浆液。

5. 注浆量与注浆压力

注浆控制分为压力控制与注浆量控制两种。压力控制是保持设定压力不变，注浆量变化的方法。注浆量控制是注浆量一定，压力变化的方法。一般仅采用一种控制方法。

（1）注浆量　注浆量除受浆液向地层渗透和泄漏影响外，还受曲线掘进、超挖和浆液种类等因素影响，不能准确确定。

（2）注浆压力　注浆压力应根据土压、水压、管片强度、盾构形式与浆液特性综合判断决定，但施工中通常基于施工经验确定。

从管片注浆孔注浆，注浆压力一般取 $100\sim300kN/m^2$（$1\sim3kg/cm^2$），或间隙水压 + $200kN/m^2$ 左右。

注浆量与注浆压力要经过一定的反复试验后确认。

九、情况处理

当遇到以下几种情况时，应及时处理：

（1）盾构前方地层发生坍塌或遇有障碍。

（2）盾构本体滚动角不小于3°。

（3）盾构轴线偏离隧道轴线不小于50mm。

（4）盾构推力与预计值相差较大。

（5）管片严重开裂或严重错台。

（6）壁后注浆系统发生故障无法注浆。

（7）盾构掘进扭矩发生异常波动。

（8）动力系统、密封系统、控制系统等发生故障。

第六章 施工测量与监控量测

第一节 盾构施工测量

施工测量是保证盾构施工顺畅的重要环节,测量数据对盾构掘进中的线形控制和盾构始发接收等施工具有决定性的指导意义。

一、盾构法测量工作的主要内容

采用盾构法施工的区间隧道工程测量工作的内容如下:
(1) 交接桩复测。
(2) 根据区间隧道施工的需要进行导线、水准加密。
(3) 通过联系测量将平面坐标、方位及高程传递至始发井内。
(4) 盾构始发前托架及反力架定位。
(5) 盾构机测量系统初始化测量。
(6) 随盾构掘进布设导线点、水准点和测量。
(7) 盾构掘进过程中移站、复站。
(8) 管片姿态测量。
(9) 贯通测量。
(10) 竣工测量。

二、测量工艺流程

区间盾构施工测量主要分为四部分:地面控制、联系测量、洞内控制和竣工测量,具体流程及控制关键点如图 6-1 所示。

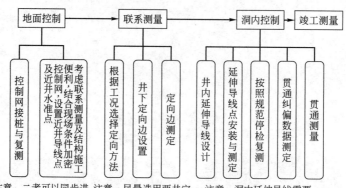

图 6-1 区间盾构施工测量控制流程图

三、测量方法及技术措施

1. 控制点交接桩及复测

测量控制点接桩时，要确认桩点完好无损，稳固可靠，能否满足本工程的施工需要。一条区间隧道交桩控制点至少要 6 个，即在隧道两侧各有 2 个平面控制点和 1 个水准点。平面导线采用四等导线、高程采用二等水准技术标准及要求进行复测。

（1）四等精密导线测量的要求见表 6-1。

表 6-1 四等精密导线测量的主要技术要求

平均边长/m	闭合环或附合导线总长度/km	每边测距中误差/mm	测距相对中误差	测角中误差/(″)	水平角测回数		边长测回数	方位角闭合差/(″)	全长相对闭合差	相邻点的相对点位中误差/mm
					Ⅰ级全站仪	Ⅱ级全站仪	Ⅰ、Ⅱ级全站仪			
350	3~4	±4	1/60000	±2.5	4	6	往返测距各2测回	±5$\sqrt{n}$	1/35000	±8

注：1. n 为导线的角度个数，一般不超过 12。

2. 附合导线路线超长时，宜布设结点导线网，结点间角度个数不超过 8 个。

导线点上只有两个方向时，其水平角观测应采用左、右角观测，左、右角平均值之和与 360°的较差小于 4″。前后视边长相差较大，观测需调焦时，宜采用同一方向正倒镜同时观测法，此时一个测回中不同方向可以不考虑 2c 较差的限差，具体限差见表 6-2。

表 6-2 方向观测法水平角观测技术要求　　　　　　　　　　　　　　单位：(″)

全站仪等级	半测回归零差	一测回内 2c 较差	同一方向值各测回较差
Ⅰ级	6	9	6
Ⅱ级	8	13	9

测距时应读取温度和气压，测前、测后各读数一次，取平均值作为测站的气象数据。温

度读至 0.2℃，气压读至 50Pa，具体限差见表 6-3。

表 6-3　距离测量限差技术要求　　　　　　　　　　单位：mm

全站仪等级	一测回读数间较差	单程各测回间较差	往返测或不同时段结果较差
Ⅰ级	3	4	$2(a+bd)$
Ⅱ级	4	6	

注：1. $(a+bd)$ 为仪器标称精度，a 为固定误差，b 为比例误差，d 为距离观测值（以 km 计）。
2. 一测回指照准目标一次读数 4 次。

（2）二等水准测量的要求见表 6-4。

表 6-4　二等水准测量的主要技术要求

水准测量等级	每千米高差中数中误差/mm		附合水准路线平均长度/km	水准仪	水准尺	观测次数		往返较差、附合或环线闭合差/mm
	偶然中误差 M_Δ	全中误差 M_w				与已知点联测	附合或环线	
二等	±2	±4	2~4	DS1	铟瓦尺或条码尺	往返测各一次	往返测各一次	$±8\sqrt{L}$

注：1. L 为往返测段、附合或环线的路线长（以 km 计）。
2. 采用数字水准仪测量的技术要求与同等级的光学水准仪测量技术要求相同。

二等水准测量观测方法应符合下列规定：

往测，奇数站上：后—前—前—后；偶数站上：前—后—后—前。

返测，奇数站上：前—后—后—前；偶数站上：后—前—前—后。

由往测转向返测时，两根水准尺必须互换位置，并应重新整置仪器。

往返两次测量高差超限时应重测。重测后，二等水准应将重测成果与原测成果比较，其较差合格时，取其平均值。

水准测量观测的视线长度、视距差、视线高度应符合表 6-5 的规定。

表 6-5　水准测量观测的视线长度、视距差、视线高度的要求　　　　单位：m

等级	视线长度		前后视距差	前后视距累计差	视线高度	
	仪器等级	视距			视线长度 20m 以上	视线长度 20m 以下
一等	DS1	≤50	≤1.0	≤3.0	≥0.5	≥0.3
二等	DS2	≤60	≤2.0	≤4.0	≥0.4	≥0.3

水准测量的测站观测限差应符合表 6-6 的规定。

表 6-6　水准测量的测站观测限差　　　　　　　　　　单位：mm

等级	上下丝读数平均值与中丝读数之差	基、辅分划读数之差	基、辅分划所测高度之差	检测间歇点高度之差
一等	3.0	0.4	0.6	1.0
二等	3.0	0.5	0.7	2.0

2. 地面导线及水准控制网加密

区间隧道较长，隧道两侧的交桩导线点间距离很远时，根据施工需要，以交桩导线点为已知数据，对地面控制网进行加密，导线边长尽量等距，与已知边长度相当，必须避免长短边。导线点尽量设置在施工影响范围以外区域，当受条件限制只能设置在施工影响范围以内时，要在规范要求基础上加密至少一倍的观测频率。

当交桩水准点距离施工区域很远时，可以在施工区域附近，施工影响范围之外设置加密水准点。用于联系测量的水准点必须与加密水准点或者交桩水准点联测后方能使用。导线加密时，应注意以下几点：

（1）首先要根据施工范围内的环境和地形条件，沿轨道交通工程规划线路方向布设成附和在GPS点上的附合导线、闭合导线或结点网；相邻点间通视要良好，视野开阔，便于测角和量距。

（2）点位应选在坚实、稳定、便于使用的楼顶或地面，避开车辆、行人密集的道路，以保证良好的通视条件。

（3）附合导线边数宜少于12个，各边的长度应大致相等，相邻的短边不宜小于长边的1/2，个别短边的边长不应小于100m。

（4）导线点应有足够的密度，便于控制整个测区。

（5）应充分利用现有城市控制点标石。

3. 平面坐标及方位联系测量

地铁施工常用的平面坐标及方位传递联系测量有一井定向、两井定向两种，可以采用钢丝方法，也可以采用投点仪，二者均能达到精度要求。一井定向联系测量应满足如下要求：

（1）每次联系三角形定向均应独立进行三次，取三次的平均值作为一次定向结果。

（2）井上、井下联系三角形应满足下列要求：

① 两悬吊钢丝间距不应小于5m；

② 定向角α应小于$1°$，呈直角三角形；

③ b/a及b'/a'的比值应小于1.5倍；

④ 边长测量各测回较差应小于1mm；

⑤ 地上与地下丈量的钢丝间距较差应小于2mm；

⑥ 两钢丝的实测值与余弦定理计算联系三角形的同一距离计算之差不得超过2mm。

（3）角度观测应采用不低于Ⅱ级的全站仪，用方向观测法观测六测回，测角中误差应在$\pm 2.5''$之内。

（4）联系三角形定向推算的地下起始边方位角的较差应小于$12''$，方位角平均值中误差为$\pm 8''$。

如图6-2所示：①测e、f、e'、f'角度；②量a、b、c、a'、b'、c'边长。

根据a、b、c、f，求j：$\sin j = b\sin f/a$。

c的计算值：$c_{算} = b\cos f + a\sin j$

c的不符值：$h = c_{算} - c$

a边改正值：$\Delta a = -h/4$

b边改正值：$\Delta b = -h/4$

c边改正值：$\Delta c = h/2$

以改正后的边长a、b、c为平差值，按正弦定理计算出i、j，即为平差后的角值。f改正很小，仍采用原测角值。采用上述方法可计算出井下三角形平差后的边角a'、b'、c'、i'、j'。

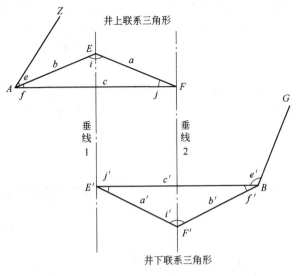

图 6-2 一井定向示意图

已知 A 点坐标为 X_A、Y_A，AZ 方位角为 Z_0。根据平差后的三角形边角进行计算。

① BG 方位角 Z_0'

AF 方位角 $Z_1 = Z_0 + e$

FE 方位角 $Z_2 = Z_1 + 180 + j$

$E'B$ 方位角 $Z_3 = Z_2 + 180 - j'$

求算边 BG 方位角 $Z_0' = Z_3 + 180 + e'$

② B 点坐标

$X_B = X_A + c\cos(Z_1) + a\cos(Z_2) + c'\cos(Z_3)$

$Y_B = Y_A + c\sin(Z_1) + a\sin(Z_2) + c'\sin(Z_3)$

有条件时可采用两井定向等方法，地下起始边的定向精度应满足较差小于 $12''$，方位角平均值中误差为 $\pm 8''$。在盾构施工时，可以利用车站两个端头井或者一个端头井和中间的出土口位置进行两井定向。两井定向实质是无定向导线计算。左右线的地下控制边可以同时测量，但是要分开计算。

如图 6-3 所示，如果利用两侧端头井吊钢丝，网图就是 GS1—Z1—Z2—GS2，两钢丝间距大于井下设置的控制边 Z1—Z2 间距，这种网图精度高，GS1—GS2 方位差 1s，传递到 Z1—Z2 时小于 1s。

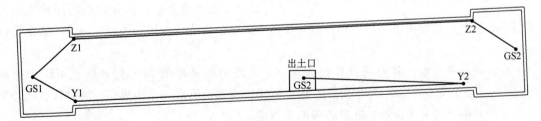

图 6-3 两井定向示意图

但是有些时候受现场条件限制，只能利用一个端头井和中间的出土口吊钢丝。为了保证井下控制边长度，出土口一侧点应该向车站另一端头拉，这时就会出现钢丝间距小于井下控制边的情况。该网型会在一定程度上放大 GS1—GS2 方位角传递至井下控制边 Y1—Y2 时的误差，但是精度仍满足要求，这时可以增加测量次数，提高精度。

4. 高程联系测量

如图 6-4 所示，高程联系测量采用井上井下两台水准仪同时观测，状态良好的普通水准仪或者精密水准仪均可，所用钢尺必须是鉴定合格的钢尺，则 $H_B = H_A + a_1 - |b_1 - a_2| - b_2$。

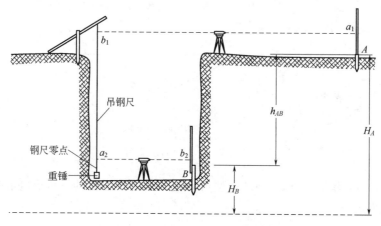

图 6-4 高程联系测量示意图

5. 始发托架反力架、接收托架定位

如图 6-5 所示，根据实测的洞门位置以及线路设计情况，计算托架及反力架的定位坐标和高程。假如实测洞门中心与设计中心相差较大，此时要以实际洞门位置为基准进行放样坐标及高程的计算。对于高程的控制，始发时一般要抬高 10～20mm，接收时一般降低 10～20mm。这项控制工作在进行托架底梁及预埋钢板施工时就要控制好，尤其是托架底梁标高不能打高。

反力架的安装位置测量分为平面定位及高程定位。平面定位主要是利用地下导线点直接精确定位反力架的轴线，并使此轴线与设计轴线严格重合。高程定位利用地下高程

图 6-5 托架定位示意图

控制点直接测定底板预埋钢板的顶高程，并通过调整钢板使反力架轴线高程与设计轴线高程一致。

反力架的平整度，利用与设计轴线垂直并距反力架基准面 5cm 的基准线 AB 来控制（见图 6-6）。在现场置镜 A 点，仪器照准 B 点旋转望远镜形成一个铅垂面，通过计算反力架上的点和基准面的关系即可控制反力架的平整度。

6. 盾构姿态初始化

以小松盾构机初始化测量为例。

（1）测量前的准备工作　首先在盾构机上安装目标棱镜，安装要求是：三个棱镜，两个在一个平面上，另一个在异面上（见图6-7）。

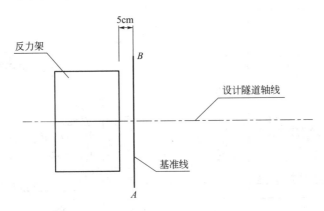

图6-6　反力架定位示意图

图6-7　目标棱镜安装图

然后安装测站点和后视点吊篮（见图6-8）。

图6-8　测站点和后视点吊篮安装图

最后在盾构机铰接和千斤顶可以收到底的情况下才能正式开始人工测量盾构机姿态。

（2）盾构机姿态测量　测量盾构机姿态时，一般将横尺放在盾构机顶靴后和盾尾尾刷前，测量这两处中心坐标，利用盾构机上尺寸位置关系，计算出盾构机前后的中心坐标（见图6-9）。盾构机中心高程与中心坐标测量同理（见图6-10）。

第六章　施工测量与监控量测

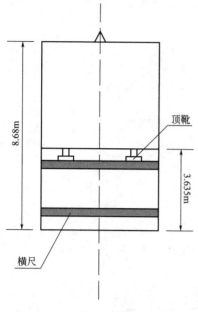

图 6-9　盾构机平面示意图

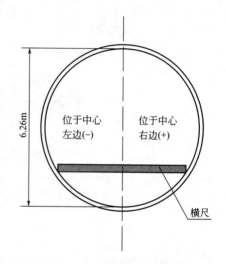

图 6-10　盾构机断面示意图

盾构机回转角测量，将尺子放在盾构机对称的两侧边沿上，测量两侧高程，计算出高差 Δh，然后用钢尺量出两点之间的距离 D（见图 6-11）。

回转角 α 的计算公式为：$\alpha = \arctan \Delta h / D$。仰俯角与回转角计算方法同理。

最后计算三个前视棱镜的三维坐标（以盾构机中心轴线为原点的零位坐标），计算的结果输入到电脑里；接着修正盾构机倾斜仪，使倾斜仪传感器的回转角和仰俯角与实测数据一致。首次盾构姿态初始化至少测量两次，两次成果在误差范围以内时，取其均值。

7. 地下控制测量

从隧道掘进起始点开始，直线隧道每掘进 200m 或曲线隧道每掘进 100m 时，应布设地下平面控制点，并进行地下平面控制测量。

隧道内控制点间平均边长宜为 150m。曲线隧道控制点间距不应小于 60m。控制点应避开强光源、热源、淋水等地方，控制点间视线距隧道壁应大于 0.5m。高程控制点可利用地下导线点，单独埋设时宜每 200m 埋设一个。每次延伸控制导线前，应对已有的控制导线点进行检测，并从稳定的控制点进行延伸测量。

控制导线点在隧道贯通前应至少测量三次，并应与竖井定向和高程传递同步进行。当贯通面一侧的隧道长度大于 1500m 时，应在适当位置，通过钻孔投测坐标点或加测陀螺方位角等方法提高控制导线精度。

8. 盾构掘进时移站和复站

盾构掘进时的测量，主要工作是移站和复站。一般移站不超过 3 次，至少要复站一次。在盾构机的掘进过程中，站点和后视点是静态的，前视是动态的。当掘进到全站仪脱出台车后，就要准备移站。在移站时，首先要在隧道的顶部预先安装好固定全站仪的架子，装上新设点的棱镜并整平；然后测设此棱镜的三维坐标；再将全站仪移至新设测点的位置，原后视点棱镜移至原全站仪的位置；打开全站仪电源，然后将全站仪原点复位、后视点确认后，就完成了盾构移站工作（见图 6-12）。

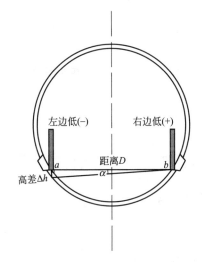

图 6-11 盾构机回转角测量示意图

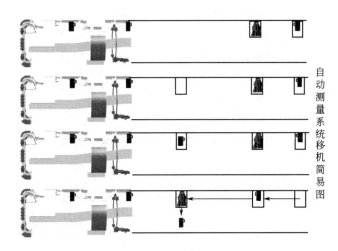

图 6-12 盾构机移站测量示意图

9. 衬砌环片检测

随盾构施工进度，及时进行管片姿态测量，对管片姿态测量数据进行分析，尤其是高程方向数据，判断区间隧道上浮情况，指导掘进参数确定。

在盾构掘进时，每天要及时测量衬砌环的姿态，必要时每天测量两次，保证每环都能测到，及时掌握管环的位移情况，同时也是对导向系统的校核。每次衬砌环测量时重合测定约10环环片。测量位置在每环接缝处。水准尺用铝合金型材加工制成，在中部安装水准气泡、反射贴片（见图 6-13），

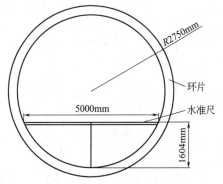

图 6-13 环片姿态测量示意图

并以气泡零点左、右刻出刻度线，水准尺定期用水准仪进行校正。用全站仪测出水平尺的中心坐标，计算出该点坐标与设计隧道中心线的偏移量。

10. 盾构隧道贯通测量

隧道贯通后要利用贯通面两侧平面和高程控制点进行贯通误差测量。贯通误差测量包括隧道的纵向、横向和方位角贯通误差测量以及高程贯通误差测量。

隧道的纵向、横向贯通误差，可根据两侧控制点测定贯通面上同一临时点的坐标闭合差，并应分别投影到线路和线路的法线方向上确定；也可利用两侧中线延伸到贯通面上同一里程处各自临时点的间距确定。方位角贯通误差可利用两侧控制点测定与贯通面相邻的同一导线边的方位角较差确定。

隧道高程贯通误差应由两侧地下高程控制点测定贯通面附近同一水准点的高程较差确定。暗、明挖隧道和高架结构横向贯通测量中误差为±50mm，高程贯通测量中误差为±25mm。

11. 盾构隧道竣工测量

（1）控制测量的等级 平面控制测量按精密导线的技术要求进行，高程控制测量按精密水准的技术要求进行，导线及水准路线应贯穿整个地铁线路的始终，以两站一区间为基准进

行严密平差后方可使用。

(2) 断面测量间距

① 沿里程增加方向,直线段每隔 6m(管片 5 环)、曲线段(含曲线以外的 20m 直线)每隔 4.8m(管片 4 环)测量一个断面,测点为管片接缝处的突出点。

② 隧道起点、终点,曲线起点、缓圆点、中点、圆缓点、终点、联络通道等断面突变处需加测断面。

(3) 断面测量使用仪器及测量精度

① 结构横断面测量,可采用Ⅲ级全站仪、断面仪等进行。

② 测量断面点的里程纵向允许误差应在±20mm 之内,横向允许误差为±10mm,高程偏差应小于 10mm。

(4) 测点位置　竣工断面测量以下测点(共 10 点,见图 6-14):

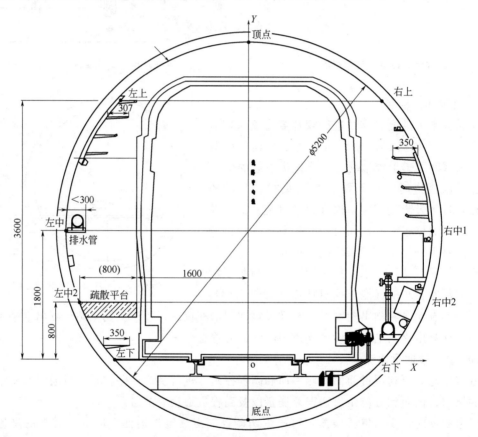

图 6-14　盾构隧道断面测点分布图

① 设计线路中心线处的顶点、底点;

② 位于轨顶设计高程以上 3600mm 的左横距及其高程、右横距及其高程,测点编号分别为左上、右上;

③ 位于圆心(在设计线路中心线上)的左横距及其高程、右横距及其高程,测点编号分别为左中 1、右中 1;

④ 分别位于轨顶设计高程以上 800mm、0mm(即轨顶高程处)的左横距及其高程、右

横距及其高程，测点编号分别为左中2、右中2、左下、右下。

（5）竣工断面测量方法　首先按竣工测量要求在每个断面上标记断面点位和断面里程。然后将测量仪器架设在该断面的线路中线点上，依次测量每个断面点位的横距。

四、施工中常见问题及主要对策

1. 地面控制导线复测精度较低

该问题主要是加密导线网型设计不好导致，交接桩之后，根据施工需要进行地面导线加密，加密导线点的选择要尽量使边长等距且高差较小，加密导线点与交桩点之间尽量构成附合导线，加密导线点要设置在施工影响范围以外的区域。

地面控制导线测量作业，必须严格按照规范要求，使用空盒气压计及温度表测定观测时的环境温度，输入仪器内，每站都要进行设置，这一环节对全站仪测距影响很大，尤其是在冬季或者夏季气候变化较大的时候。

边长改正与各个城市轨道交通工程坐标系投影面高程设置及项目所在地的实际高程有关，跟所测边长长度有关，一般情况下边长小于300m时改正数很小，可以忽略。

2. 联系测量井下起始边精度低

该问题主要是由于井下起始边过短造成。对于1000m以上的隧道，井下起始边长度应不小于80m。在进行井下起始边设置时，充分对车站内情况进行现场勘查，起始边不一定非要设置在侧墙一侧，也可以设置在车站中部，以通视及观测方便为准。

在联系测量的实施过程中，周围环境的影响、钢丝直径、重锤的设置等均会对联系测量精度产生影响。建议联系测量最好在停止施工的情况下进行，钢丝在满足承载力要求的前提下越细越好，重锤的重量要满足规范要求，重锤浸入油桶中，待完全静止稳定后再开始进行测量。

3. 洞内导线精度较差

该问题主要是由于洞内导线边长设计不好和隧道内环境差（如灯光、气温、湿度等）。因此，在通视情况允许的条件下，尽量将导线边拉长，兼顾等距原则，避让灯光折射，做好洞内导线点位的设计。

五、施工机具及劳动力配置

施工机具的配置，见表6-7。

表6-7　施工机具配置

项目	单位	数量	规格
全站仪	台套	1	Ⅱ级及以上
精密水准仪	台套	1	
钢卷尺	把	1	30m，需检定
联系测量辅助设备	套	1	架管、钢丝等

注：表中按照1台盾构施工进行配置，两台盾构同时施工时需相应增加。

劳动力配置，见表6-8。

表 6-8 劳动力配置

项目	单位	数量
测量主管	个	1
主测手	个	1
主算员	个	1
测量工	个	2

六、质量控制标准

质量控制标准见表 6-9。

表 6-9 质量控制标准表

控制要点	检查标准
交接桩平面导线点复测	±12mm
交接桩水准点复测	$±8\sqrt{L}$，L 为路线长，以 km 计
井下起始边长	1000m 以内，隧道≥60m 1000m 以上，隧道≥80m
井下起始方位角精度	±8″
隧道内延伸导线边长	直线段≥120m 曲线段≥60m
贯通误差	横向中误差≤±50mm 高程中误差≤±25mm

七、测量注意事项

(1) 地铁施工所用的 GPS 点间距离长，地面导线复测，不能因施工需要时才进行，应根据天气情况，选择视线清晰、无风的天气，提前复测，避免因天气影响耽误测量时间。

(2) 采用附合导线时，边数宜少于 12 个，相邻边的短边不宜小于长边的 1/2，个别短边的边长不应小于 100m。

(3) 导线点的位置应选在施工变形影响范围以外稳定的地方，并应避开地下构筑物、地下管线、车辆行人密集的道路等。

(4) 楼顶上的导线宜选在靠近并能俯视线路、车站、车辆段一侧稳固的建筑上。

(5) 相邻导线点间以及导线点与其相连的卫星定位点之间的垂直角不应大于 30°，视线离障碍物的距离不应小于 1.5m，避免旁折光的影响。

(6) 地铁施工周期长、内容多，控制网要进行定期复测。

第二节
盾构施工监控量测

对盾构开挖区间的环境变形以及其他与施工有关的项目进行监测，能够及时全面地反映其变化情况,分析变化规律,判断施工方法手段的科学性、合理性,优化设计、施工参数,保证施工安全顺利地进行。

一、技术要求

(1) 所设计的各种监测项目要有机结合,相辅相成,测试数据能相互进行校验。地上、地下同一个断面内的监控量测数据以及盾构掘进施工参数必须同步采集,以便进行科学分析。

(2) 选择成熟先进的监控量测仪器和设备,同时应满足量测精度要求,抗干扰性强,适应长期测试等条件。

(3) 采用大地测量方法进行监控量测时,应在变形区外埋设水准基点,水准基点一般不少于3个,应埋设在道面基层以下稳定的原状土层中,也可埋设在稳定的建(构)筑物的墙上。

(4) 观测点应埋设在能反映观测对象变形的敏感部位,并对测点采取有效的保护措施。

(5) 在施工过程中进行连续监测,结合施工工况调整测试时间、测试频率,保证监测数据的连续性、完整性、系统性。

(6) 在安全、可靠的前提下结合工程经验尽可能地采用直观、简单、有效的测试方法,合理利用监测点之间的关系,减少测点布设数量,降低监测成本。

二、监测项目

盾构施工监测项目,见表6-10。

表6-10 盾构施工监测项目表

	测量项目	测量仪器	测点布置	测量频率		
				开挖面距量测断面前后<2D	开挖面距量测断面前后<5D	开挖面距量测断面前后>5D
必测项目	地表沉降	精密水准仪、钢瓦尺或条码尺	盾构始发段100m范围内,每20m设一断面;其余地段,每30m设一断面	1~2次/d	1次/2d	1次/周
	建(构)筑物沉降	精密水准仪、钢瓦尺或条码尺	根据现场情况布点			
	地下管线监测	精密水准仪、钢瓦尺或条码尺	根据现场情况布点			
	隧道拱顶沉降	精密水准仪、塔尺	每5~10m设一断面			
	隧道净空收敛	数显收敛仪	每5~11m设一断面			
	地下水位观测	水位观测仪、观测管	每30m设一断面,必要时需加密	降水前2天,1次/h,待水位稳定后2次/d		
选测项目	土体内部位移(垂直和水平)	测斜仪	每30m设一断面,必要时需加密	1~2次/d	1次/2d	1次/周
	土层压应力	土压力盒	每50~100m设一断面,必要时需加密			
	衬砌环内力和变形	钢筋计和混凝土应变计	每一代表性的地段设一断面			

注:D 为隧道开挖宽度。

三、施工监测流程

盾构施工监测流程，见图 6-15。

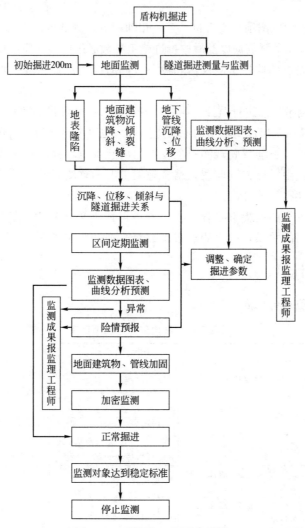

图 6-15　盾构施工监测流程图

四、测点布置及监测方法

1. 测点布置总体要求

测点布置既要考虑监测对象的变形特征，又要便于观测，还要有利于测点保护。埋测点不能影响和妨碍结构正常受力，不能削弱结构刚度和强度。在实施多项内容测试时，各类测点布置在时间和空间上应有机结合，力求使一个监测部位能同时反映多个物理变化量，找出内在联系和变化规律。根据监测方案预先布置测点，以便监测元件及时进入稳定的工作状态。若施工中测点遭到破坏，应尽快在原位置或临近位置补设测点，保证观测数据的连续性。

2. 监测方法综述

各监测项目的设置，最终是为了了解施工方法和施工手段的科学性和合理性，以便及时调整施工方法，保证施工安全。所设立的各监测项目要结合工程的实际情况，做到有针对性，不赘不缺，保证施工安全和顺利。主要监测项目实施过程包括：监测点的布置、实测、数据取得和分析处理等。

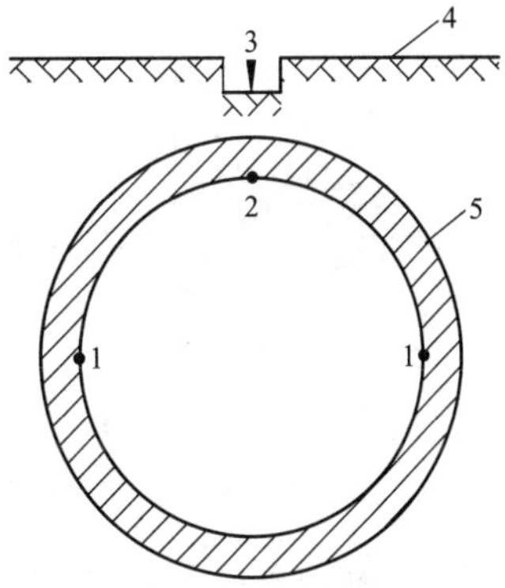

3. 地表沉降监测

（1）监测仪器 精密水准仪、配套铟瓦尺或条码尺等。

（2）监测实施方法

① 断面测点布设方法，如图 6-16 和图 6-17 所示，根据各城市轨道交通工程施工的具体要求进行调整。

② 基点埋设：基点应埋设在沉降影响范围以外的稳定区域，并且应埋设在视野开阔、通视条件较好的地方；基点数量根据需要埋设，基点要牢固可靠。基点埋设方法示意图，如图 6-18 所示。

③ 沉降测点埋设：在硬化过的地面上埋设监测点用冲击钻在地表钻孔，冲击深度大于硬化深度，然后放入长 600~800mm、φ16~22mm 的圆头钢筋；或者用工程冲击钻打孔，埋设膨胀螺栓，最后四周用土、粗砂填实；土地里的监测点直接打入长 1000~1500mm、φ16~22mm 的圆头钢筋，周围土体夯实，如图 6-19 所示。

图 6-16 地表沉降和隧道净空水平收敛、拱顶下沉观测点布设图

1—净空水平收敛观测点；2—拱顶下沉观测点；3—地表沉降观测点；4—地表；5—隧道结构

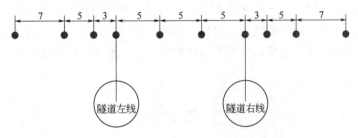

图 6-17 盾构隧道施工地表沉降监测点布置图

1. 本图中尺寸均以米计；
2. 两隧道间的监测点布置间距根据实际隧道间距而定

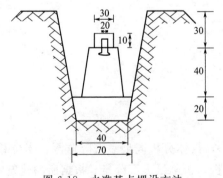

图 6-18 水准基点埋设方法示意图（单位：cm）

④ 测量方法：观测方法采用精密水准测量方法。基点和附近水准点联测取得初始高程。观测时各项限差宜严格控制，每测点读数高差不宜超过 0.3mm，对不在水准路线上的观测点，一个测站不宜超过 3 个，超过时应重读后视点读数，以作核对。首次观测应对测点进行连续两次观测，两次高程之差应小于 ±1.0mm，取平均值作为初始值。

⑤ 沉降值计算：在条件许可的情况下，尽可能地布设水准网，以便进行平差处理，提高观测精度，然后按照测站进行平差，求得各点高程。施工前，由基点通过水准测量测出隆陷观测点的初始高程 H_0，在施工过程中测出的高程为 H_n。

则高差 $\Delta H = H_n - H_0$ 即为沉降值。

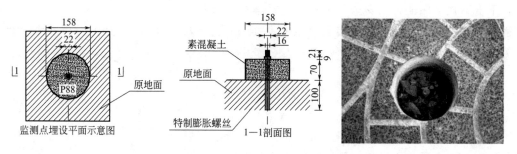

图 6-19 地面监测点埋设方法示意图（单位：mm）

⑥ 监测频率见表 6-10。

（3）数据分析与处理 地表沉降量测随施工进度进行，根据开挖部位、步骤及时监测，并将各沉降测点沉降值绘制成沉降变化曲线图，沉降变化速度、加速度曲线图。

4. 建（构）筑物沉降监测

（1）监测仪器 精密水准仪、配套钢瓦尺或条码尺等。

（2）监测实施方法

① 测点埋设：在地铁施工的纵向和横向影响范围内的建筑物应进行建筑物下沉及倾斜监测，基点的埋设同地表沉降观测。沉降测点埋设，用冲击钻在建筑物的基础或墙上钻孔，然后放入长 200～300mm、ϕ20～30mm 的半圆头弯曲钢筋，四周用水泥砂浆填实。测点的埋设高度应方便观测，对测点应采取保护措施，避免在施工过程中受到破坏。每幢建筑物上一般布置 4 个观测点，特别重要的建筑物根据尺寸和形状加密测点。测点的布设如图 6-20 所示。

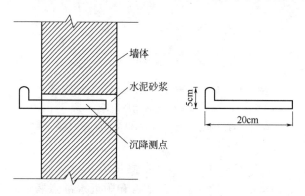

图 6-20 建筑物沉降监测点示意图

② 测量方法：与地表沉降观测相同。

③ 沉降计算：与地表沉降观测相同。

④ 观测频率：与地表沉降观测相同。

（3）数据分析与处理 绘制位移-时间曲线散点图，具体分析同地表沉降监测。当位移-时间曲线趋于平缓时，可选取合适的函数进行回归分析，预测最大沉降量。根据所测建筑物倾斜与下沉值，判断建筑物倾斜是否超过安全控制标准及采用的工程措施的可靠性。

5. 地下管线沉降监测

（1）监测仪器 精密水准仪、配套钢瓦尺或条码尺等。

(2) 监测实施方法

① 测点布置：地下管线测点，重点布设在煤气管线、给水管线、污水管线、大型雨水管及电力方沟上，测点布置时要考虑地下管线与隧道的相对位置关系。有检查井的管线应打开井盖直接将监测点布设到管线上或管线承载体上；无检查井但有开挖条件的管线应开挖暴露管线，将观测点直接布到管线上；无检查井也无开挖条件的管线可在对应的地表埋设间接观测点。管线沉降观测点的设置可视现场情况，采用抱箍式或套筒式安装。每根监测的管线上最少要有3~5个测点。

② 测量方法：与地表沉降观测相同。

③ 沉降计算：与地表沉降观测相同。

④ 观测频率：与地表沉降观测相同。

(3) 数据分析与处理

根据施工进度，将各测点变形值绘成管线变形曲线图，即位移-时间曲线散点图，据此判定施工措施有效性。位移-时间曲线趋于平缓时，可选取合适的函数进行回归分析，预测管线最大沉降；沿管线沉降槽曲线，判断施工影响范围、最大沉降坡度、最小曲率半径等。

6. 隧道收敛监测

(1) 监测仪器　数显式收敛计。

(2) 监测实施方法

① 测点布设：沿隧道断面10m一个断面，每个断面设两对称测线，分别布置在拱角上0.5m处和隧道中部。在混凝土表面埋设收敛点，如图6-16所示。

② 实测及计算：量测时间应在每环施工后12h内读取，最迟不得大于24h，且在下一环掘进前须完成初期变形值的读取。及时测量记录，在施工过程中每测量一次做好记录并画出位移-时间图。

③ 观测频率见表6-10。

(3) 数据分析与处理　根据测得的收敛数据结果，绘制出收敛变形位移-时间变化曲线，当位移-时间（mm/d）变化曲线趋于平缓时，且累计位移量低于预计总位移量的80%时，认为隧道是稳定的。

7. 隧道拱顶下沉监测

(1) 监测仪器　精密水准仪、5m塔尺。

(2) 监测实施方法　测点利用隧道顶管片螺栓的突出部位，选择紧固后的螺栓作为测点，并做好标记。盾构机5号台车以后的管片可以认为是相对稳定的。利用倒立塔尺的方法，测量测点的标高，每次测得的标高对比即可得到拱顶下沉情况。

(3) 监测频率见表6-10。

(4) 数据分析处理　根据每次测的标高结果，绘制下沉量-时间变化曲线，当曲线趋于平缓时，认为隧道拱顶是稳定的。

8. 端头水位变化监测

(1) 监测仪器　水位观测仪。

(2) 实施方法　根据端头降水情况布置水位监测点位，在盾构机始发或者到达前20d完成降水井施工，开始进行降水。埋设一根管壁上打好孔的观测管，采用钻孔机打孔，水位管深度深入隧道底标高下1m，将观测管放入孔内，周围采用石子填充。降水期间采用水位计监测降水井及水位观测孔内的水位变化情况。

监测频率：降水前2天，1次/h，待水位稳定后2次/d。

(3) 数据分析处理　通过水位计测出孔口至水面的距离，测取孔口位置标高，反算出水面的标高即为水位观测值。将每次的水位观测值连成曲线即为该孔水位变化情况。通过对水位的变化，判断端头降水情况，指导盾构机安全始发、到达。

9. 土体水平位移监测

(1) 监测仪器　测斜仪。

(2) 实施方法

① 监测点布设如图6-21所示。

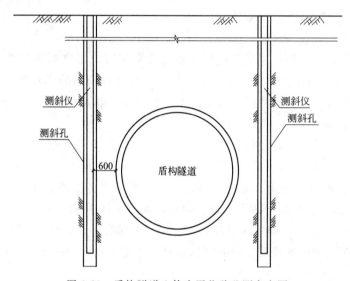

图6-21　盾构隧道土体水平位移监测布点图

在典型断面上隧道两侧，各埋一根PVC测斜管，埋设时采用钻孔埋设的方法。在点位处预钻一孔径略大于所选用测斜管外径的孔，孔底低于隧道底1m。插入连接成整体的测斜管，并使测斜管的一对凹槽与线路方向平行。调整好后立即在测斜管与孔之间回填细砂，并在管口砌一窨井，以保护测斜管不受破坏。

② 监测方法　在测斜管中取1m为每量测段长度。量测时假定测斜管底端位移为零，由下而上逐段量测各段水平偏差，直至管顶标高为止。量测时将测斜仪沿平行线路方向的管内导槽滑入管底，开始读数。徐徐提升逐段读数，直至管顶标高。提出测斜仪，平转180°，重复以上步骤。两次量测的数值平均值即为平行于隧道中线方向的土体位移变化值。用同样的方法沿垂直于隧道线路方向的管内导槽量测即可量测出相应的位移变化值。

③ 监测频率见表6-10。

(3) 数据分析处理　直接使用测斜数据处理软件生成土体水平位移变化曲线，获取各深度土体水平位移的变化情况，指导盾构掘进施工。

10. 土层压应力监测

(1) 监测仪器　土压力盒。

(2) 实施方法　将压力盒埋设在混凝土管片与土体之间，监测断面设在主监测断面处，压力盒在埋设前观测其初始频率，埋设后即可测试其频率。通过参数计算出压力的大小。

(3) 监测频率见表6-10。

(4) 数据分析处理　根据管片衬砌环的土压力大小变化、分布规律，参照理论土压力的值进行对比，判定隧道结构的强弱、注浆压力的大小等，并可作为评价支护结构安全稳定性的依据。同时，可作为永久性监测项目在施工结束后继续进行观测。

11. 衬砌环内力和变形监测

(1) 监测仪器　钢筋计和混凝土应变计。

(2) 实施方法　将钢筋计和混凝土应变计在管片预制时埋入管片内，监测断面布置与监测主断面。

(3) 监测频率见表6-10。

(4) 数据分析处理　根据监测的数据，了解衬砌管片在土压力作用下、在土体稳定过程中管片内部应力和应变的大小和分布，为管片结构性能提供可靠的参数，同时对了解管片连接螺栓的作用力、注浆压力等的大小有很大的帮助，并可作为评价结构安全稳定性的依据。

五、监测数据分析处理及采取的措施

在盾构掘进过程中，地面沉降变化与盾构机的位置之间有一定的关系，可以划分成五个阶段（见图6-22）。

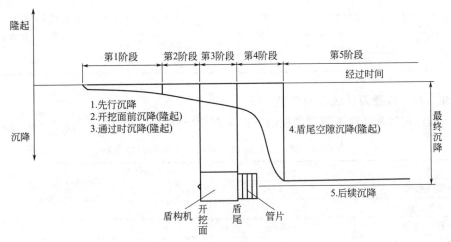

图6-22　地表沉降与盾构机位置关系

(1) 先行沉降——盾构的开挖面到达之前早已产生的沉降，主要是由于地下水位降低产生的固结沉降。

(2) 开挖面前沉降——开挖面通过之前产生的沉降或隆起，是对开挖面的水土压力的控制压力不足而引起的弹塑性变形。

(3) 通过时沉降——盾构通过时所产生的地表变形。其原因有超挖、偏离中线施工、盾壳与周围土体之间的摩擦等。

(4) 盾尾空隙沉降——这是由于产生盾尾空隙时应力释放引起的弹塑性变形。若壁后注浆压力过大，附近的土压力也会引起隆起。

(5) 后续沉降——这是盾构通过后长时间内继续产生的沉降现象，其主要原因是盾构掘

进时土体松动、扰动而产生固结沉降。

根据这五个阶段的情况，在施工中可以提前采取控制措施。如在盾构机通过前，提高土压力，使地面产生轻微的隆起，减少盾构机通过后的沉降量；在盾构通过时，控制出土量，减少超挖，控制盾构机姿态，减少对周围土体的扰动，增大同步注浆量，将盾构掘进时的地表沉降量控制到最小；盾构掘进通过后，及时对成型管片进行二次注浆，填充管片背后的空隙，防止后期沉降。

六、监测控制标准、警戒值

各监测项目报警值参考监测规范、设计文件及相关监控量测书籍等。

1. 地表沉降计隆起

（1）盾构掘进期间日变量报警值为±3mm。

（2）一般地表变形的报警值为−30～+10mm，或按照盾构掘进引起的地层损失应小于1‰，相应管片脱出盾尾15d以后，盾构覆土的不同厚度处的地面沉降槽最大沉降量Δ及盾构前方的最大隆起量δ不得大于表6-11中的规定数值。

表6-11　盾构隧道地表沉降、隆起控制指标

盾构顶部覆土厚度/m	最大沉降Δ/mm	最大隆起δ/mm	备注
4	30	10	其他不同深度的Δ、δ值用内插法计算确定
8	19	6.3	
12	14	4.7	
16	11	3.7	
20	9	3	

2. 建（构）筑物及管线沉降监测

建（构）筑物及管线沉降监测控制指标见表6-12。

表6-12　建（构）筑物及管线沉降监测控制指标

项目	控制值	单次预警值/mm	备注
刚性管线	±10mm	±2	
柔性管线	±10mm	±5	
建（构）筑物沉降	±20mm	±3	
建（构）筑物倾斜	3‰	—	利用差异沉降计算

3. 拱顶沉降、基底隆起、隧道收敛及其他监测

拱顶沉降、基底隆起、隧道收敛及其他监测控制指标见表6-13。

表6-13　拱顶沉降、基底隆起、隧道收敛及其他监测控制指标

序号	量测项目	控制标准	预警值
1	隧顶下沉	30mm	20mm
2	周边净空收敛	30mm	21mm
3	土体水平位移	25mm	18mm
4	端头水位变化	水位降至隧道底标高下1m	—

七、施工机具及劳动力配置

施工机具及劳动力配置见表 6-14 和表 6-15。

表 6-14　施工机具配置

项目	单位	数量	规格
测斜仪	台套	1	精度每 500mm＜0.1mm
精密水准仪	台套	1	优于 1mm/km
水位计	台套	1	精度±0.1cm/100m
收敛仪	把	1	精度 0.1mm
塔尺	把	1	5m
钢卷尺	把	1	30m，需检定

注：表中按照 1 台盾构施工进行配置，两台盾构同时施工时需相应增加。

表 6-15　劳动力配置

项目	单位	数量	规格
测量主管	个	1	
监测数据分析	个	1	
监测数据采集	个	2	

八、施工监测注意事项

（1）施工监测时应注意对周边环境的保护，如每天对正在掘进的隧道上方巡视，定期对已完隧道进行巡查。

（2）建（构）筑物沉降是多种因素的作用下产生的，累计沉降量控制在规范范围内可能满足不了要求，必须根据实际现状设定可确保该建（构）筑物本身的基本机能及可以满足结构安全性的标准值。根据地铁施工监测的成功经验，将允许值的 2/3 作为警告值，允许值的 1/3 作为基准值，将警告值和允许值之间称为警告范围，实测值落在此范围，应提出警告，需商讨和采取施工对策，预防最终位移值超限。

（3）要设专人进行监测数据分析，严格执行监测数据交班会通报制度，及时对监测数据结合工况进行分析，指导盾构掘进施工。一旦发现数据异常，及时分析，采取应急处理措施。

第七章
盾构隧道的防水

第一节
衬砌结构防水的目的和漏水的原因

一、防水目的

地铁不可避免地要经过含水率较高的地层，必将受到地下水的有害作用。如果没有可靠的防水、堵漏措施，地下水就会侵入隧道，影响其内部结构与附属管线，甚至危害到地铁的运营和降低隧道使用寿命。

盾构隧道渗漏水的位置是管片的接缝、管片的自身裂缝、注浆和手孔等，其中以管片的接缝处为防水重点。通常接缝防水的对策是使用密封材料，如非膨胀合成橡胶，靠弹性压密以接触面压应力来止水，以耐久性与止水性见长；或采用遇水膨胀橡胶，靠其遇水膨胀后的膨胀压力来止水，它的特点是可使密封材料变薄，施工方便，但耐久性尚待验证。国内主要采用遇水膨胀橡胶，并已开始研究开发遇水膨胀类材料与密封垫两者的复合型材料。

二、防水原则

盾构隧道的防水以管片结构自防水为根本、接缝防水为重点，确保隧道整体防水，同时遵循"以防为主、以堵为辅、多道防线、综合治理"的原则。

三、隧道漏水的原因

1. 防水的材质不良

（1）制作管片时选定的混凝土配合比、水泥用量、入模温度、浇捣顺序、养护时间和条件等环节上出现失误，致使衬砌表面出现收缩开裂。

（2）密封垫材料防水功能和耐久性差。

2. 施工操作不当

（1）在推进过程中，盾构与管片姿态不好会造成管片拼装困难，影响到管片的拼装质量，致使管片间错位、有台阶差，相邻管片不在同一圆弧面上，因此减少了止水橡胶的有效止水面积。

（2）盾构与管片相对位置不好常常会使管片发生碎裂，止水带发生掉落的现象。由于盾构推进的特殊性，一些工程缺陷不能进行及时处理，使得相邻止水带不能正常吻合压紧，从而引起漏水。

（3）盾尾与管片之间间隙过大，盾尾密封失效引起漏浆，在处理过程中未能将管片上的泥浆清理干净，致使管片、止水带间夹有泥沙。

（4）管片间的对接螺栓在拼装后，出于施工效率的考虑，不等拧紧就向前推进，在一定程度上引起环缝的扩张（尤其在纠偏时），使得管片间呈松弛接触。

（5）在竖曲线推进或纠偏时加贴石棉楔子，相应增加了环缝间隙。

（6）管片的制作精度误差，导致拼装环、纵缝间隙超过环缝间隙。

（7）压浆量不足，引起隧道后期产生较大的沉降变形而漏水。

（8）手孔、螺栓孔、注浆孔等薄弱部位未加防水垫片，封孔施工质量差。

（9）管片在吊装、运输过程中的操作不当，造成管片丢角、损边，甚至出现贯穿性裂缝。

（10）止水带制作安装过程误差和粘贴不密合。

第二节
管片结构的自防水

一、管片的制作精度

对于装配式钢筋混凝土管片的自防水，根据国内外隧道施工时间，采用高精度钢模来提高管片精度是很重要的环节。因为如果衬砌管片制作精度差，加上衬砌拼装的累积误差，将会导致衬砌接缝不密贴而出现较大的初始缝隙，此时如果接缝防水材料变形量不能适应缝隙要求，就会出现漏水。另外衬砌制作精度不够时，衬砌容易在盾构推进时被顶碎或崩落，从而导致漏水。

二、管片的防水涂层

一般来说，对于埋深较大或有显著侵蚀性水的地段，所用管片必须采用增强防水、防腐蚀性的外防水涂层。涂层要求如下：

（1）涂层应能在盾尾密封钢丝刷与钢板的挤压摩擦下不损伤。

（2）当管片弧面的裂缝宽度达0.3mm时，仍能抵抗0.6MPa的水压，保持长期不渗漏。

（3）涂层应具有良好的抗化学腐蚀功能、抗微生物侵蚀功能和耐久性。

（4）涂层应具有防迷流的功能，其体积电阻率、表面电阻率要高。

（5）涂层有良好的施工季节适应性，施工简便，成本低廉。

若管片制作质量高，且采用抗侵蚀水泥，不做外防水涂层也是可以的。

三、管片生产中的注意事项

为达到管片混凝土的自防水，管片生产应抓紧混凝土密实度、抗裂性能和制作精度三个方面。

（1）管片混凝土采用高抗渗高强度（C50）等级的外添加剂防水混凝土，抗渗等级为S10，但所采用的外加剂不能在混凝土内引起碱性反应。

（2）所选用符合国家标准的各种材料和合理的防水混凝土，使混凝土自身的收缩及空隙率降至最低。

（3）采用高精度钢模，钢模精度应高于管片，其精度比为12，保证钢模刚度足以控制施工过程中的各种变形，一般管片几何尺寸的误差不应大于±1mm。

（4）管片制作工艺和方法标准化、规范化。管片蒸养后，在水中养护14d，28d后方可使用。

（5）对每个成品管片进行质量检验和制作精度检验。按每两环抽取一块管片抽样检漏。管片出产厂必须通过各道生产工序的检查，抗渗试验、抗压抗渗报告和三环水平拼装验收。

（6）加强管片堆放、运输中的管理检查，防止管片产生附加应力而开裂或在运输中掉边角，确保管片完好，并分类堆放。

（7）管片外采用防水、防腐性涂层。

第三节
管片接缝的防水

采用装配式预制钢筋混凝土管片时，管片本身具有良好的不透水性，而管片之间的接缝成为隧道防水的主要研究课题。

一、管片接缝的防水

解决隧道防水的关键是把好管片的拼装质量关，以使管片接缝达到密封防水作用。为了保证接缝达到防水性能良好，管片制作精度也极为重要，一般管片几何尺寸的误差不大于±1mm。无论采用什么管片形式，其接缝防水技术包括密封垫防水、嵌缝防水、螺栓孔防水等三项内容。防水部位示意图见图7-1。

1. 单层衬砌防水

单层衬砌防水的特点是：接缝防水构造是隧道衬砌构造的永久组成部分。选用的防水材料要求有较高的耐老化性能，在承受接头坚固压力和千斤顶推力产生的接缝往复变形后仍有良好的弹性复原力和防水能力，且也能便于施工。单层衬砌防水的主要措施是：

（1）管片采用多道防线防水的结构形式，一般设1~2条防水槽，管片环面内弧设置嵌缝槽（图7-2），并有接缝的堵漏技术措施，确保修补堵漏的可能性。密封垫视为主要防线，如果其防水效果优良，也可以省掉嵌缝工序或进行部分嵌缝。

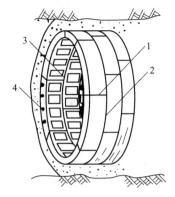
图 7-1 防水部位示意图
1—纵缝防水密封垫；2—环缝防水密封垫；
3—嵌缝槽；4—螺栓孔

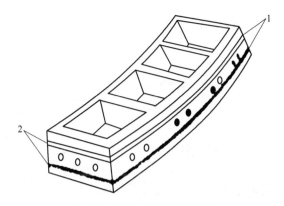
图 7-2 单层衬砌防水示意图
1—环缝密封垫；2—纵缝密封垫

(2) 防水槽内设防水密封垫，主要采用橡胶，依靠相邻管片的接触压力挤压密之后而产生防水效果。这种橡胶以氯丁橡胶、三元乙丙橡胶、丁苯橡胶等制造。

(3) 管片的精确尺寸是确保密封垫有效的前提。

2. 双层衬砌防水（内衬）

双层衬砌的目的是解决管片的防水、防腐蚀和结构补强等问题。双层衬砌防水的特点及措施：

(1) 由于隧道内衬起主要防水作用，对管片接缝的防水材料要求较低，只起临时止水作用。

(2) 制作内衬防水层有下列几种做法：

① 粘贴卷材防水层。将热沥青胶结料，用喷涂或辊涂的方法，涂敷在隧道内壁上，并立即粘贴沥青玻璃布油毡或聚异丁烯卷材或再生橡胶沥青油毡。

② 喷涂或刷涂防水层。常用的材料有环氧沥青涂料、环氧呋喃涂料、焦油聚氨酯涂料等。

③ 无论粘贴卷材还是喷刷防水涂料，都要求在隧道内表面处于干燥状态时方可施工。但这一施工条件在隧道内较难实现，从而发展了在潮湿的内壁上喷涂聚合物水泥砂浆，如水泥环氧砂浆等，可以于潮湿面黏结防水涂料。

④ 喷射混凝土防水层。内层衬砌采用喷射混凝土时，可在混凝土拌合料中添加化学掺剂，以提高混凝土防水性能。

⑤ 钢筋混凝土内衬，全面现浇钢筋混凝土，以起到隧道防水与补强的作用。

3. 衬砌螺栓孔防水

螺栓孔一般高于管槽内侧，这是依赖于管片密封防水垫的作用，使水不漏入螺孔。从目前施工的多条隧道看，有一定的实效。但当工程有特殊防水要求时，侧向螺孔也应采用沥青、橡胶、塑料为材料的专门环形垫圈来防水。垫圈如图 7-3 所示。

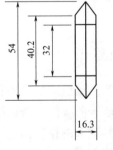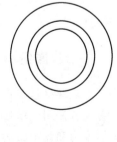

(尺寸单位：mm)

图 7-3 螺栓防水垫圈示意图

二、接缝防水密封垫

1. 管片防水密封剂

全断面浇环氧煤焦油砂浆。该方法要求砂浆于施工现场配制,并在60~65℃温度下拌制,制作后12h内结束拼装。该砂浆3d内的抗压强度为10~20MPa,最终可达到30MPa,抗剪粘接强度为5MPa。

2. 焦油聚氨酯弹性体

这种密封垫与已成环管片接触面之间无黏结力,主要是依靠压密防水。

3. 复合密封垫

单一材料的密封垫,压缩量受到限制,往往只是单面具有黏结力,主要是依靠压密防水,所以在管片精度差、接缝变形大、水压较高的情况下易引起渗漏。

4. 齿槽形定型制品密封垫

采用齿槽形氯丁橡胶的密封垫,在地面上粘贴到管片的防水槽内,当管片拼装时,在千斤顶作用下,使其产生弹性变形,填充了管片的防水槽,这种密封垫内有极高的弹性复原能力,这种弹性复原力将发挥有效的防水作用(图7-4)。这种密封垫能承受2个大气压的水压力,并允许接缝有一定的变形,在构造上也解决了管片的角部防水问题,见图7-5。

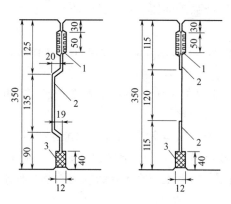

图 7-4 管片接缝防水示意图
1—可以压缩的高弹性氯丁橡胶密封垫;
2—可塑性涂料;3—嵌缝材料

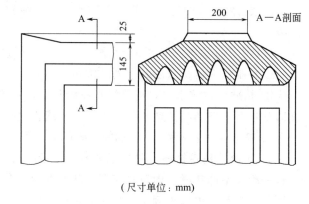

(尺寸单位:mm)

图 7-5 管片角部密封垫示意图

三、嵌缝材料及施工

嵌缝材料是管片拼装完成后,填嵌到管片内所设的嵌缝槽内的防水材料。它与密封垫两者配合使用以增强接缝防水的效能。嵌缝槽的尺寸一般如图7-6所示,嵌缝材料在槽内依靠填塞力和黏结力达到密封防水的作用。

1. 嵌缝材料应具备的性能

(1) 材料与管片基面的黏结力大于衬砌水外壁的静水压力。

(2) 材质性能要保持长时间稳定,而不至于随着时间增长而发生材质变化。

(3) 要求长期耐0.3MPa以上的水压力,且不产生蠕变。

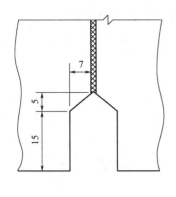 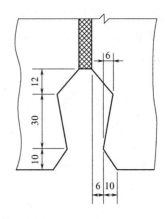

图 7-6 管片嵌缝槽示意图

(4) 能适应施工，对基面干、湿同样具有良好的黏结能力。

(5) 材料要富有弹性，能够适应隧道的变形，并不受到隧道内空气的影响。

2. 施工方法

(1) 必须严格遵照制造厂的说明来使用。

(2) 如为气压盾构施工的隧道，应在气压段内嵌缝，以提高填充力。

(3) 嵌缝作业应在盾构千斤顶及盾构推进影响范围外的区域进行。

(4) 在漏水部位施工时应先引流、封堵。

四、堵漏技术

1. 隧道防水堵漏的基本措施

管片拼装后接缝的渗漏水，主要表现为明显的滴漏。每个漏点的每小时渗漏水量常介于 5~30mL 之间，当大于 30mL 时，就呈现连续细流。针对这个特点，管片接缝防水堵漏主要是处理缝的漏水。基本措施有以下几个方面：

(1) 单层衬砌在管片设计阶段就应考虑到接缝堵漏技术措施。在接缝发现漏水之后，可松动其部位的连接螺栓，将漏水从孔内引出，然后进行堵漏，最后堵螺孔。

(2) 双层衬砌管片接缝的一般性滴漏，主要采用水泥胶浆修堵。情况严重时考虑用灌浆堵水。

2. 管片的防水堵漏方法

(1) 单层衬砌可在两道密封缝之间设计注浆堵漏的专用沟槽，若接缝出现渗漏，就可以从预留孔或螺栓孔注浆入此槽，见图 7-7。

(2) 灌浆堵漏施工方法

① 清理混凝土表面。将裂缝两侧混凝土凿成槽并处理干净。

② 布置灌浆孔。灌浆孔要布置在水源和纵横裂缝交叉处。

③ 封闭。用油毡做成凸形毡条沿缝通长设置，在外面封水泥砂浆形成封闭层。

④ 做保护层。在封闭外做环氧涂料或环氧玻璃布附加层，并在其上抹水泥砂浆保护层。

⑤ 压水试验。待水泥砂浆保护层有一定强度后，即可利用灌浆设备以颜色水进行压水试验。一般从下部的灌浆孔或接近水源的灌浆孔压入水，记下灌入时间和耗水量，以供配制

浆液参考,并注意观察封闭层是否有漏水,如有漏水在此部位作第二次封闭。

⑥ 灌浆。灌浆方法与水压方法相同。灌浆后关闭所有阀门,浆液固结后,拆除灌浆孔并用水泥砂浆封固,见图7-8。

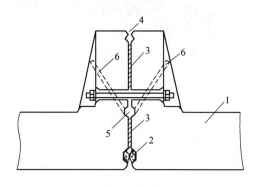

图7-7 管片注浆沟槽示意图
1—钢筋混凝土管片;2—橡胶密封垫;3—承压垫板;
4—嵌缝槽;5—预留注浆沟槽;6—预留注浆管

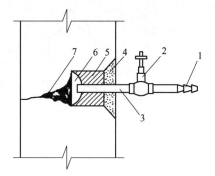

图7-8 灌浆堵漏施工方法示意图
1—压浆嘴;2—阀门;3—注浆管;
4—素灰及砂浆找平层;5—快硬水泥浆;
6—半圆铁片;7—混凝土裂缝

第四节
其 他 措 施

一、螺栓孔防水

管片螺孔位于接缝面,密封防水也是重要环节,其采用水膨胀垫圈加强防水。施工中应避免螺栓位置偏于一边的现象。由于螺栓垫圈会发生蠕变而松弛,在施工中需要对螺栓进行二次拧紧。纵环向螺栓孔防水结构图见图7-9。

二、吊装孔的防水措施

原则上不通过管片吊装孔注浆,所以避免了吊装孔漏水这一问题。由于管片接缝漏水或土体加固要通过吊装孔进行二次注浆时,要做好二次注浆的收尾工作。等双液浆凝固后将活动端头部分拆除,清理吊装孔内残余物,填入腻子型膨胀止水密封材料,然后用防水砂浆封固孔口,盖上螺旋盖,预防从吊装孔漏水。

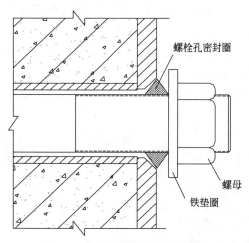

图7-9 纵环向螺栓孔防水结构图

三、管片与地层空隙防水措施

盾构推进后,盾尾空隙在围岩坍落前及时进行注浆,不但可防止地面沉降,而且有利于隧道衬砌的防水。选择合适的浆液、注浆参数、注浆工艺，可形成稳定的管片外围防水层，将管片包围起来，形成一个保护圈。同时二次注浆也可加强保护圈，有利于隧道防水。

第五节
盾构隧道附属结构的防水

一、联络通道防水

联络通道及泵房处的施工缝多、结构拐角多，不易进行结构防水。按照设计，联络通道及泵房的结构防水应针对不同的结构特点采取与之相适应的防水施工方案。具体有以下几个方面。

1. 联络通道及泵房主体结构的防水

联络通道及泵房主体结构防水（图 7-10）采用无纺布＋EVA 防水板进行复合防水。二次衬砌采用抗渗等级为 S10 的模注钢筋混凝土。

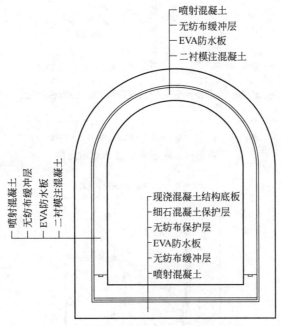

图 7-10 联络通道及泵房主体结构的防水

2. 联络通道与主隧道接口的防水

联络通道与主隧道接口的防水见图 7-11。

3. 变形缝防水

施工变形缝是衬墙防水的薄弱环节，施工缝中采用钢边橡胶止水带防水（见图 7-12 和图 7-13）。设置钢边橡胶止水带时应注意以下事项：

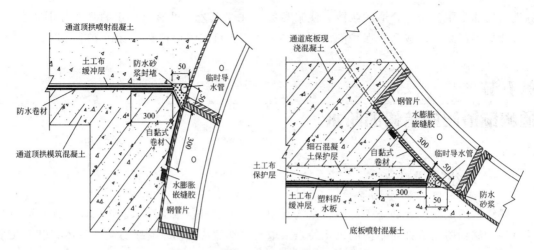

图 7-11 联络通道与主隧道接口防水图

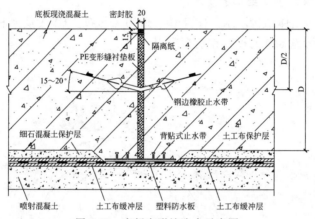

图 7-12 底板变形缝防水示意图

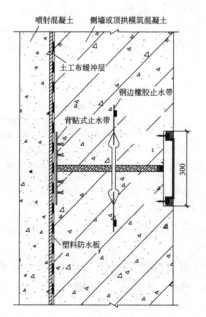

图 7-13 顶拱及侧墙变形缝防水示意图

（1）严格按设计的材质、性能、规格对止水带进行选型，接头采用搭接，搭接长度不小于10cm，搭接必须平整，黏结牢固。

（2）后浇混凝土前，在接缝部位采用水泥基渗透结晶型防水涂料进行涂刷。

（3）止水带用特制钢架固定，确保埋入先浇、后浇混凝土内宽度各为1/2，且保证止水带安装平直。

（4）环向或竖向施工缝端头模板必须做到坚实可靠，且在灌注中不跑模。施工前对先浇混凝土基面进行充分凿毛，之后清洗干净，排除杂物。侧墙施工缝堵头板靠近连续墙一侧及底板堵头板靠近垫层一侧设通长气囊，以使堵头板与混凝土基面密贴，防止振捣施工缝处混凝土时水泥浆液溢出，影响施工缝处混凝土密实。

（5）对施工缝处混凝土认真振捣，新旧混凝土结合紧密，振动时棒头必须距离止水带有一定距离，且要防止粗细骨料集中在施工缝处。

（6）混凝土浇捣前应检查止水带是否破损，对破损处应立即修补。

4. 防水施工注意事项

（1）水膨胀嵌缝胶距离现浇混凝土结构内表面≥25cm，设置自粘式卷材在钢管片表面收口部位的端部。

（2）接水盒采用1.0mm厚的镀锌钢板，采用水泥钉固定在预留凹槽内，固定间距为30cm，见图7-14。

（3）背贴式止水带与防水板之间保证不透水焊接，塑料止水带的材质采用与防水板材质相同。

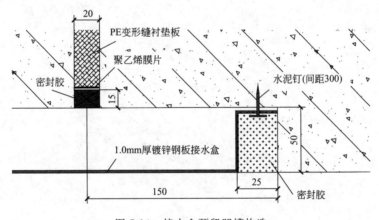

图7-14 接水盒预留凹槽构造

（4）在钢边橡胶止水带固定后，用注胶枪挤出遇水膨胀的嵌缝胶，使其粘贴在钢边表面。

二、隧道洞门防水

区间隧道的洞门处结构复杂，拐角（又称盲区）多，施工缝、变形缝多，是防水工作的难点，也是防水工作的重点。盾构机在进出隧道时，管片缺乏后座顶力，管片间的压力松弛，接缝间隙一般稍大，易渗漏水，因此靠近洞门的盾构区间隧道也是防水的重点，应引起足够的重视。

洞门施工中除采用防水混凝土外，在洞门和区间隧道管片、车站结构的刚性接头中设置缓膨型遇水膨胀止水条；施工缝处设置止水条或止水带；变形缝处在弹性密封垫表面再加设一道遇水膨胀止水橡胶条。在主体完工后，对全部缝隙进行嵌缝施工，根据施工具体情况，必要时可进行提前预注浆或施工时预埋注浆管进行后注浆。

现浇洞门的施工要严格按设计的防水要求进行施工。施工时若在洞门处有水渗漏，则应进行导流，布置好导流管后再浇灌混凝土（待混凝土达到一定的强度再注以化学固结剂进行封堵）。洞门施工完成后，在拱顶部分通过衬砌压浆孔向洞门管片背衬补充压浆以提高洞门防水性能，压浆完毕后检查防水效果，必要时再次注浆。洞门采用C40防水混凝土，竖向、环向施工缝各设置一道缓膨型遇水膨胀止水条，形成洞门防水结构。在主体完工后，进行嵌缝作业，并注入密封剂。

第八章
盾构施工质量控制

第一节
工程项目质量控制的原则与程序

一、质量控制的原则

对施工项目而言,质量控制就是为了确保合同、规范所规定的质量标准,而采取的一系列的检测、监控措施、手段和方法。在进行施工项目质量控制过程中,应遵循以下几点原则:

1. 坚持"质量第一,用户至上"

社会主义商品经济的原则是坚持"质量第一,用户至上"。建筑产品作为一种特殊的商品,使用年限较长,是百年大计,直接关系人民的生命财产安全。所以工程项目在施工中自始至终地把"质量第一,用户至上"作为质量控制的基本原则。

2. 以人为核心

人是质量的创造者,质量控制必须以人为核心,把人作为控制的动力,调动人的积极性、创造性;增强人的责任感,树立质量第一的观念;提高人的素质,避免人的失误;以人的工作质量保证工序质量,促进工程质量。

3. 以预防为主

以预防为主就是要从对质量的事后检查把关,转向对质量的事前控制、事中控制;从对产品质量的检查转向对工作质量的检查、对工序的检查、对产品的质量检查。这是确保施工项目的有效措施。

4. 坚持质量标准,严格检查,一切用数据说话

质量标准是评价产品质量的尺度,数据是质量控制的基础和依据,产品质量是否符合质量标准,必须通过严格检查,用数据说话。

5. 贯彻科学、公正、守法的职业规范

建筑施工企业的项目经理及项目部有关人员,在处理质量问题过程中,尊重客观事实,尊重科学，正直、公正，不持偏见；遵纪、守法，杜绝不正之风；既要坚持原则、严格要求、秉公办事，又要谦虚谨慎、实事求是、以理服人、热情帮助。

二、施工质量控制程序

施工质量控制程序如图 8-1 所示。

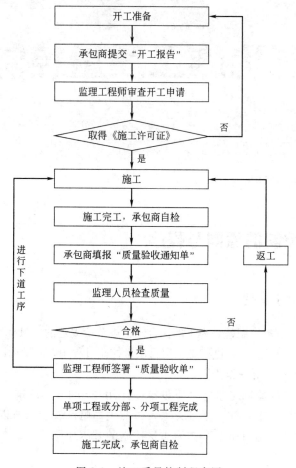

图 8-1 施工质量控制程序图

三、施工质量管理程序

（1）由工程项目总工及项目技术负责人组织全体项目管理人员认真学习相关文件、施工图纸，领会工程的特点、要点、难点，了解每个重要、关键施工节点上的措施和解决方案，让每个管理人员做到心中有底。

（2）建立质量管理体系，编制《项目质量保证计划》。

（3）由工程项目总工及项目技术负责人将整个工程按工序进行分解，依据施工图纸和相关规范，以现有的技术水平、工艺水平对工序进行分析，以表格形式列出各道工序施工的关键点，以及各关键点上的质量标准、质量测量手段和质量监控方法。

（4）由项目经理和项目总工对每一个管理岗位制定岗位工作内容、岗位责任制，以及相应的奖惩办法。

（5）在每一道工序开工之前，由工程项目总工及技术负责人组织召集相关人员进行工序技术、质量、安全交底，将相应的施工质量过程控制表格的填写方法和要求进行明确。

（6）成立以项目技术负责人、项目质量负责人为主的督查小组，对施工质量过程控制进行第三方监控。监控内容包括对现场进行实时随机抽样，以及根据汇总报表进行随机抽样。

（7）在施工过程中，可以根据施工图纸、施工规范、施工方法、施工工艺的改变对报表格式、报表内容以及治疗标准进行相应修改，力求达到准确、适时、合理、可行。

第二节
施工质量验收标准

一、管片制作的质量控制

1. 一般规定

（1）混凝土管片应由具备国家构件二级资质及以上的专业厂家制作完成。

（2）管片生产厂家应有相应的生产技术标准、健全的质量管理体系及质量控制和质量检验制度。

（3）管片生产应编制施工组织设计和技术方案，并应事先得到审查批准。

2. 准备工作

（1）必须有符合要求的工业厂房，生产线布置符合工艺要求。

（2）模具已安装完毕且已经过验收。

（3）混凝土搅拌、运输、振捣等设备安装调试并经过安全检查；各种计量器具、计量设备通过检定；准备管片养护设施。

（4）施工组织设计和各种工艺经过审批；各种原材料经试验合格；混凝土经试配确定配合比；配合比应符合设计及规范要求。

（5）对操作人员进行技术交底及培训，未经培训合格者，不得上岗。特殊工种应持证上岗。

3. 原材料要求

（1）各种原材料进场均应有产品质量证明文件，均应按国家有关标准进行复验，质量除应符合国家现行标准规范和地方有关标准文件的规定外，还应符合《盾构掘进隧道工程施工及验收规范》的要求。

（2）宜采用非碱活性骨料；当采用碱活性骨料时，混凝土中碱含量的限值应符合国家及地方标准。

（3）有吊装孔的管片，其预埋件规格和抗拉拔力应符合设计要求。

（4）环、纵向螺栓孔埋件：尺寸、形状应符合设计要求。

（5）有钢制螺栓孔垫圈时，垫圈表面必须进行防腐处理，质量应符合设计要求。

4. 模具

（1）模具设计应符合下列规定：

① 管片模具应具有足够的承载能力、刚度和稳定性，应具有良好的密封性能，不漏浆，保证在规定的周转使用次数内不变形。

② 模具应便于支拆。

(2) 模具制作应符合下列规定：

① 模具应由专业厂生产。

② 管片模具制作必须编制完善的技术文件（包括图纸、技术要求、验收标准等）。

③ 制作模具的各类材料应符合现行国家标准（或进口国标准）的规定；选用焊条材质、性能及直径的大小应与被焊物的材质、性能、厚度相适应。

④ 管片模具各组成部件加工精度应符合模具设计图纸的要求。

⑤ 新制作的模具到场安装后须进行检查验收，符合要求后进行试生产。在试生产的管片中，随机抽取三环进行试拼装检验，其结果必须合格。

(3) 合模与脱模应按下列规定进行：

① 合模前应仔细清理模具各部位，喷涂脱模剂要求薄而匀，无积聚、流淌现象。

② 应按模具使用说明书的规定顺序合模，并对模具进行检查。

③ 环、纵向螺栓孔预埋件、中心吊装孔预埋件和模具接触面应密封良好；钢筋骨架和预埋件严禁接触脱模剂。

④ 管片的脱模强度不应小于20MPa。

⑤ 脱模时，应注意保护管片和模具。

⑥ 出模时应按规定降温，且出模时管片表面温度与环境温差不应大于20℃。

(4) 模具每周转100次必须进行系统检验，其允许偏差须符合表8-1的规定。

表8-1 模具允许偏差表

序号	项目	允许偏差/mm	检验方法	检查数量
1	宽度	±0.4	内径千分尺	6点/片
2	弧弦长	±0.4	样板	2点/片，每点2次
3	边模夹角	≤0.2	靠尺塞尺	4点/片
4	对角线	±0.8	钢卷尺、刻度放大镜	2点/片，每点2次
5	内腔高度	−1～+2	高度尺	4点/片

5. 钢筋

(1) 钢筋和骨架制作的基本要求：

① 当钢筋的品种、级别或规格需作变更时，应事先办理设计变更。

② 应采用焊接骨架，钢筋骨架应在符合要求的胎具上制作。

③ 钢筋骨架必须通过试生产，经检验合格后方可批量下料焊接成型及制作。

(2) 钢筋加工应符合下列规定：

① 应按钢筋料表进行钢筋切断或弯曲。

② 弧形主筋加工时应防止平面翘曲，成型后表面不得有裂纹，且成型尺寸应正确。

③ 受力钢筋的弯钩和弯折应符合《混凝土结构工程施工质量验收规范》（GB 50204—2015)中的有关规定。

④ 除焊接封闭环式箍筋外，箍筋的末端应作弯钩，弯钩形式应符合设计要求。当设计无具体要求时，应符合下列规定：箍筋弯钩的弯弧内直径应符合《混凝土结构工程施工质量验收规范》（GB 50204—2015)中的有关规定；箍筋弯钩的弯折角度应符合设计要求；当设计无具体要求时，箍筋弯钩的弯折角度应为135°，且弯后平直部分长度不应小于箍筋直径的10倍。

⑤ 钢筋调直应符合 GB 50204—2015 的相关规定。

(3) 钢筋骨架成型应符合下列规定：

① 钢筋焊接前，必须根据施工条件进行试焊，合格后方可施焊；焊工必须持证上岗。

② 焊丝进厂应有合格证书，焊接骨架时，应按料表核对钢筋级别、规格、长度、根数及胎具型号。焊接应根据钢筋级别、直径及焊机性能合理选择焊接参数；钢筋应平直、端面整齐；焊接骨架的焊点设置应符合设计要求，当设计无规定时，骨架的所有钢筋相交点必须焊接；钢筋骨架成型应对称跳点焊接。

③ 焊接成型时，焊接前焊接处不应有水锈、油渍等；焊后焊接处不应有缺口、裂纹及较大的金属焊瘤。

④ 预埋件的材质、加工精度和焊接质量应满足设计和规范要求。

⑤ 钢筋骨架制作成型后，应进行实测检查并填写记录；检查合格后，分类码放，并设明显标志牌。

⑥ 保护层垫块规格应符合设计要求，应绑扎牢靠。钢筋骨架入模后，检查各部位保护层应符合设计要求。

(4) 钢筋及骨架制作与安装质量应符合下列要求：

① 在浇筑混凝土之前，应进行钢筋隐蔽工程验收。

② 钢筋加工的形状、尺寸应符合设计要求，其偏差应符合表8-2的规定。

表8-2 钢筋加工允许偏差和检验方法

序号	项目	允许偏差/mm	检验方法	检查数量
1	主筋和构造筋剪切	±10	尺量	抽检≥5件/班同类型、同设备
2	主筋折弯点位置	±10	尺量	抽检≥5件/班同类型、同设备
3	箍筋内净尺寸	±5	尺量	抽检≥5件/班同类型、同设备

③ 钢筋骨架安装的偏差应符合表8-3的规定。

表8-3 钢筋骨架安装位置的允许偏差和检验方法

序号	项目		允许偏差/mm	检验方法	检查数量
1	钢筋骨架	长	±10	尺量	每片骨架检查4点
		宽	±5	尺量	每片骨架检查4点
		高	±5	尺量	每片骨架检查4点
2	受力主筋	间距	±5	尺量	每片骨架检查4点
		层距	±5	尺量	每片骨架检查4点
		保护层厚度	+5，-3	尺量	每片骨架检查4点
3	箍筋间距		±10	尺量	每片骨架检查4点
4	分布筋间距		±5	尺量	每片骨架检查4点
5	环、纵向螺栓孔和中心吊装孔		畅通、内圆面平整		

6. 混凝土

(1) 混凝土强度和冬期施工的一般规定：

① 预制钢筋混凝土管片强度评定应符合《混凝土结构工程施工质量验收规范》(GB 50204—2015)中的有关规定。

② 检验混凝土强度用的混凝土试件的尺寸及强度的尺寸换算系数参见《混凝土结构工程施工质量验收规范》(GB 50204—2015)中的有关规定；评定混凝土强度的试件应为标准试件，所有试件的成型方法、养护条件及强度试验方法应符合普通混凝土力学性能试验方法标准的规定。

③ 混凝土的冬期施工应符合国家现行标准《建筑工程冬期施工规程》(JGJ/T 104—2011)和施工技术方案的规定。

(2) 有抗渗要求的工程，混凝土配合比设计要满足下列要求：

① 混凝土坍落度不宜大于 70mm。

② 水泥用量不得少于 280kg/m³。

③ 混凝土中总的碱含量和最大氯离子含量应符合现行国家及地方有关标准。

④ 混凝土的抗渗等级应符合设计要求。

(3) 混凝土生产与运输应符合下列规定：

① 首次使用的混凝土配合比应进行开盘鉴定，其工作性应满足设计配合比的要求。开始生产时应至少留置一组标准养护试件，作为验证配合比的依据。

② 应严格按施工配合比投料。混凝土原材料计量偏差应符合《混凝土结构工程施工质量验收规范》(GB 50204—2015)中的有关规定。

③ 每工作班至少测定一次砂石含水率，并据此提出施工配合比。

④ 混凝土应搅拌均匀、色泽一致，和易性良好。应在搅拌或浇筑地点检测坍落度，应逐盘做目测检查混凝土黏聚性和保水性。

(4) 混凝土浇筑应符合下列规定：

① 混凝土应连续浇筑成型；根据生产条件选择适当的振捣方式；振捣时间以混凝土表面停止沉落或沉落不明显、混凝土表面气泡不再显著发生、混凝土将模具边角部位充实并有灰浆出现时为宜，不得漏振或过振。

② 浇筑混凝土时不得扰动预埋件。

③ 管片浇筑成型后，在初凝前应再次进行压面。

④ 浇筑混凝土的同时应留置试件。混凝土试件留置应符合规范的规定，所做试件应具有代表性。

(5) 混凝土养护应符合下列规定：

① 混凝土浇筑成型后至脱模前，应覆盖保湿，可采用蒸汽养护或自然养护方式进行养护。

② 当采用蒸汽养护时，应经试验确定混凝土养护制度。管片混凝土预养护时间不宜少于 2h，升温速度不宜超过 15℃/h，降温速度不宜超过 10℃/h，恒温最高温度不宜超过 60℃。出模时管片温度与环境温度差不得超过 20℃。

③ 采用蒸汽养护时应监控温度变化并记录。

④ 管片在储存阶段宜采取适当的方式进行养护且养护周期不得少于 14d。非冬施期间生产的管片宜置于水中养护储存 7d 以上，冬施期间生产的管片宜涂刷养护剂。

7. 成型管片

(1) 混凝土管片标识：在管片的内弧面角部须喷涂标记，标记内容应包括管片型号、模具编号、生产日期、生产厂家、合格状态。每一片管片必须独立编号。

(2) 水平拼装：每套钢模，每生产 200 环后应进行水平拼装检验一次，其结果应符合表 8-4 的要求。

表 8-4 管片水平拼装检验允许偏差

序号	项目	允许偏差/mm	检验频率	检验方法
1	环向缝间隙	2	每环测6点	塞尺
2	纵向缝间隙	2	每条缝测2点	塞尺
3	成环后内径	±2	测4条(不放衬垫)	用钢卷尺量
4	成环后外径	+6,-2	测4条(不放衬垫)	用钢卷尺量

(3) 预制钢筋混凝土管片的质量要求：

① 预制钢筋混凝土管片应按设计要求进行结构性能检验并满足要求。

② 吊装预埋件首次使用前必须进行抗拉拔试验，抗拉拔力应符合设计要求。

③ 管片混凝土外观质量不应有露筋、孔洞、疏松、夹渣、有害裂缝、棱角磕碰、飞边等缺陷。

④ 预制钢筋混凝土管片的尺寸偏差应符合表 8-5 的规定。

表 8-5 预制成型管片允许偏差

序号	项目	允许偏差/mm	检验方法	检查数量
1	宽度	±1	用尺量	3点
2	弧弦长	±1	用尺量	3点
3	厚度	+3,-1	用尺量	3点

⑤ 管片成品应定期进行检漏试验，检漏标准按设计抗渗压力恒压 2h，渗水深度不超过管片厚度的 1/5 为合格。

8. 管片储存与运输

(1) 管片储存场地必须坚实平整。雨期应加强储存管片的检查，防止地基出现不均匀沉降。

(2) 管片应按适当的方式分别码放。采用内弧面向上的方法储存时，管片堆放高度不应超过六层；采用单片侧立方法储存时，管片堆放高度不得超过四层。不论何种方法储存，每层管片之间必须使用垫木，位置要正确。管片运输应采取适当的防护措施。

9. 钢管片制作

(1) 钢管片生产厂家应有相应的生产技术标准、健全的质量管理体系及质量控制和质量检验制度。

(2) 钢管片材质应符合下列规定：

① 钢材的品种、规格、性能等应符合现行国家产品标准和设计要求。进口钢材产品的质量应符合设计和合同规定标准的要求。

② 钢材的表面外观质量除应符合国家现行有关标准的规定外，尚应符合：

a. 当钢材的表面有锈蚀、麻点或划痕等缺陷时，其深度不得大于该钢材厚度负允许偏差值的 1/2；

b. 钢材表面的锈蚀等级应符合现行国家标准 GB/T 8923.1—2011 规定的 C 级及 C 级以上；

c. 钢材端边或断口处不应有分层、夹渣等缺陷。

③ 厚度大于或等于 40mm 的钢板，应按国标《厚钢板超声检验方法》(GB/T 2970—

2016）进行超声波检验，钢板的质量应达到该标准中的Ⅱ级要求。

④ 焊接材料的品种、规格、性能等应符合现行国家产品标准和设计要求。

⑤ 焊接材料应进行抽样复验，复验结果应符合现行国家产品标准和设计要求。

⑥ 钢结构防腐涂料、稀释剂和固化剂的材料品种、规格、性能等符合现行国家产品标准和设计要求。防腐涂料和防火涂料的型号、名称、颜色及有效期与产品质量证明文件相符。开启后，不应存在结皮、结块、凝胶等现象。

（3）钢管片应符合下列要求：

① 花线切割：按图纸要求准确设定切割线，所有构件必须整块下料，严禁有拼接焊缝。

② 钢材如有弯曲应矫正后才能使用。矫正后的钢材表面不应有明显的凹面或损伤，划痕深度不得大于 0.5mm，且不应大于该钢材厚度负允许偏差的 1/2。矫正后的允许偏差应符合表 8-6 的规定。

表 8-6 钢材矫正后允许偏差

项目		允许偏差/mm	图例
钢板的局部平面度	$t \leqslant 14$	1.5	
	$t \geqslant 14$	1.0	

③ 钢板焊接全部采用二氧化碳气体保护焊，并按《二氧化碳气体保护焊工艺规程》（JB/T 9186—1999）操作。

④ 焊工必须经考试合格并取得合格证书。持证焊工必须在其考试合格项目及其认可范围内施焊。施工单位对其首次采用的钢材、焊接材料、焊接方法、焊后热处理等应进行焊接工艺评定，并应根据评定报告确定焊接工艺。

⑤ 加工光洁度满足设计要求。

⑥ 钢管片所有构件均应按设计要求进行防腐处理并应满足设计要求。

（4）钢管片质量应符合下列要求：

① 单块钢管片外形尺寸应符合表 8-7 的规定。

表 8-7 钢管片外形尺寸允许偏差

序号	项目	允许偏差/mm
1	管片宽度	±1
2	管片弧弦长	±1
3	管片厚度	+3，-1
4	环面间平行度	0.5
5	环面与端面、环面与内弧面的垂直度	1.0
6	端面、环面平面度	0.2

② 成环钢管片三环水平拼装应符合表 8-8 的规定。

③ 焊缝表面不得有裂纹、焊瘤等缺陷。一级、二级焊缝不得有表面气孔、夹渣、弧坑裂纹、电弧擦伤等缺陷。且一级焊缝不得有咬边、未焊满、根部收缩等缺陷。

④ 主要焊缝应按50%比例进行PT（着色探伤）或MT（磁粉探伤）检查。

表8-8 钢管片三环水平拼装允许偏差

序号	项目	允许偏差/mm	检验频率	检验方法
1	环向缝间隙	2	每环测6点	塞尺
2	纵向缝间隙	2	每条缝测2点	塞尺
3	成环后内径	±2	测4条（不放衬垫）	用钢卷尺量
4	成环后外径	+6，-2	测4条（不放衬垫）	用钢卷尺量

二、管片预制工程验收

1. 管片钢筋验收（表8-9～表8-11）

表8-9 管片钢筋验收

项目	要 求	检验(查)方法	检查数量
主控项目	钢筋原材料的验收执行GB 50204中的有关规定		
	受力钢筋的弯钩和弯折应符合GB 50204中的有关规定	钢尺检查	每工作班同一类型、同一加工设备且不超过15环的钢筋抽查不应少于5件
	除焊接封闭环式箍筋外，箍筋的末端应作弯钩，弯钩形式应符合设计要求；当设计无具体要求时，箍筋弯钩的弯折角度应为135°且弯后平直部分长度不应小于箍筋直径的10倍	钢尺检查	每工作班同一类型、同一加工设备且不超过15环的钢筋抽查不应少于5件
	钢筋骨架安装时，受力钢筋品种、级别、规格和数量必须符合设计要求	钢尺检查	全数检查
一般项目	钢筋调直应符合GB 50204的相关规定	钢尺检查	每工作班同一类型、同一加工设备且不超过15环的钢筋抽查不应少于5件
	钢筋加工的形状、尺寸应符合设计要求，其偏差应符合表8-10的规定	钢尺检查	每工作班同一类型、同一加工设备且不超过15环的钢筋抽查不应少于5件
	钢筋骨架安装位置偏差应符合表8-11的规定	钢尺检查	每日生产且不超过15环的钢筋骨架，抽查不少于3片

表8-10 钢筋加工允许偏差和检验方法

序号	项目	允许偏差/mm	检验方法	检查数量
1	主筋和构造筋剪切	±10	尺量	抽检≥5件/班同类型、同设备
2	主筋折弯点位置	±10	尺量	抽检≥5件/班同类型、同设备
3	箍筋内净尺寸	±5	尺量	抽检≥5件/班同类型、同设备

表8-11 钢筋骨架安装位置的允许偏差和检验方法

序号	项目		允许偏差/mm	检验方法	检查数量	序号
1	钢筋骨架	长	+5，-10	尺量	每片骨架检查4点	
		宽	+5，-10	尺量	每片骨架检查4点	
		高	+5，-10	尺量	每片骨架检查4点	
2	受力主筋	间距	±5	尺量	每片骨架检查4点	
		层距	±5	尺量	每片骨架检查4点	
		保护层厚度	+5，-3	尺量	每片骨架检查4点	

续表

序号	项目	允许偏差/mm	检验方法	检查数量
3	箍筋间距	±10	尺量	每片骨架检查4点
4	分布筋间距	±5	尺量	每片骨架检查4点
5	环、纵向螺栓孔和中心吊装孔		畅通、内圆面平整	

2. 管片模具验收（表8-12）

表8-12　管片模具验收表

项目	要　　求	检验(查)方法	检查数量
主控项目	在浇筑混凝土之前，应对模具进行检验。浇筑混凝土时，应对模具进行观察和维护	观察	全数检查
	模具内表面应均匀涂刷脱模剂，模具夹角处不得漏涂、不得积聚，钢筋骨架、预埋配件严禁接触脱模剂	观察	全数检查
	管片出模强度的控制应满足管片的脱模强度不应小于20MPa	检查同条件养护试件强度试验报告	按批检查
一般项目	模具接缝不应漏浆		
	应选用质量稳定、适于喷涂、脱模效果好的水质脱模剂，严禁使用机油、柴油代用脱模剂		
	组模前应认真清理模具，清理后模具内表面任何部位不得有残留杂物、浮锈	观察	全数检查
	螺栓孔预埋件、吊装孔预埋件和模具接触面应密封良好	观察	全数检查
	固定在模具上的预埋件不得遗漏，且应安装牢固		
	模具每周转100次必须进行检验，且结果应符合表8-1的规定		
	出模时应保证管片表面及棱角不受损伤	观察	全数检查

3. 混凝土（表8-13）

表8-13　混凝土验收表

项目	要　　求	检验(查)方法	检查数量
主控项目	混凝土原材料的验收条款应执行GB 50204中的有关规定，对于掺合料，其质量应符合Ⅱ级以上粉煤灰或S75级以上磨细矿渣的性能，严禁采用高钙粉煤灰		
	混凝土配合比设计依照GB 50204中的有关规定验收		
	管片混凝土的强度等级必须符合设计要求。用于检查管片混凝土强度试件的取样和留置执行GB 50204中的有关规定		
	混凝土抗渗试件应在浇筑地点随机取样。同一配合比的混凝土，每30环留置抗渗试件一组，试验结果必须符合设计要求		检查试件抗渗试验报告
一般项目	混凝土原材料计量偏差应符合GB 50204规定	复称	每工作班抽查不应少于1次
	管片混凝土的坍落度控制应符合混凝土坍落度不宜大于70mm的要求	尺量	每工作班抽查不应少于3次
	混凝土运输、浇筑及间歇的全部时间不应超过混凝土的初凝时间	观察，检查施工记录	全数检查
	混凝土养护应符合本节6(5)的规定	观察，检查施工记录	全数检查

4. 管片成品(表8-14、表8-15)

表8-14 管片成品验收表

项目	要 求	检验(查)方法	检查数量
主控项目	每1000环且连续生产不超过3个月的管片应按设计要求进行结构性能试验,其结果必须合格。当连续检验10批且每批的结构性能检验结果均符合设计要求时,对同一工艺正常生产的管片,可改为不超过2000件且不超过3个月的同类型产品为一批。采取加强材料和制作质量检验的措施并有可靠的实践经验时,可不作结构性能检验	检查出厂时混凝土强度报告	全数检查
主控项目	管片出厂时的混凝土强度不应低于设计强度		
主控项目	管片混凝土外观质量不应有严重缺陷,有严重缺陷的管片不得用于工程中	观察	全数检查
一般项目	管片混凝土的外观质量不宜有一般缺陷。对已经出现的一般缺陷,应由管片生产单位按技术处理方案进行处理,并重新检查验收,但处理的管片数量不应大于总数量的10%		
一般项目	预制钢筋混凝土管片的尺寸偏差应符合表8-5的规定	尺量	每日生产且不超过15环的管片,抽查1环
一般项目	水平拼装检验的频次和结果应符合表8-4的要求	尺量	

表8-15 混凝土管片外观质量缺陷等级验收表

名称	现 象	缺陷等级
露筋	管片内钢筋未被混凝土包裹而外露	严重缺陷
蜂窝	混凝土表面缺少水泥砂浆而形成石子外露	严重缺陷
孔洞	混凝土内孔穴深度和长度均超过保护层厚度	严重缺陷
夹渣	混凝土内夹有杂物且深度超过保护层厚度	严重缺陷
疏松	混凝土中局部不密实	严重缺陷
裂缝	①可见的贯穿裂缝	严重缺陷
裂缝	②长度超过密封槽且宽度>0.1mm的裂缝	严重缺陷
裂缝	③非贯穿性干缩裂缝	一般缺陷
外形缺陷	棱角磕碰、飞边等	一般缺陷
外表缺陷	①密封槽部位在长度500mm的范围内存在直径5mm以上的气泡15个以上	严重缺陷
外表缺陷	②管片表面麻面、掉皮、起砂、存在少量气泡等	一般缺陷

三、管片防水工程验收

1. 一般规定

(1) 管片应采用防水混凝土。
(2) 管片防水用各种原料应符合现行国家标准的规定。

2. 原材料要求(表8-16)

表8-16 原材料要求检查表

项目	要 求	检验(查)方法	检查数量
主控项目	同一配合比的管片混凝土,每30环留置抗渗试件一组,试验结果必须符合设计要求。混凝土抗渗试件应在浇筑地点随机取样	检查试件抗渗试验报告	

续表

项目	要　　求	检验(查)方法	检查数量
主控项目	防水密封条:品种、规格、性能必须满足设计要求,当设计无明确规定时,必须满足《地下工程防水技术规范》(GB 50108)第 8.1.5 条要求。防水密封条的环、纵向长度尺寸应由施工单位与防水密封条供应厂家根据管片的实际尺寸结合橡胶特性安装后确定。产品进厂应有合格证书和性能检测报告,进厂后应逐一进行外观质量检验,并以每 6 个月同一厂家的防水密封条为一批,取样进行物理性能检验	检查防水密封条出厂试验报告和进厂(场)试验报告	
	胶黏剂质量应符合设计要求	检查胶黏剂出厂材质证明	

3. 管片自防水要求（表 8-17）

表 8-17　管片自防水要求检查表

项目	要　　求	检验(查)方法	检查数量
主控项目	管片成品应定期进行检漏测试,检漏标准按设计抗渗压力恒压 2h,渗水深度不超过管片厚度的 1/5 为合格	观察、尺量	管片正式生产后,每生产 50 环应抽查 1 块管片做检漏测试,连续 3 次达到检测标准,则改为每生产 100 环抽查 1 块管片,再连续 3 次达到检测标准,最终检测频率为 200 环抽查 1 块管片做检漏测试。如出现 1 次不达标,则恢复每 50 环抽查 1 块管片的最初检测频率,再按上述要求进行抽检

4. 防水密封条安装（表 8-18）

表 8-18　防水密封条安装检查表

项目	要　　求	检验(查)方法	检查数量
主控项目	粘贴后的防水密封条不得有起鼓、超长和缺口现象	观察	逐件检查
	管片防水密封条粘贴完毕后方可拼装		

四、管片拼装工程验收

管片拼装验收及允许偏差,见表 8-19、表 8-20。

表 8-19　管片拼装工程验收表

项目	要　　求	检验(查)方法	检查数量
主控项目	管片拼装应严格按设计要求进行,管片无内外贯穿裂缝,无大于 0.2mm 的推顶裂缝及混凝土剥落现象	用刻度放大镜检查	逐片检查
	管片防水密封条质量应符合设计要求,无缺损,黏结牢固、平整,防水垫圈无遗漏	检查施工日志;检查材料合格证和试验报告	逐片检查
	螺栓质量及拧紧度必须符合设计要求	扳手紧固检查;检查材料合格证或试验报告	逐根检查
一般项目	施工中管片拼装允许偏差和检验方法应符合表 8-20 的规定		

表 8-20　管片拼装允许偏差表

序号	项 目	允许偏差/mm			检验方法	检查频率
		地铁隧道	公路隧道	水工隧道		
1	衬砌环直径椭圆度	±5‰D	±6‰D	±8‰D	尺量后计算	4点/环
2	隧道圆环平面位置	±50	±60	±80	用经纬仪测中线	1点/环
3	隧道圆环高程	±50	±60	±80	用水准仪测高程	1点/环
4	相邻管片的径向错台	5	6	8	用尺量	4点/环
5	相邻环片环向错台	6	7	9	用尺量	1点/环

注：D 指隧道的外直径，单位为 mm。

五、盾构成型隧道验收

盾构成型隧道验收及允许偏差，见表 8-21、表 8-22。

表 8-21　盾构成型隧道验收表

项目	要　　求	检验(查)方法	检查数量
主控项目	钢筋混凝土管片结构抗压强度、抗渗压力应符合设计规定	检查试验报告	全数检查
	结构表面无裂缝、缺棱、掉角，管片接缝符合设计要求	观察检查；检查施工日志	全数检查
	隧道防水施工、防水效果符合设计要求	观察检查；检查施工日志	逐环检查
	衬砌结构不得侵入建筑限界	经纬仪、水准仪检查	逐环检查
一般项目	成型隧道其允许偏差值应符合表 8-22 的规定		

注：D 指隧道的外直径，单位为 mm。

表 8-22　成型隧道允许偏差表

序号	项 目	允许偏差/mm			检验方法	检查频率
		地铁隧道	公路隧道	水工隧道		
1	衬砌环直径椭圆度	±5‰D	±6‰D	±8‰D	尺量后计算	4点/环
2	隧道圆环平面位置	±100	±120	±140	用经纬仪测中线	1点/环
3	隧道圆环高程	±100	±120	±140	用水准仪测高程	1点/环
4	相邻管片的径向错台	10	12	15	用尺量	4点/环
5	相邻管片环向错台	15	17	20	用尺量	1点/环

第三节
工程施工的质量控制

一、技术准备的质量控制

项目经理、技术负责人主持熟悉图纸并进行图纸会审工作。审核出图纸中存在问题后，应与设计人和发包人进行讨论、协商解决，并做好图纸会审记录。进行必要的技术交底和技术培训。技术准备的质量控制，包括对上述技术准备工作成果的复核审查，检查这些成果是否符合相关技术规范、规程的要求和对施工质量的保证程度；制定施工质量控制计划，设置质量控制点，明确关键部位的质量管理点等。

二、现场施工准备的质量控制

1. 工程定位和标高基准的控制

工程测量控制是事前质量控制的一项基础工程，它也是施工准备阶段的一项重要内容，因此要做好基准点、基准线、标高、施工测量控制网复核、复测工作，并填报抄测记录。将复测结果上报监理工程师审核，批准后施工单位才能建立施工测量控制网，进行工程定位和标高基准的控制。

2. 施工平面布置的控制

建设单位应按照合同约定并考虑施工单位施工的需要，事先计划并提供施工用地和现场临时设施用地的范围。施工单位要合理科学地规划使用好施工场地，保证施工现场的道路畅通、材料合理堆放、良好的防洪排水能力、充分的给水和供电设施以及正确的机械设备的安装布置。应制定施工场地质量管理制度，并做好施工现场的质量检查记录。

三、材料的质量控制

材料控制是提高工程质量的重要保障，创造正常施工的条件，也是实现造价控制和进度控制的前提。

1. 采购订货

要对供应人的质量保证能力进行评审，并采用招标"择优选廉"的方式选择材料供应商。材料供货商必须提供型钢材料的《生产许可证》、水泥材料的《建材备案证明》、其他材料或产品的出厂合格证或质量证明书。

2. 进场检验

施工单位必须对下列材料抽样检验或试验，合格后才能使用。

同一生产厂、同一等级、同一品种、同一批号且连续进场的水泥，袋装不超过200t为一检验批，散装不超过500t为一检验批，每批抽样不少于一次。取样应在同一批水泥的不同部位等量采集，取样点不少于20个点，并应具有代表性，且总重量不少于12kg。型钢进场后请监理检查验收，确认其制作精度、焊接质量符合要求。型钢要逐根吊放，其底部垫枕木以减少型钢变形。

四、施工机械设备的质量控制

施工机械设备的质量控制，就是要使施工机械设备的类型、性能、参数等与施工现场的实际条件、施工工艺、技术要求的因素相匹配，符合施工生产的实际要求。其质量控制主要从机械设备的选型、主要性能参数指标的确定和使用操作要求等方面进行。

1. 机械设备的选型

机械设备的选择，应按照技术上先进、生产上适用、经济上合理、使用上安全、操作上方便的原则进行。选配的施工机械应具有工程的适用性，具有保证工程质量的可靠性，具有适用操作的方便性和安全性。

2. 主要性能参数指标的确定

主要性能参数是选择机械设备的依据，其参数指标确定必须满足施工的需要和保证质量的要求。只有正确地确定主要的性能参数，才能保证正常的施工，不致引起安全质量事故。

3. 使用操作的要求

合理使用机械设备，正确地进行操作，是保证项目施工质量的重要环节。应贯彻"人机固定"的原则；实行定机、定人、定岗位职责的使用管理制度，在使用中严格遵守操作规程和机械设备的技术规定，做好机械设备的例行保养工作，使机械保持良好的技术状态，防止出现安全质量事故，确保工程施工质量。

五、施工过程的质量控制

1. 技术交底

做好技术交底是保证施工质量的重要措施之一。项目开工前应由项目技术负责人向承担施工的负责人或分包人进行书面技术交底，技术交底资料应办理签字手续并归档保存。每一分部工程开工前均应进行作业技术交底。技术交底书应由施工项目技术人员编制，并经项目技术负责人批准实施。技术交底的内容包括：任务范围、施工方法、质量标准和验收标准、施工中应注意的问题、可能出现意外的措施及应急方案、文明施工和安全防护措施以及成品保护要求等。技术交底应围绕施工材料、机具、工艺、工法、施工环境和具体的管理措施等方面进行，应明确具体的步骤、方法、要求和完成的时间等。技术交底的形式有：书面、口头、会议、挂牌、样板、示范操作等。

2. 测量控制

测量控制方案、红线桩的校核结果、水准点的引测结果报项目经理部查验认可后方可施工。施工过程中对红线桩、水准点、工程测量控制桩等应采取妥善保护，严禁擅自移动。建筑物轴线、标高及关键部位应由专业测量人员测量、质检员检查、技术负责人复核，填报"测量记录"及"施工测量放线报验单"，并由监理工程师签认，确保测量质量。

3. 材料的质量控制

施工单位必须加强材料进场后的存储和使用管理，应建立材料运输、储存管理制度，避免材料损失、变质。进入现场的材料、半成品、构配件应分类标明其来源、加工过程、安装交付后的分部和场所，既要做好对材料的合理调度，又要做好对材料的合理堆放，并正确使用材料，在使用材料时进行及时的检查和监督。

4. 机械设备的质量控制

企业应根据施工现场的条件、结构模式、机械设备性能、施工工艺和方法、施工组织与管理、技术经济因素，使现场的施工机械合理配备，配套使用，充分发挥机械的效能。

5. 计量控制

计量控制是保证工程项目质量的重要手段和方法，是施工项目开展质量管理的一项重要基础工作。施工过程中的计量工作，包括施工生产时的投料计量、施工测量、监测计量以及对项目、产品或过程的测试检验、分析计量等。其主要任务是统一计量单位制度，组织量值传递，保证量值传递，保证量值统一。计量控制的重点是：建立计量管理部门和配备计量人员；建立健全和完善计量管理规章制度；严格按规定有效控制计量器具使用、保管、维修和检验；监督计量过程的实施，保证计量的准确。

物资计量一律计算净重，计量单位必须采用中华人民共和国法定计量单位。建立物资计量（三级）管理网络，在一级计量检测点上，由物资保管员、材料管理员进行物资计量检测工作，并按规定格式填写收发料单。

6. 工序施工质量控制

施工过程是由一系列相互联系与制约的工序构成，工序是人、材料、机械设备、施工方法和环境因素对工程质量综合起作用的过程，所以对施工过程的质量控制，必须以工序质量控制为基础核心。因此，工序的质量控制是施工阶段质量控制的重点。只有严格控制工序质量，才能确保施工项目的实体质量。工序施工质量控制主要包括工序施工条件质量控制和工序施工效果质量控制。

（1）工序施工条件控制

工序施工条件是指从事工序活动的各生产要素质量及生产环境条件。工序施工条件控制就是控制工序活动的各种投入要素质量和环境条件质量。控制的手段主要有：检查、测试、试验、跟踪监督等。控制的依据主要是：设计质量标准、材料质量标准、机械设备性能标准、施工工艺标准以及操作规程等。

（2）工序施工效果控制

工序施工效果主要是反映工序产品的质量特征和特性指标。对工序效果的控制就是控制工序产品的质量特征和特性指标能否达到设计质量标准以及施工质量验收标准的要求。工序施工质量控制属于事后质量控制，其控制的主要途径是：实测获取数据、统计分析所获取的数据、判断认定质量等级和纠正质量偏差。

六、竣工验收阶段的质量控制

（1）单位工程竣工后，必须进行最终检验和实验。单位工程技术负责人应按编制竣工资料的要求收集整理材料、设备、构件的质量合格证明，各种材料的实验检验资料、隐蔽工程记录、施工记录等质量记录。

（2）由施工技术负责人组织项目的技术、质量、生产等有关专业技术人员到现场进行检查评定，确认工程质量符合强制性标准、设计文件及合同要求，向发包人、监理部提出竣工报告。

（3）参加由建设单位组织的各主体参与的竣工初验、验收程序。承包人签订"质量保修书""使用说明书"。

第四节
施工质量保证措施

一、原材料质量保证措施

（1）赋予质量工程师一票否决权。
（2）在采购订货前就控制好原材料质量。

(3) 原材料进库检验：无合格证的不进库；检验不合格的坚决退货。
(4) 原材料进库后分类保管。
(5) 采用地方材料，采购前应经过试验，不合格的材料不能订货。
(6) 施工单位在已采购的材料、设备生产期间，请专门的机构检验产品质量。

二、计量保证措施

(1) 物资计量一律计算净重，计量单位必须采用中华人民共和国法定计量单位。
(2) 自行采购的原材料原则上应全部进行计量检测。
(3) 建立物资计量（三级）管理网络，在一级计量检测点上，应由物资保管员、料管员进行计量工作。
(4) 做好计量器具管理工作，健全计量器具维护保养制度。
(5) 正确使用计量器具，使用量具时，按量具使用要求操作。
(6) 凡使用仪器者，必须掌握仪器结构、性能和操作程序，严格按规程操作。
(7) 长期不用的封存计量器具，每年必须检查一次，并清洗后上新的防锈油。
(8) 成品保护措施
① 对已完成的结构和构件，采取"护"和"盖"相结合的方式，防止可能发生的损伤、污染及堵塞。"护"即是要有提前保护意识，做好防范措施。
② 对楼梯、后浇带结构采取封闭措施，待达到强度要求再开放。

第九章 施工安全控制

第一节 施工安全技术保证体系与施工安全管理组织

一、施工安全技术保证体系

施工安全是为了达到工程施工的作业环境和条件安全、施工技术安全、施工状态安全、施工行为安全以及安全生产管理到位的安全目的。施工安全的技术保证，就是为上述五个方面的安全要求提供安全技术的保证，确保在施工中准确判断其安全的可靠性，对避免出现危险状况、事态作出限制和控制规定，对施工安全保险与排险措施给予规定以及对一切施工生产给予安全保证。

施工安全技术保证由专项工程、专项技术、专项管理、专项治理四种类别构成，每种类别又有若干项目，每个项目都包括安全可靠性技术、安全限控技术、安全保险与排险技术和安全保护技术等四种技术，建立并形成如图 9-1 所示的安全技术保证体系。

二、施工安全管理组织

施工安全管理网络体系可以分为两大体系：一是以企业经理为安全第一责任人，由各职能部门参加的安全生产管理体系；二是以项目经理为项目安全生产总责任人的安全生产管理制度执行系统。各自的组织系统见图 9-2。

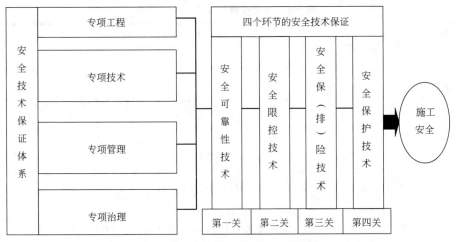

图 9-1 施工安全技术保证体系的系列图

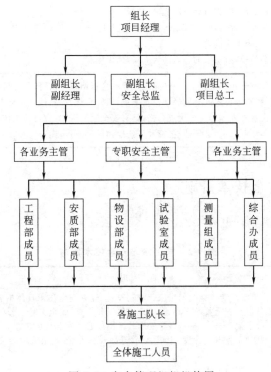

图 9-2 安全管理组织机构图

第二节
安全技术措施

一、施工准备阶段安全技术措施

施工准备阶段安全技术措施，见表 9-1。

表 9-1 施工准备阶段安全技术措施

准备类型	内　　容
技术准备	了解工程设计对安全施工的要求； 调查工程的自然环境（水文、地质、气候、洪水、雷击等）和施工环境（粉尘、噪声、地下设施、管道和电缆的分布、走向等）对施工安全及施工对周围环境安全的影响； 在施工组织设计中，编制切实可行、行之有效的安全技术措施，并严格履行审批手续，送安全部门备案
物资准备	及时供应质量合格的安全防护用品（安全帽、安全带、安全网等），并满足施工需要； 保证特殊工种（电工、焊工、爆破工、起重工等）使用工具，器械质量合格，技术性能良好； 施工机具，设备（起重机、卷扬机、电锯、平面刨、电气设备等），车辆等，必须经安全技术性能检测，鉴定合格，防护装置齐全，制动装置可靠，方可进场使用
施工现场准备	按施工总平面图要求做好现场施工准备； 现场各种临时设施、库房，特别是炸药库、油库的布置，易燃易爆品存放都必须符合安全规定和消防要求，须经公安消防部门批准； 电气线路、配电设备符合安全要求，有安全用电防护措施； 场内道路通畅，设交通标志，危险地带设危险信号及禁止通行标志，保证行人、车辆通行安全； 现场周围和陡坡、沟坑处设围栏、防护板，现场入口处设"无关人员禁止入内"的警示标志； 起重设备安置要与输电线路、永久或临设工程间有足够的安全距离，避免碰撞，以保证搭设脚手架、安全网的施工距离； 现场设消防栓，有足够的有效的灭火器材、设施
施工队伍准备	总包单位及分包单位都应持有《施工企业安全资格审查认可证》方可组织施工； 新工人、特殊工种工人必须经岗位技术培训、安全教育后，持合格证上岗； 高险难作业工人须经身体检查合格，具有安全生产资格，方可施工作业； 特殊工程作业人员，必须持有《特种作业操作证》方可上岗

二、施工阶段安全技术措施

施工阶段安全技术措施，见表 9-2。

表 9-2 施工阶段安全技术措施

工程类型	内　　容
一般工程	单项工程、单位工程均有安全技术措施，分部分项工程有安全技术具体措施，施工前由技术负责人向参加施工的有关人员进行安全技术交底，并应逐级签发和保存"安全交底任务单"。 安全技术应与施工生产技术统一，各项安全技术措施必须在相应的工序施工前落实好。如： 根据基坑、基槽、地下室开挖深度、土质类别，选择开挖方法，确定边坡的坡度和采取防止塌方的护坡支撑方案； 高处作业的上下安全通道； 安全网（平网、立网）的架设要求，范围（保护区域）、架设层次、段落； 垂直运输设备的位置、搭设要求，稳定性、安全装置等要求； 场内运输道路及人行通道的布置； 在建工程与周围人行通道及民房的防护隔离措施； 操作者严格遵守相应的操作规程，实行标准化作业； 针对采用的新工艺、新技术、新设备、新结构，制定专门的施工安全技术措施； 在明火作业现场（焊接、切割、熬沥青等）有防火、防爆措施； 考虑不同季节的气候对施工生产带来的不安全因素可能造成的各种突发性事故，从防护上、技术上、管理上有预防自然灾害的专门安全技术措施； 夏季进行作业，应有防暑降温措施； 雨期进行作业，应有防触电、防雷、防沉陷坍塌、防台风和防洪排水等措施； 冬期进行作业，应有防风、防火、防冻、防滑和防煤气中毒等措施

第三节 安全文明施工措施与施工安全检查

一、安全文明施工措施

施工单位应规范施工现场，创造良好的生产、生活环境，保障职工的安全与健康，做到文明施工、安全有序、整洁卫生、不扰民、不损坏公众利益。

1. 现场大门和围挡设置

（1）施工现场设置钢制大门，大门牢固美观。高度不宜低于4m，大门上应标有企业标识。

（2）施工现场的围挡必须沿工地四周连续设置，不得有缺口。并且围挡要坚固、平稳、严密、整洁、美观。

（3）围挡的高度：市区主要路段不宜低于2.5m；一般路段不低于1.8m。

（4）围挡材料应选用砌体、金属板材等硬质材料，禁止使用彩条布、竹笆、安全网等易变形材料。

（5）围挡内外侧邻近不得堆放土方、砂石、钢管等易倾滑的材料，防止滑塌造成围挡倾覆对施工和行人产生伤害。

（6）围挡搭设必须进行设计计算，确保围挡的稳定、安全。大风、雨雪前后应对围挡进行必要的检查，落实隐患的处理措施。

2. 现场封闭管理

（1）施工场地采取全封闭隔离措施，工地主要出入口设置交通指令标志和示警灯，监督保障车辆和行人的安全。

（2）为加强对出入现场人员的管理，施工人员应佩戴工作卡以示证明。

（3）根据工程的性质和特点，出入大门口的形式，各企业各地区可按各自的实际情况确定。

3. 施工场地布置

（1）施工现场大门内必须设置明显的"五牌一图"（即工程概况牌、安全生产制度牌、文明施工制度牌、环境保护制度牌、消防保卫制度牌及施工现场平面布置图），标明工程项目名称、建设单位、设计单位、施工单位、监理单位、工程概况及开工、竣工日期等。

（2）对于文明施工、环境保护和易发生伤亡事故（或危险）处，应设置明显的、符合国家标准要求的安全警示标志牌。

（3）设置施工现场安全"五标志"，即：指令标志（佩戴安全帽、系安全带等），禁止标志（禁止通行、严禁抛物等），警告标志（当心落物、小心坠落等），电力安全标志（禁止合闸、当心有电等）和提示标志（安全通道、火警、盗警、急救中心电话等）。

（4）现场主要运输道路尽量采用循环方式设置或有车辆调头的位置，保证道路通畅。

（5）现场道路有条件的可采用混凝土路面，无条件的可采用其他硬化路面。现场地面也应进行硬化处理，以免现场扬尘，雨后泥泞。

(6) 施工现场必须有良好的排水设施，保证排水畅通。施工现场设置以明沟、集水池为主的临时排水系统，施工污水经明沟引流、集水池沉淀滤清后，间接排入下水道；同时落实"防台""防汛"和"雨季防涝"措施，配备"三防"器材和值班人员，做好"三防"工作。

(7) 施工现场临时用电线路的布置，必须符合安装规范和安全操作规程的要求，严格按施工组织设计进行架设，严禁任意拉线接电而且必须设有保证施工要求的夜间照明。

(8) 工程施工的废水、泥浆应经流水槽或管道流到工地集水池统一沉淀处理，不得随意排放和污染施工区域以外的河道、路面。

4. 现场材料、工具堆放

(1) 施工现场的材料、构件、工具必须按施工平面图规定的位置堆放，不得侵占场内道路及安全防护等设施。

(2) 各种材料、构件堆放应按品种、分规格整齐堆放，并设置明显标牌。

(3) 施工作业区的垃圾不得长期堆放，要随时清理，做到每天工完场清。

(4) 易燃、易爆物品不能混放，要有集中存放的库房。班组使用的零散易燃、易爆物品，必须按有关规定存放。

(5) 楼梯间、休息平台、阳台临边等地方不得堆放物料。

(6) 施工机械应当按照施工总平面布置图规定的位置和线路设置，不得任意侵占场内道路。施工机械进场须经过安全检查，经检查合格的方能使用。施工机械操作人员必须建立机组责任制，并依照有关规定持证上岗，禁止无证人员操作。

5. 施工场地安全防护布置

(1) 搅拌桩钻机、卷扬机滚筒系统设置封闭式防护罩，空压机皮带盘区域也必须设置封闭式防护罩。

(2) 上钻塔操作必须佩戴安全带，塔上作业，塔下禁止站人，塔上作业时必须有人监护。

(3) 吊车作业时，起重臂下禁止站人，并由专人统一进行指挥、调度。

(4) 栏杆材料选用脚手架或 $\phi16$ 以上的钢筋，防护高度应有 1.20m 左右；并用黄黑油漆进行标注，设置醒目的安全标志。

(5) 搅拌桩沟槽开挖后在两边设置红白三角旗防护带。

6. 施工现场防火布置

(1) 施工现场应根据工程实际情况制订消防制度或消防措施。

(2) 按照不同作业条件和消防有关规定，合理配备消防器材，符合消防要求。消防器材设置点要有明显标志，夜间设置红色警示灯，消防器材应垫高设置，周围 2m 内不准乱放物品。

(3) 当建筑施工高度超过 30m（或当地规定）时，为防止单纯依靠消防器材灭火不能满足要求，应配备有足够的消防水源和自救的用水量。扑救电气火灾不得用水，应使用干粉灭火器。

(4) 在容易发生火灾的施工区域储存、使用易燃易爆器材时，必须采取特殊的消防安全措施。

(5) 现场动火，必须经有关部门批准，设专人管理。五级风及以上禁止使用明火。

(6) 坚决执行现场防火"五不走"的规定，即：交接班不交代不走、用火设备火源不熄灭不走、用电设备不拉闸不走、可燃物不清干净不走、发现险情不报告不走。

(7) 钻机、食堂、宿舍及材料四周按照规定设置足够的酸碱泡沫灭火器，指定专人维护、管理、保养，定期调换药剂，标明换药时间。

（8）现场易燃易爆物品（汽油、氧气瓶、乙炔瓶等）必须按规定设置，妥善保管。

7. 施工现场临时用电布置

（1）施工现场临时用电配电线路

① 按照 TN-S 系统的要求配备五芯电缆、四芯电缆和三芯电缆。

② 按要求架设临时用电线路的电杆、横担、瓷夹等，或电缆埋设的地沟。

③ 对靠近施工现场的外电线路，设置木质、塑料等绝缘体的防护设施。

（2）配电箱、开关箱

① 按三级配电要求，配备总配电箱、分配电箱、开关箱、三类标准电箱。开关箱应符合一机、一箱、一闸、一漏。三类电箱中的各类电器应是合格品。分配电箱与开关箱的距离小于30m，设置在干燥、通风、易于维修处，露天电箱应设固定防雨篷。

② 按两级保护的要求，选取符合容量要求和质量合格的总配电箱和开关箱中的漏电保护器。

③ 接地保护：装置施工现场保护零线的重复接地应不少于三处。保护零线应单独敷设，不作他用。

电缆离地 2.2m 以上，电缆穿越建筑物、构筑物、易受机械损伤的场所及引出地面从 2m 高度至地下 0.2m 处须加防护套管；电缆沿墙布置时，必须搭设支架（支架上固定绝缘子，严禁使用金属裸线作绑线）；电缆穿越道路时采用地下电缆或桥架，地下电缆预埋钢套管，覆盖钢筋混凝土保护层，并做好标记。

8. 施工现场生活区布置

（1）施工现场应设置符合卫生要求的厕所，有条件的应设水冲式厕所，并有专人清扫管理。现场应保持卫生，不得随地大小便。

（2）生活区应设置满足使用要求的淋浴设施和管理制度。

（3）生活垃圾要及时清理，不能与施工垃圾混放，并设专人管理。

（4）职工宿舍要考虑到季节性的要求，冬季应有保暖、防煤气中毒措施；夏季应有消暑、防虫叮咬措施，保证施工人员的良好睡眠。

（5）宿舍内床铺及各种生活用品放置要整齐，宿舍应随时进行清扫，通风良好，并要符合安全疏散的要求。

（6）生活设施的周围环境要保持良好的卫生条件，周围道路、院区平整，并要设置垃圾箱和污水池，不得随意乱泼乱倒。

（7）现场配备医药箱，配备纱布、消毒水、红药水、紫药水、创可贴、红花油、绷带、止泻药、感冒药、止痛药、消炎药等常用和急用药品。

9. 施工现场综合治理

（1）项目部应做好施工现场安全保卫工作，建立治安保卫制度和责任分工，并由专人负责管理。

（2）施工现场在生活区域内适当设置职工业余生活场所，以便施工人员工作后能劳逸结合。

（3）现场不得焚烧有毒有害物质，该类物质必须按有关规定进行处理。

（4）现场施工必须采取不扰民措施，要设置防尘和防噪声设施，做到噪声不超标。

（5）为适应现场可能发生的意外伤害，现场应配备相应的保健药箱和一般常用药品及应急救援器材，以便保证及时抢救，不扩大伤势。

（6）为保障施工作业人员的身心健康，应在流行病发生季节及平时，定期开展卫生防疫的宣传教育工作。

（7）施工作业区的垃圾不得长期堆放，要随时清理，做到每天工完场清。

（8）施工现场应设置密闭式垃圾站，施工垃圾、生活垃圾应分类存放。施工垃圾必须采用相应容器或管道运输。

二、安全生产措施

1. 区间盾构隧道工程

在单圆隧道施工中涉及施工材料及管片吊运、施工用电（包括高压）、盾构进出洞、隧道内长距离大坡度的水平运输、隧道的管片拼装等。在确定危险重点部位的前提下，对各工序排出不利于安全因素的环节，作为重点控制的施工工序安全管理点，落实监控人员，确定监控的措施方案和方式，实施重点监控，必要时应连续监控。

（1）垂直运输　施工材料及管片的吊运，落实吊运的设备，确定吊运吨位的匹配，对吊运的索具进行配置。制订相应的分项安全技术措施和操作规程，在吊运过程中进行监控。对起重设备的操作人员和指挥人员进行交底。

（2）水平运输　隧道内的水平运输，避免或最大限度地降低隧道内运输过程中的机车出轨，防止由于下坡加速冲撞工作面引起安全事故，对设备采取必要的安全措施，最大速度限制在8km/h以内。

2. 盾构进洞、出洞

（1）制订出洞安全防护措施及方案。

（2）对吊出混凝土块的施工人员进行安全交底工作，并且严格监控施工过程。

（3）专职负责人出洞时进行全过程监控，指令人员站位安全可靠。按施工技术方案实施，做好配合工作。

（4）在施工过程中，吊运大型的机械设备、重物时配备相应的起重索具，严格禁止人员在下部交错作业。

3. 吊装作业安全技术措施

（1）根据施工图纸及施工方案选择匹配的起重设备及机具等，禁止超载吊装。

（2）吊车的站位及支脚支撑应严格按施工方案中的计算说明书的规定进行，切勿因站位不正、支撑不足而造成歪拉斜吊，违章作业。

（3）设备起吊前应找准吊物的重心和吊点，并对起吊物的捆绑绳索，按要求严格检查，各捆绑点不应有松动、打滑现象。对贵重和精密设备，吊运绳索使用尼龙带或在钢丝绳外面套上胶皮套管，防止损伤设备表面。

（4）起重作业的卷扬机在使用时应严格检查刹车装置、联锁装置，并专人操作、专人维护，确保安全可靠。

（5）大风和雨天等恶劣天气不准进行吊装作业。

（6）起吊时起重机臂应先伸至合适位置，角度、回转半径等应符合施工方案及操作规程的要求，严禁超负荷起吊。

（7）正式吊装前应先进行试吊装，应将起吊物吊离地面10～15cm，停滞5～10min，检查所有捆绑点及吊索具工作状况，确认无误后，进行正式吊装。

（8）在吊装区域内应设安全警戒线，非工作人员严禁入内，同时起吊过程应由专人指挥，统一行动。起重臂下严禁站人。

（9）起重机驾驶员、起重工等必须持证上岗，严禁无证操作。

4. 临时用电安全技术措施

（1）临时用电工程的安装、维护、拆除工作必须由持证电工操作，操作时配备相应的劳防用品。

（2）建立现场用电安全管理技术档案，建立安全用电检查制度。

（3）电缆离地2.2m以上，电缆穿越建筑物、构筑物、易受机械损伤的场所及引出地面从2m高度至地下0.2m处必须加防护套管；电缆沿墙布置时，必须搭设支架（支架上固定绝缘子，严禁使用金属裸线作绑线）；电缆穿越道路时采用地下电缆或桥架，地下电缆预埋钢套管，覆盖钢筋混凝土保护层，并做好标记。

（4）采用接零保护，保护零线应单独敷设，不作他用，接地电阻<4Ω，每个电箱做好接零保护。

（5）做好外线的安全防护，动力、照明线路分路设置。

（6）分配电箱与开关箱的距离<30m，设置在干燥、通风、易于维修处，露天电箱应设固定防雨篷。

（7）每台电器设备应有各自专用的开关箱，必须一机一闸，采用两级漏电保护。分配电箱与开关箱中的漏电保护器的额定漏电动作电流和额定动作时间应作合理配合，使之具有分级分段保护的功能。漏电保护器须按产品说明书安装、使用、校核。

（8）手动开关只许用于直接控制照明电路和容量不大于5.5kW的动力电器。

（9）选购的电动建筑机械、手持电动工具和用电安全装置应符合相应的国家标准、专业标准和安全技术规程，有产品合格证和使用说明书。建立和执行专人专机负责制。

（10）潮湿场所选用防水防尘灯，含尘区（无火爆危险）选用防尘灯。室外灯具距地大于3m，照明灯具金属外壳必须作保护接零，宿舍照明电路220V，严禁使用电炉等电加热器，严禁乱拉电线，做好两级漏电保护。

5. 管片拼装

隧道的管片拼装，较易发生物体打击和人员坠落等安全事故，以及由于隧道内工作面指挥信号传递受阻所引起误操作造成的不安全因素，因此该项工序的安全操作应按有关操作规程，来解决施工中存在的安全隐患及防护措施，为管片拼装作业点创造良好的安全作业环境。

三、施工安全检查

1. 施工安全检查的内容

施工安全检查应根据企业的生产特点，制定检查的项目标准，其主要内容是：查思想、查制度、查安全教育培训、查措施、查隐患、查安全防护、查劳保用品使用、查机械设备、查操作行为、查整改、查伤亡事故处理等。

2. 施工安全检查的方式

施工安全检查通常采用经常性安全检查、定期和不定期安全检查、专业性安全检查、重点抽查、季节性安全检查、节假日安全检查、班组自查、互检、交接检查及复工检查等方式。

3. 施工安全检查的有关要求

(1) 项目经理部应建立检查制度，并根据施工过程的特点和安全目标的要求，确定安全检查内容。

(2) 项目经理应组织有关人员对安全控制计划的执行情况进行检查考核和评价。

(3) 项目经理部要严格执行定期安全检查制度，对施工现场的安全施工状况和业绩进行日常的例行检查。每次检查要认真填写记录。

(4) 项目经理部安全检查应配备必要的设备或器具，确定检查负责人和检查人员，并明确检查内容及要求。

(5) 项目经理部各班组日常要开展自检自查，做好日常文明施工和环境保护工作。项目部每周组织一次施工现场各班组文明施工、环境保护的检查评比，并进行奖罚。

(6) 项目经理部安全检查应采取随机抽样、现场观察、实地检测相结合的方法，并记录检测。对现场管理人员的违章指挥和操作人员的违章作业行为应进行纠正。

(7) 施工现场必须保存上级部门安全检查指令书，对检查中发现的不符合规定要求和存在隐患的设施设备、过程、行为，要进行整改处置。要做到：定整改负责人、定整改措施、定整改完成时间、定整改完成人、定整改验收人的"五定"要求。

(8) 安全检查人员应对检查结果和整改处置活动进行记录，并通过汇总分析。

第四节
安全信息化管理

一、安全信息化管理

1. 建立安全生产信息系统

(1) 以项目部为基础，建立健全基础资料台账。安全生产信息面广量大，涉及所有设施设备和人员，而且设备和人员之间相互交叉，同一设备又与运行、检修、调试、施工管理等不同部门、不同班组之间发生关系。安全生产信息来自于各施工、安装以及各管理部门，而这些部门的安全生产信息又来自各基层班组，班组的安全生产信息来自于设施设备和人员。

(2) 建立现代化安全生产信息网络

① 提出安全生产信息需求　好的需求设计，是建立安全生产信息网络的前提。要保证做好需求工作，必须专门成立一个组织，再聘请专业方面有经验的人员。

② 确定网络及软件平台　计算机网络是现代化企业进行信息采集、信息集成、系统集成的基础，是建立安全生产信息网络的技术支撑，借助这个网络，采用目前数据大、用户界面好、使用操作方便的DBII数据库对公司系统内现有的软件系统调查后，建立一个基于互联网结构的安全生产信息系统，可以实现实时登录、实时汇总、实时查询的目的，完全可以

满足动态管理的要求,而且使安全性评价、危险点预控与日常安全管理相结合成为可能。

③ 建立安全生产信息专家数据库　专家数据库是建立安全生产信息网络的保证。

④ 进行软件开发　软件开发可组织公司系统内的软件专家,也可请专业的软件公司,由公司的专业人员配合进行。其目的就是要达到功能齐全、使用方便、界面友好、维护简单,并具有对安全生产信息智能化判断的功能。

⑤ 数据录入　数据库和软件开发好后,大量的工作就是数据的录入。数据录入是安全生产信息系统能否正常运行的基础,数据的录入必须确保准确齐全。通过数据录入,进一步完善功能需求和专家数据库的内容。数据录入的过程,既是检验企业管理工作的一个方面,也是软件调试、检验软件是否正常运行,运作结果是否与实际情况相符的非常重要的环节。

(3) 以点带面逐步推广　建立安全生产信息系统是一个比较庞大又复杂的系统工程,涉及企业内的所有部门和全体人员,而且建立完善安全生产信息系统需要一个较长的过程,特别是人员的思想转变、观念转变需要一个过程,再加上目前这种统计分析工作,工作量比较小,工作的弹性比较大,人员比较适应当前这种环境。要建立和推广安全生产信息系统,要做大量的基础工作,工作开始阶段会有枯燥无味的感觉,产生逆反心理。软件在开发和调试过程中,会有很多预想不到的地方,这些都会给使用推广带来难度。因此要做好这项工作,必须先选好一个点;领导要支持和重视,要组织一个班子,工作人员的专业知识扎实、专业面广、对网络和软件开发有一定的基础,设施、人员、时间、设备和经费应得到保证;对完成开发工作要有具体时间要求,要有相应的激励机制和考核办法。在试点的基础上,组织有关领导、专业技术人员进行研讨,使之进一步完善,在总结经验的基础上,向公司系统各企业全面推广。

2. 更新和完善安全生产信息

(1) 制订、更新、完善安全生产信息的周期标准　在安全生产信息系统中,有一部分信息是动态变化的,如工程的工艺特征、施工场所、施工工期等;但还有相当多的信息是静态不变的。要使安全生产处于可控在控状态,安全生产信息就要随时处于动态变化之中,就必须及时更新安全生产信息。可根据不同工程的施工工艺、标准规范等,以及安全生产的要求,分别制订出各类工程更新的周期标准,此类标准应制成表格式,使人一目了然,便于操作;对控制人身安全的指标,如劳动环境、作业安全中的设备设施及器具、作业人员的安全知识培训、规章制度的学习考试、体检等方面,可根据施工周期、使用检查周期、培训学习及体检周期等制订、更新周期;对各种工种作业等过程的安全情况,可在每次工作前后进行更新安全要求和结果,达到安全生产信息化、动态化,处于可控、在控状态。

(2) 更新、完善安全生产信息的责任制　安全生产信息系统的完善以及不断更新,使之真正发挥作用,关键在人。要做好系统的运行维护工作,必须使每个人都明确各自的职责,每个安全生产信息项目由谁负责、何时更新、如何更新,确保安全生产信息的及时、准确、完整,使这套系统随时处于动态跟踪状态之中,在管理上就必须有相应的明确的责任制,便于管理。

(3) 加强检查督促,严格考核　有了一套科学、先进、智能化的安全生产信息系统,以及保证安全生产信息系统可靠运行的规章制度,同时,与系统维护、信息更新有关的人员是否能够真正负起责任,还要靠领导的检查督促。要根据信息更新维护的责任制,建立相应的管理和考核办法。采用目标管理。工作的好坏与经济收入、福利待遇和职务晋级挂钩。鼓励职工在工作中发现问题,提出解决问题的办法和建议,使系统不断改进和完善。

二、施工安全信息保证体系

施工安全工作中的信息主要有文件信息、标准信息、管理信息、技术信息、安全施工状况信息及事故信息等,这些信息对于企业搞好安全施工工作具有重要的指导和参考作用。因此,企业应把这些信息作为安全施工的基础资料保存,建立起施工安全的信息保证体系,以便为施工安全工作提供有力的安全信息支持。

施工安全信息保证体系由信息工作条件、信息收集、信息处理和信息服务四部分工作内容组成,如图 9-3 所示。

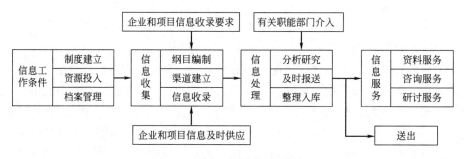

图 9-3　施工安全信息保证体系

三、施工安全科学管理的基本框架

施工安全的科学管理,要求由以下四个前后衔接的基本环节组成:

(1) 第一环节为充分掌握三项基本依据,即:安全生产法律、法规和强制性标准;安全生产工作经验;安全生产事故教训等。

(2) 第二环节为研究掌握三类内在规律,即:事故发生规律;安全防范规律;管理工作规律等。

(3) 第三环节为健全安全保证体系,即由组织、制度、技术、投入和信息等安全保证体系所组成。

(4) 第四环节为全面落实六项安全工作管理,即:安全教育培训工作管理;对各级人员安全责任的管理;对安全作业环境和条件的管理;对安全施工操作要求的管理;对安全检查与整改工作的管理和对异常、应急事态处置工作的管理等。它们构成了施工安全科学管理的躯干或主线,前一环节为后一环节的前提、依据或基础,而后一环节为前一环节的目的或结果,且又可反过来发现前一环节的不足和问题,以促使其改进和完善。

政府主管部门对安全生产的监督管理工作则是站在全局的高度,依据第一、第二环节的全局性把握,对施工单位的第三、第四环节进行安全生产监督。图 9-4 所示为施工安全科学管理的基本框架。

施工安全科学管理的基本框架可以用以下 24 个字完整地表达出来,即:掌握依据→研究规律→完善保障→落实管理→接受监督→预案应急。

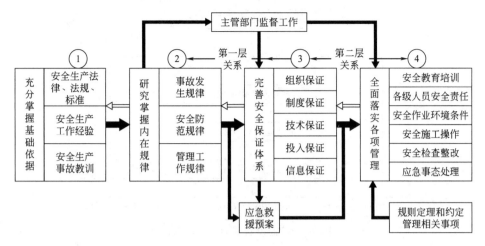

图 9-4 施工安全科学管理的基本框架

第五节
应急安全技术措施

应急安全技术措施是指：现场对威胁作业者的生命安全和意外灾伤、职业中毒和各种急症所采取的一种紧急措施。其目的是：通过初步必要的应急处理，缩小灾伤范围，抢救伤病员的生命。人们在各种不同的作业环境中工作，有时难免会发生一些意外的事故，如高温中暑、冬季冻伤、触电、火灾、爆炸等。这些意外的灾伤，都必须立即进行现场的应急处理。因为应急措施能否做到及时、正确，对伤病员的生命、国家的财产有着极为重要的关系，所以对从事安全技术人员、广大职工来说，应当懂得一些最基本的应急措施知识，发生灾伤时，就能应用这些知识进行应急处理。

一、应急预案的方针与原则

发生事故时应遵循"先保护人员优先，防止和控制事故的蔓延为主；统一指挥、分级负责、区域为主、单位自救与社会救援相结合"的原则，以控制事故，有效地抢救伤员，减少事故损失，防止事故扩大。

二、应急预案工作流程图

根据工程的特点及施工工艺的实际情况，认真地组织对危险源和环境因素的识别和评价，制定项目发生紧急情况或事故的应急措施，开展应急知识教育和应急演练，提高现场操作人员的应急能力，减少突发事件造成的损害和不良的环节影响。其应急准备和响应工作程序见图9-5。

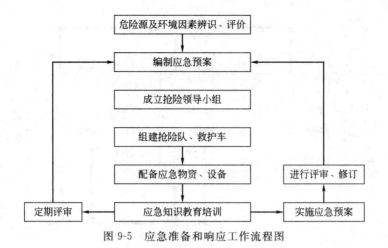

图 9-5 应急准备和响应工作流程图

三、应急救援组织机构与应急救援预案流程

应急救援组织机构与应急救援预案流程如图 9-6、图 9-7 所示。

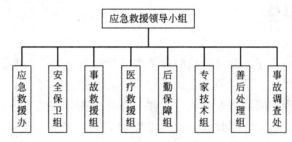

图 9-6 应急救援组织机构图

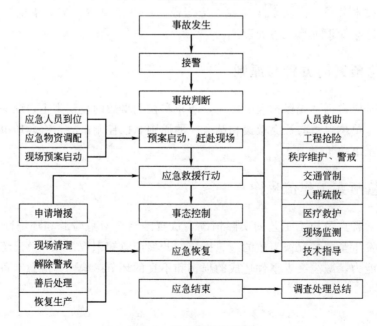

图 9-7 应急预案流程图

四、应急方案

1. 机械性外伤应急方案

(1) 迅速小心地将伤者脱离致伤源,必要时,拆卸机器,移出受伤肢体。

(2) 注意全身情况。如伤员发生休克,应先处理休克。遇呼吸、心跳停止者,应立即进行人工呼吸、胸外心脏按压。遇出血者,应迅速压迫止血,使病员保持在头低脚高的卧位,并注意保暖。遇骨折者,以固定骨折处上下关节为原则,可就地取材,利用木板等,在无料的情况下,上肢可固定在身侧,下肢与侧下肢缚在一起。

(3) 现场止痛。剧烈疼痛者,应及时给予止痛和镇痛剂。

(4) 现场伤口处理。用消毒纱布或清洁布等覆盖伤口,预防感染。

(5) 根据病情严重,及时送医院治疗,转送途中应尽量减少颠覆,同时密切注意伤者的呼吸、脉搏、血压及创口情况。

2. 创伤出血应急方案

(1) 一般止血法:一般伤口小的出血,先用生理盐水冲洗伤口,涂上红药水,然后盖上消毒纱布,用绷带较紧地包扎。

(2) 加压包扎止血法:用纱布、棉花等作为软垫,放在伤口上,再加包扎,以增强压力而达到止血。

(3) 止血带止血法:选择弹性好的橡皮管、橡皮带或三角巾、毛巾、带状布条等,上肢出血结扎在上臂 1/2 处,下肢出血结扎在大腿上 2/3 处,且每隔 25~40min 放松一次,每次放松 0.5~1min。

3. 火灾逃生应急方案

发生火灾后应迅速打电话报警,任何地方发生火灾,人们的情绪总是紧张而且慌乱的,火灾现场无论大小,灭火工作都应有领导、有次序地进行。为了能稳定情绪,有效地制止和扑灭火灾,首先应迅速建立一个灭火抢险指挥领导小组,并及时组织消防灭火、抢救人员、抢救财物、医疗救护、维护秩序等抢救基本队伍。其次,在火场上,既要提倡勇敢抢险的精神,又要保持冷静的态度和应用科学的方法,切忌盲目行动,以免扩大损失和伤亡。

4. 急性中毒的应急方案

急性中毒,其发病进程较快,应及时进行抢救,首先要将伤者迅速救离现场,祛除其身上的污染,这是现场急救的一项重要措施,也是抢救成功与失败的关键。

例如:气体中毒,应及时将伤员救离现场,搬至空气新鲜、流通的地方解开领口、紧身衣服和腰带,以达到呼吸畅通,有利于毒物尽快排除,有条件的可接氧气。同时要保暖、静卧并密切观察伤者病情的变化。

紧急处理危及生命的中毒现象时,对心跳、呼吸停止者要及时进行心肺复苏,即进行人工呼吸、胸外心脏按压。同时,迅速转送就近医院进行诊断治疗。在转送途中,要坚持进行抢救,密切注意伤者的神志、瞳孔、呼吸、脉搏及血压等情况。

5. 电气设备事故应急方案

电气设备或线路发生火灾时,着火的电器可能带电,抢救人员稍有不慎就会触电,因此发生电气火灾后应立即切断电源。有时,或因生产不能停电,或因照明需要不允许断电,而必须带电灭火时,应必须选择不导电的灭火剂,如二氧化碳、1211 灭火剂。救火人员应穿绝缘鞋、戴绝缘手套。油开关着火，有喷油和爆炸的可能，最好是切断电源后才灭火。地面上的油火可用泡沫灭火剂，起隔绝空气的作用，效果最好。

6. 触电事故应急方案及措施

触电急救的要点是抢救迅速、救护得法，切不可惊慌失措、束手无策。一般可按下述情况处理：

（1）病人神志清醒，但有乏力、头昏、心慌、出冷汗、恶心等症状的，应使病人就地休息，严重的，应马上送医院检查治疗。

（2）病人呼吸、心跳尚存，但神志不清，要保持周围空气流通，做好人工呼吸和心脏按压的准备工作，并立即通知医院送去急救。

（3）如果病人处于"假死"状态，要速请医生或送往医院。口对口人工呼吸是人工呼吸法中最有效的一种。具体操作步骤如下：一手捏紧触电者鼻孔，另一手将下颚拉向前方，救护人员深吸一口气后向触电者口腔内吹气。同时观察胸部是否隆起，以确保吹气有效，为时约2s。吹气完毕，立即离开触电者的口，并放松捏紧的鼻子，让他自动呼吸空气，注意胸部反复情况，为时2s。按照上述步骤连续不断进行操作，直到触电者开始呼吸为止。

（4）现场人员应当机立断地脱离电源，尽可能地立即切断电源（关闭电路），亦可用现场得到的绝缘材料等器材使触电人员脱离带电体。

（5）将伤员立即脱离危险地方，组织人员进行抢救。

（6）立即拨打120与当地急救中心取得联系（医院在附近的直接送往医院），应详细说明事故地点、严重程度、本部门的联系电话，并派人到路口接应。

（7）立即向公司应急抢救领导小组汇报事故发生情况并寻求支持。

（8）维护现场秩序，严密保护事故现场。

7. 高处坠落事故应急措施

（1）迅速将伤员脱离危险场地，移至安全地带。

（2）保持呼吸通畅，若发现窒息者，应及时解除其呼吸道梗死和呼吸机能障碍，应立即解开伤员衣领，清除伤员口鼻、咽部的异物、血块分泌物、呕吐物等。

（3）有效止血，包扎伤口。

（4）视其伤情采取报警直接送往医院，或待简单处理后去医院检查。

（5）伤员有骨折、关节伤、肢体挤压伤、大块软组织伤都要固定。

（6）若伤员有断肢情况发生，应尽量用干净的干布（灭菌敷料）包裹装入塑料袋内，随伤员一起转送。

（7）预防感染、止痛，可以给伤员用抗生素和止痛剂。

（8）记录伤情，现场救护人员应边抢救边记录伤员的受伤部位、受伤程度等第一手资料。

（9）立即拨打120与当地救护中心取得联系（医院在附近的直接送往医院），应详细说明事故地点、严重程度、本部门的联系电话，并派人到路口接应。

（10）项目指挥部接到报告后，应立即在第一时间赶赴现场，了解和掌握事故情况，开展抢救和维护现场秩序，保护事故现场。

第六节
风险规避与应急预案

风险的规避与预防可通过施工技术措施和组织管理措施实现。例如：对于盾构进出洞采用高压旋喷桩加固。对于进、出洞止水装置，在施工中加强管理，保证其安装质量，保证盾构进出洞安全，重要建筑物段推进中，充分利用信息化施工原理，动态及时调整盾构推进参数，同时加强设备过程管理，保证设备处于良性运行状态等。

技术方案中必须考虑风险预防措施，在地质条件清楚、管线条件清楚的条件下，严格按照方案施工以避免各类风险因素发生。

一、风险源及控制措施

风险源及控制措施见表 9-3。

表 9-3 风险源及控制措施

序号	作业活动	风险源具体描述	采用的风险控制措施
1	始发基座、反力架	反力架及始发托架固定不到位，造成反力架及始发托架的变形、移位	检查反力架及始发托架加固情况，防止在始发过程中发现反力架变形及始发托架的移位
2	洞门密封装置	帘布橡胶板破损、与管片挤压不密实造成漏浆	加强检查确保帘布橡胶板与管片挤压密实，发现破损后及时更换
3	洞门探孔	盾构端头加固效果欠佳，将会在打设观测孔时发生漏水、涌砂事故	严格控制端头加固质量；现场备好应急物资，探孔施工时若出现漏水现场及时封堵，探孔严禁长时间打开，打开时必须有专人看管；地面降水必须持续可控，静水位必须低于隧道开挖面 0.5m 以下
4	洞门凿除	土体加固方案不当或加固效果欠佳，造成漏水漏砂，形成通路，造成涌水涌砂，甚至洞门坍塌	严格控制端头加固质量；严格控制洞门凿除顺序，由上至下，由中间向两边；割除迎土面钢筋和拆除脚手架必须迅速，脚手架拆除完成后盾构机立即上靠；地面降水必须持续可控，静水位必须低于隧道开挖面 0.5m 以下
6	盾构掘进	盾构掘进"磕头"现象	控制盾构姿态，在始发掘进时把盾构中心线适当抬高 20mm
7	盾构掘进	地表超限沉降，掌子面土方坍塌	严格按照设计端头并加固，合理安排洞门凿除与盾构始发时间
8	吊装作业	人员高空坠落	高空作业时必须佩带和正确使用安全带，必要时搭设作业平台
9	盾构掘进	周边道路、建筑物、管线沉降大	提前做好管线调查，与管线产权单位共同确定好管线信息，并与管线单位保持联系；严格控制掘进参数，始发掘进参数必须严格按照指令单执行
10	盾构掘进	盾构掘进时，人员从台车上摔下或台车滑溜造成人员伤亡	对台车加装临边护栏，加装防滑溜装置

二、隧道突发事件的预防措施

隧道突发事件预防措施见表 9-4。

表 9-4　隧道突发事件预防措施

序号	事件项目	事件部位	措　　施
1	盾构进场阶段不安全因素	隧道工作井内	1. 每班作业前进行班前讲评,加强作业人员的安全保护和规范操作意识;2. 凿除洞门搭设的脚手架要严格按照规范搭设;3. 上下起重指挥人员与行车司机进行密切配合;4. 严格进行现场监控指挥,做到重物下不得站人;5. 加强施工作业之间的协调交流
2	垂直水平运输系统不安全因素	隧道井内	1. 行车的各项安全装置完好齐全,定期进行检修;2. 行车起重索具(包括钢丝绳、卸克等)配备安全合理,定期检查更换;3. 行车司机持证上岗,起重挂钩指挥工持证上岗;4. 吊运物件捆绑情况良好;5. 电机车运行记录及时、准确、齐全;6. 对电机车司机驾驶实行限速控制
3	管片拼装作业不安全因素	盾构内	1. 拼装机操作做到指定专人;2. 严防作业人员将头、手、脚放在千斤顶的顶部;3. 拼装机动作之前,操作人员必须鸣警示铃、亮警示灯;4. 管片拼装连接件确保良好(拼装头子、连接销);5. 定期对拼装设备及用具进行检查维修,确保状态完好
4	隧道井下作业环境的危害	隧道内	1. 采用足够功率的通风设备,保证各个工作面的空气温度控制在 38℃ 以下,湿度不超过 90%,并保证充足的含氧量;2. 及时排掉大量电焊作业所造成的污染烟雾;3. 避免各种有害物质与施工人员相接触,以免产生皮肤病等职业危害
5	施工用电不安全因素	地面、井下	1. 采用双电源供电;2. 优先确保隧道内排水、照明、盾构推进系统;3. 定期检查供电线路、绝缘情况;4. 高压电源变压器设防护栅、标志禁止入内;5. 高压线固定在边墙侧顶;6. 建立明确的用电管理制度
6	施工机械不安全因素	地面、井下	1. 行车安装完毕后必须经过地区劳动局验收合格,发放安全使用证后方可使用;2. 中小型机械设备进场后必须经过施工队设备部门验收合格并挂牌,落实责任人;3. 必须建立各类机械设备的维修保养台账,建立定期的责任制度;4. 对大型设备(行车)运行,采取人机隔离措施

双电源供电:供电局所提供的开关站配备了两路 10kV 的高压供电系统,如图 9-8 所示。

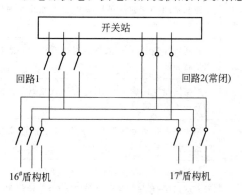

图 9-8　双电源供电示意图

图 9-8 上可以看出,整个盾构施工供电由两路保证。当回路 2 故障后,保证值班室内有电工值班,隧道内与地面及时联系,接到电话后断开回路 2,闭合回路 1,开始正常掘进。鉴于影响时间很短,隧道内工班长和管理人员组织工人随时待命在自己的工作岗位上,做好施工的准备。

三、快速反应技术措施

1. 洞口土体加固效果不佳,凿除洞门时土体失稳

在洞门凿除前,首先开挖样洞,确认加固情况良好时方可凿除洞门,否则必须进行补充加固。在凿除洞门混凝土时,应安排 3 人以上进行现场专职监护,此外项目经理部主要管理人员亦须到场巡视，及时发现险情，一旦有险情发生，首先应立即停止洞门混凝土凿除，同时用木材或型钢类材料进行支护，用叠包的方式进行临时封堵，以控制险情的扩大，然后采取加固补强措施直至正面土体稳定。

2. 地下水与工作面贯通

一旦发现有地下水与工作面贯通现象，首先立即对盾尾密封加强，以形成止水环箍；其次立即对正面土压力进行调整，加强对正面土体的支护；再者盾构机应保持连续掘进，以尽快脱离土体破坏区域；最后，盾构机通过后需尽快通过壁后注浆方式对破坏区域隧道周边土体进行进一步加固处理。

3. 盾构推进过程中建筑物变形大

如因施工原因致使邻近建（构）筑物的位移和沉降量超过规定的报警值时，应立即采取有效的加固措施，避免邻近建（构）筑物发生沉降、开裂和倒塌。

(1) 隧道内选取合适部位进行针对性壁后注浆。

(2) 若建筑物沉降过大且地面具备场地时，可以采取地面充填的形式。

四、邻近建（构）筑物保护的预防措施

(1) 除迁移的施工区域邻近的建（构）筑物外，以招标书中的施工范围为准，对其余所有施工现场周围的原有建（构）筑物加以保护。

(2) 了解邻近建（构）筑物的基础结构状况，采取合理的施工方法和必要的加固方案，防止邻近建（构）筑物发生沉降、开裂和倒塌。

(3) 把邻近建（构）筑物的保护措施方法列入施工组织设计，在工程施工期间，应在邻近建（构）筑物四周设置监测点，严密注视它们的位移和沉降。

(4) 文物保护与应急反应：施工过程中，特别加强沿线文物的保护。另外，对施工中发现的文物，应立即保护好现场（必要时报请当地人民政府通知公安机关协助保护现场），并及时向业主和有关部门报告，由其进行处理，再根据文物保护的要求，配合管理部门制定和落实保护措施。

(5) 恶劣气候的风险管理

① 在主汛期的高潮期和有热带气旋、暴雨警报时，各级人员必须到位值班加强巡查，并安排好值班车辆和驾驶员，随时准备执行防汛任务。

② 凡预报强热带风暴警报和台风紧急警报在12～24h影响本市时，各级领导和防汛领导小组成员、抢险队伍必须到位参加值班，同时车辆和抢险物资、设备必须到位，遇有险情及时进行抢险工作。

(6) 要害部位及措施

① 负高空　在地下负高空施工中，根据现场作业面情况，配备足够数量的排水泵，及时将水排至地表排水明沟内。对于较深的基坑或井底应采用接力排水。为防止地表降水倒灌，在井口四周必须设置30cm以上高度的挡水墙。

② 防汛、防台　每逢汛期、梅雨期来临之前都要对场内各排水系统进行疏通。防汛期间，各工地必须配备一支20人左右的抢险队伍，并制订联络方案，按设防范围和标准上岗值班或接通知参加抢险。

平时汛期由两名工作小组成员值班，随时和上级部门、公司保持联络；发生险情后，立

即报告现场防汛总值班；防汛值班负责人立即组织现场人员进行抢险，派人到防汛器材专用仓库提取防汛器材，布置就位；防汛值班负责人有权调动当班上岗人员和抢险机动人员；同时及时通知相关领导赶赴现场，并将情况汇报给上级部门值班室；单位负责人赶到现场，组织指挥抢险。

防汛器材：根据单位和工地的实际情况，配齐配足抽水泵、水带、蛇皮袋、工具等防汛防台器材；值班期间，配好交通工具。

事故调查：汛期过后，有关部门应对防汛防台应急反应文件的有效性进行评审修订。

五、施工应急抢修材料、设备配备

施工应急抢修、抢险材料设备见表9-5。应急抢修、抢险材料和设备应该派专人负责日常的管理和维修工作。每次应急使用完后，对材料的使用情况和设备的性能情况进行统计，保证储备量。另外，应急抢修、抢险材料和设备只能用于抢修、抢险工作，其他任何情况绝不允许挪用。

表9-5 盾构施工应急抢修材料、设备表

序号	名称	单位	数量
1	备用钢支撑	t	100
2	草包	只	5000
3	脚手管及配套扣件	m	4000
4	4mm钢板	m^2	50
5	20mm钢板	m^2	50
6	盾尾油脂	桶	6
7	木材	m^2	5
8	$Dg50$钢管	m	50
9	水溶性聚氨酯	kg	500
10	水玻璃	kg	600
11	普硅(P·O 32.5)水泥	袋	400
12	双快水泥	袋	20
13	大功率泥浆泵	台	4
14	大功率潜水泵	台	10
15	挖掘机	台	1
16	振管注浆设备	套	2
17	测量仪器	套	1
18	对讲机	台	6

第十章 施工技术资料

第一节 施工技术资料的分类、作用及要求

一、施工技术资料的分类

工程技术资料可分为四大类：
(1) 施工过程的指导性文件，如设计图纸、施工组织设计、技术交底等；
(2) 施工过程的记录性文件，如各种验收记录、质量记录、施工日记等；
(3) 施工过程的质量保证性文件，如各种材料的合格证、复试报告等；
(4) 对产品的评定结论性文件，如分项、分部质量评定，基础、主体质量评定等。

这四类资料除个别资料兼有两种性质外，大部分资料都只有以上一类性质。这样分类，便于对工程技术资料的统筹把握。施工技术资料一般指的是工程施工过程的指导性文件和施工过程的记录性文件。

二、施工技术资料的作用

(1) 施工技术资料是城市建设及管理的依据之一。建筑施工单位竣工验收交付使用一定时期后，由于施工中存在着质量隐患或养护措施不得力等问题，工程相继出现各种质量缺陷，为了保证施工质量，延长工程使用寿命，必须进行维修和补强。这就必须通过查阅该工程的技术资料档案，以便采取合适、有效的措施。工程技术规划和设计人员必须详细地了解工程下面的各种工程管线的布局和走向，以便做出正确的规划和设计。

(2) 施工技术资料是工程质量的客观见证。质量就是"反映产品或服务满足明确或隐含需要能力的特征和特性的总和"。就建筑工程而言，一项工程、一栋房屋、一条排水管道应满足建筑或者排放所需的功能和使用价值，应符合设计、规范要求和合同规定的质量标准。工程的建设过程，就是质量形成的过程，工程质量在形成过程中应有相应的技术资料作为见证。

（3）施工技术资料是施工企业管理水平的综合体现。建筑单位施工技术管理资料是在施工过程中逐步形成的技术文件材料转化而来的。它与完成工程主体有着同样的重要性，是工程承包合同的一部分。它是全面反映、记载建筑单位主体及施工过程的重要文件，是建筑单位施工的直接成果之一，对施工起着指导和依据的作用。它代表着施工企业的综合管理水平。

三、施工技术资料的基本要求

（1）施工技术资料应具有真实性。施工技术资料的真实性就是真实地反映工程实体的质量状况。真实性是施工技术资料的生命，否则施工技术资料的存档就毫无意义。众所周知，施工技术资料是工程质量评定验收备案的依据之一，也是工程建设和管理的依据，尤其是建筑单位进行维修、管理、使用、改建和扩建的依据。一旦这些依据丧失了真实性，就毫无使用价值。相反，虚假的技术依据不仅给建筑施工单位质量的评价带来错误的结论，而且也给工程的改建和扩建带来麻烦，甚至会造成难以想象的严重后果。

（2）施工技术资料应具有规范性。施工技术资料的规范性就是在填写、整理施工技术资料时，应遵照有关的工程标准、规范和法规要求，文件成果应达到规定的广度和深度。工程技术管理人员，尤其是技术资料负责人、资料员应认真学习和实施国家、行业发布的技术法规，认真、全面地整理、填写施工技术资料，及时归档，使施工技术资料标准化、规范化。

（3）施工技术资料应具有信息化要求。建筑施工单位施工技术资料经整理组卷后，应及时送交城市建设档案部门存档。它是在城市基本建设和基本设施管理的过程中形成的，是对建筑单位建设的真实记录和实际反映，是工程建设、维护、管理、规划的可靠依据，是工程建设不可缺少的信息帮手，是具有实际社会价值和经济价值的信息源。

第二节
施工准备阶段的技术资料

施工准备期间的技术资料主要指依据合同文件、投标文件以及设计图纸编制，对即将进行的施工具有指导性意义的施工技术资料。此类技术资料一般为施工组织设计和施工方案设计。

一、施工组织设计

（一）施工组织设计的基本内容

施工组织设计的内容要结合工程对象的实际特点、施工条件和技术水平进行综合考量，一般包括以下内容：

1. 工程概况

① 本项目的性质、规模、建设地点、建设期限、分批交付使用的条件、合同条件；
② 本地区地形、地质、水文和气象情况；
③ 施工力量、劳动力、机具、材料、构件等资源供应情况；
④ 施工环境及施工条件等。

2. 施工部署及施工方案

① 根据工程情况，结合人力、材料、机械设备、资金、施工方法等条件，全面部署施工任务，合理安排施工顺序，确定主要工程的施工方案；

② 对拟建工程可能采用的几个施工方案进行定性、定量的分析，通过技术经济评价，选择最佳方案。

3. 施工进度计划

① 施工进度计划反映了最佳施工方案在时间上的安排，采用计划的形式，使工期、成本、资源等方面，通过计算和调整达到优化配置，符合项目目标的要求；

② 使工序有序地进行，使工期、成本、资源等通过优化调整达到既定目标，在此基础上编制相应的人力和时间安排计划、资源需求计划和施工准备计划。

4. 施工平面图

施工平面图是施工方案及施工进度计划在空间上的全面安排。它把投入的各种资源、材料、构件、机械、道路、水电供应网络、生产、生活活动场地及各种临时工程设施合理地布置在施工现场，使整个现场能有组织地进行文明施工。

5. 主要技术经济指标

技术经济指标用以衡量组织施工的水平，它是对施工组织设计文件的技术经济效益进行全面评价。

（二）施工组织设计的编制方法

1. 施工组织设计的编制原则

① 重视工程的组织对施工的作用；
② 提高施工的工业化程度；
③ 重视管理创新和技术创新；
④ 重视工程施工的目标控制；
⑤ 积极采用国内外先进的施工技术；
⑥ 充分利用时间和空间，合理安排施工顺序，提高施工的连续性和均衡性；
⑦ 合理部署施工现场，实现文明施工。

2. 施工组织设计的编制依据

① 计划文件；
② 设计文件；
③ 合同文件；
④ 建设地区基础资料；
⑤ 有关的标准、规范和法律；
⑥ 类似建设工程项目的资料和经验。

3. 施工组织设计的编制程序

① 收集和熟悉编制施工组织设计所需的有关资料和图纸，进行项目特点和施工条件的调查研究；
② 计算主要工种工程的工程量；
③ 确定施工的总体部署；
④ 拟订施工方案；

⑤ 编制施工总进度计划；

⑥ 编制资源需求量计划；

⑦ 编制施工准备工作计划；

⑧ 施工总平面图设计；

⑨ 计算主要技术经济指标。

(三) 施工组织设计编写实例

某盾构项目施工组织设计编写实例，见表 10-1。

表 10-1 施工组织设计编写实例

第1篇 施工总体筹划	第1章 编制说明	1.1	编制范围
		1.2	编制原则
		1.3	编制依据
	第2章 工程概况	2.1	工程概况
		2.2	工程范围
		2.3	工程地质及水文地质
	第3章 工程特点、 重点、难点	3.1	工程特点
		3.2	工程重点分析与对策
		3.3	工程难点分析及对策
	第4章 施工部署 及进度计划	4.1	施工方案
		4.2	施工阶段
		4.3	施工流程
		4.4	进度计划
		4.5	关键工期节点与工期保证措施
	第5章 施工组织机构 及资源配置	5.1	施工组织机构
		5.2	主要机械设备
		5.3	资源需求计划及强度曲线
	第6章 施工现场平面布置	6.1	施工平面布置
		6.2	临时设施
第2篇 区间盾构隧道	第7章 盾构机	7.1	盾构机主要组成部分
		7.2	盾构机主要性能和参数
		7.3	盾构机的设计特点
		7.4	刀盘结构、布局及刀具形式的特点
	第8章 管片生产	8.1	管片生产概述
		8.2	管片生产进度安排及资源配置
		8.3	管模加工工艺
		8.4	管片生产
		8.5	管片存放及运输
		8.6	检验、试验、管片精度及外观检查
	第9章 盾构施工 的前期工作	9.1	盾构机的设计与制造
		9.2	补充勘察
		9.3	沿线建筑物、构筑物、管线调查及保护
		9.4	端头加固施工
		9.5	其他配套设备的选型与制造

续表

		10.1 始发准备
		10.2 主要配套设备安装
		10.3 始发流程
		10.4 洞门的凿除
		10.5 始发设施的安装
	第10章	10.6 洞门的密封
	盾构始发准备	10.7 组装及吊装设备
	与下井组装、调试	10.8 盾构机组装调试程序
		10.9 盾构机组装顺序
		10.10 盾构组装措施
		10.11 盾构机调试
		10.12 盾构下井组装、调试的工期安排
		10.13 盾构机始发前的检查与注意事项
		11.1 盾构机初期掘进
		11.2 正常掘进与主要施工工艺
		11.3 渣土改良和管理
		11.4 掘进过程中姿态控制
第2篇		11.5 管片拼装
区间盾构隧道		11.6 盾构同步注浆
		11.7 地层与建(构)筑物隆降控制
	第11章	11.8 刀具的更换
	盾构掘进施工	11.9 洞内出渣、运输及弃土外运
		11.10 隧道通风、循环水、照明
		11.11 盾构机到达
		11.12 盾构转场
		11.13 盾构掘进中的重点与难点分析及对策
		11.14 防止管片上浮的控制
		11.15 对盾构掘进过程中突发险情的预案
		11.16 盾构机解体、退场方案
		12.1 管片的自防水
		12.2 管片接缝的防水
	第12章	12.3 其他措施
	盾构隧道的防水	12.4 联络通道防水
		12.5 洞门防水施工
第3篇		13.1 施工概述
盾构区间	第13章	13.2 施工部署
附属工程	中间风井施工	13.3 总体施工方案
		13.4 基坑围护结构施工

第十章 施工技术资料

		13.5 支撑架设施工
第3篇 盾构区间 附属工程	第13章 中间风井施工	13.6 风井端头加固施工
		13.7 基坑降水施工
		13.8 基坑开挖及土方外运
		13.9 中间风井结构施工工艺及技术措施
		13.10 覆土回填及地表恢复
		13.11 中间风井防水施工
	第14章 区间附属联络通道、洞门施工	14.1 联络通道/泵房施工
		14.2 洞门施工
第4篇 施工测量 与监控量测	第15章 施工测量	15.1 测量控制网的检测
		15.2 施工控制网布设
		15.3 联系测量
		15.4 地下施工控制导线测量
		15.5 施工测量
		15.6 隧道贯通测量
		15.7 竣工测量
		15.8 主要技术要求及保证措施
第5篇 施工项目管理 及风险分析	第16章 监控量测	16.1 区间盾构隧道监控量测
		16.2 中间风井监控量测
		16.3 监控量测管理体系和质量保证措施
	第17章 工程项目管理	17.1 总体目标
		17.2 质量管理
		17.3 现场安全与文明施工
		17.4 环境保护技术措施
		17.5 合同管理
	第18章 风险规避 与应急预案	18.1 中间风井土建工程施工风险规避与预防措施
		18.2 盾构区间隧道工程施工风险规避与预防措施
		18.3 施工应急抢修材料、设备配备

二、施工技术方案

1. 编制施工技术方案的作用及意义

施工技术方案是施工组织设计的补充和完善,是项目管理人员对分部(分项)工程、重点施工部位及复杂工序质量控制的依据。在《建设工程项目管理规范》(GB/T 50326—2017)的《项目管理实施规划》中提到了《技术方案》的编写,《施工组织设计》中也包含了《施工方案》内容,但是那些内容只能作为各个分部、分项工程宏观控制,不能作为实施过程中的质量预控,主要原因是在施工过程中经常发生重大设计变更,施工进度、使用功能、质量要求等都会发生变化,因此,对分部(分项)工程、工程重点部位、技术复杂、重大设计变更及采用新技术的关键工序等，必须编制完善的施工技术方案，只有这样才能有效地保证各分部、分项工程质量。工程质量是"多因一果"的问题，影响因素涉及很多方面，其中一个很重要的因素是施工方案的选择。一个复杂造型的结构，如果施工方案合理，工程质量可以达到很高的水平，如果施工方案选择得不合理，不但工程质量上不去，甚至会出现工程事故。

施工方案是针对分部、分项工程而写的，它的对象是工程管理人员，要求针对性、可操作性要强，要图文并茂，要有特殊部位的施工方法。它是实现合同目标和质量预控的中间环节，是施工组织设计的延续和完善。

2. 施工技术方案的内容

（1）编制依据：施工组织设计、方案设计、相关的技术标准等。

（2）分部、分项工程概况：该分部、分项工程的建筑和结构概况，对其特点、重点、难点进行分析。

（3）施工准备：包括技术准备、机具准备、材料准备、试验及检验工作准备的内容。

（4）施工安排：应明确施工部位、工期要求、劳动力组织和职责分工。

（5）主要施工方法：具体描述施工工艺流程及技术要点，对施工特点、难点、重点提出施工措施及技术要求。

（6）质量要求：应明确质量标准、允许偏差及验收方法。

（7）其他要求：根据施工合同和行业主管部门要求，制定该施工方案的安全生产、消防、环保等措施。

（8）有关附图。

（9）附：方案设计计算书。

3. 专项施工技术方案

施工单位应当在危险性较大的分部分项工程施工前编制专项方案；对于超过一定规模的危险性较大的分部分项工程，施工单位应当组织专家对专项方案进行论证。专项方案编制应当包括以下内容：

（1）工程概况：危险性较大的分部分项工程概况、施工平面布置、施工要求和技术保证条件。

（2）编制依据：相关法律、法规、规范性文件、标准、规范及图纸（国标图集）、施工组织设计等。

（3）施工计划：包括施工进度计划、材料与设备计划。

（4）施工工艺技术：技术参数、工艺流程、施工方法、检查验收等。

（5）施工安全保证措施：组织保障、技术措施、应急预案、监测监控等。

（6）劳动力计划：专职安全生产管理人员、特种作业人员等。

（7）计算书及相关图纸。

专项方案应当由施工单位技术部门组织本单位施工技术、安全、质量等部门的专业技术人员进行审核。经审核合格的，由施工单位技术负责人签字。实行施工总承包的，专项方案应当由总承包单位技术负责人及相关专业承包单位技术负责人签字。由于盾构施工的特殊性，盾构施工中的大部分技术方案均为专项施工技术方案，应严格按照有关要求进行编写并进行评审。

4. 施工技术方案实例

某盾构项目施工技术方案实例，见表10-2。

表 10-2　某盾构项目施工技术方案实例

专项施工方案	盾构临时用电施工技术方案
	盾构吊装施工技术方案
	盾构下井组装、调试施工技术方案
	45t 门吊组装施工技术方案
	盾构进出洞施工技术方案
	盾构掘进施工技术方案
	盾构机站内调头施工技术方案
	盾构机站内过站施工技术方案
	盾构施工监控测量施工技术方案
	联络通道冷冻法(矿山法)施工技术方案
	盾构下穿××河施工技术方案
	盾构下穿房屋施工技术方案
一般性施工方案	盾构临建施工技术方案
	管片施工技术方案
	端头加固施工技术方案
	盾构隧道手孔封堵及嵌缝施工技术方案
	盾构隧道防水堵漏施工技术方案

第三节
施工过程中的技术资料

施工过程中的技术资料主要为设计图纸，依据设计图纸进行施工是工程施工最基本的要求。对于盾构掘进施工来说，设计图纸从狭义上来讲就是盾构区间的平纵断面图。在此基础之上编制的"三图一表"对盾构掘进施工具有指导性的意义。盾构区间的附属工程设计图纸，如联络通道等，其图纸类似于一般的工民建工程。另外，施工过程中的技术资料还有针对某些工序和特殊施工所编制的技术交底等。

一、三图一表

三图一表指的是盾构区间的平纵断面图、管片排版图、监测点布置图和沉降监测表。

1. 平、纵断面图

显示盾构掘进的平面和纵断面线形，反映盾构掘进中的平面曲线及曲线半径、纵断面坡度等，在图上标示出区间的始发及接收里程，并对区间沿线的地面情况及地质情况作出说明，见图 10-1 和图 10-2。

2. 管片排版图

管片排版图是依据平纵断面图，使用专业软件，将盾构管环的垂直投影真实地反映到图上。通过管片排版，可以反映出理论上此盾构区间所需要的盾构管片型号、区间联络通道所在的位置。管片排版是盾构掘进施工中的重要指导资料，见图 10-3。

3. 监测点布置图

盾构施工的地面沉降监测点依据相关规范进行布置。在隧道中心线上每 10m 布置一个点，每 30m 进行加密点布置。将监测点布置的情况反映到平面图上，结合沉降监测表指导掘进，见图 10-4。

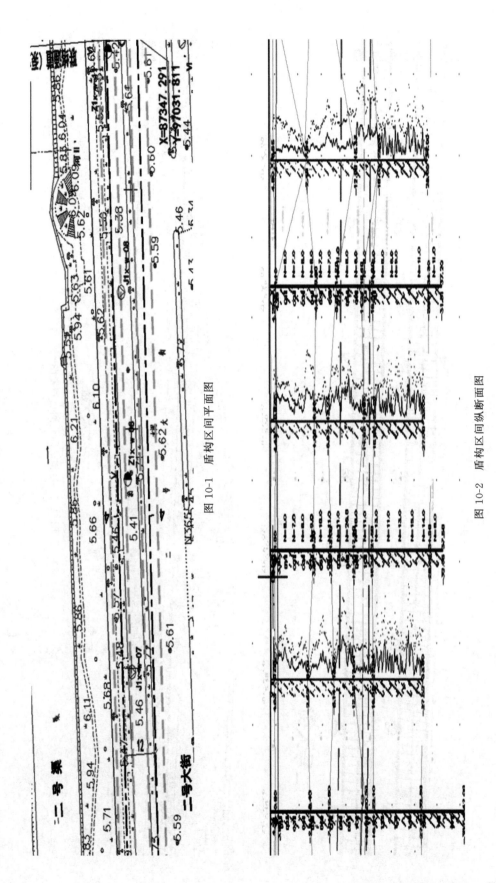

图 10-1 盾构区间平面图

图 10-2 盾构区间纵断面图

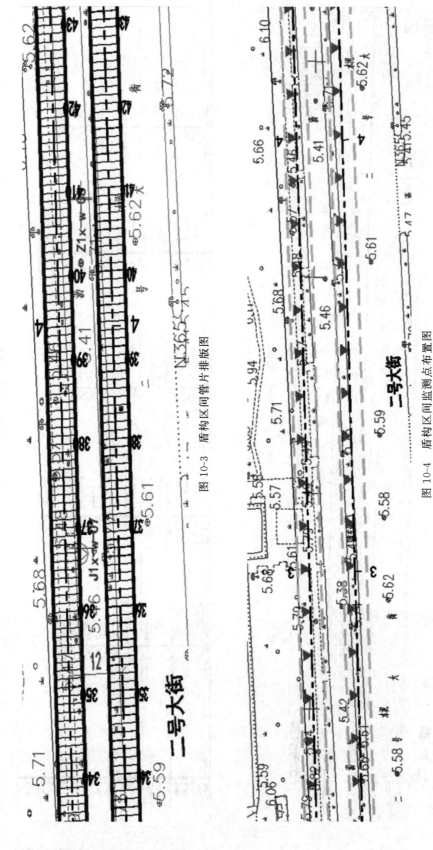

图 10-3 盾构区间管片排版图

图 10-4 盾构区间监测点布置图

4. 沉降监测表

沉降监测表是反映地面监测点每日沉降情况的记录性表格,通过与监测点布置图的结合对照,对盾构掘进施工中的地面沉降情况作出全面反映,见表10-3。

表10-3 地面沉降监测表

工程名称: 　　　　　　　　　　　　　　　　　　　　　　　　　天气:

测试仪器:TOPCON AT-G2 　　　　　　　仪器精度:0.01mm

　　　　　　　　　　　　　　　　　　　　　　　　　　　　　　测试人员:

测试日期:××××年××月××日

组号	点号	初始高程/m	本次高程/m	上次高程/m	本次变化量/mm	累计变化量/mm	变化速率/(mm·d^{-1})	备注
备注								

编制人: 　　　　　　　工程负责人: 　　　　　　　监测单位:

二、技术交底

技术交底是施工方案的延续和完善,是工程质量预控的最后一道关口,技术交底是针对项目作业层人员而写的,是施工工艺性质的,但又不能照搬照抄施工工艺。编写时应该重点、难点突出,要求图文并茂。它的目的是要求作业层施工人员在没有图纸、不看规范的情况下,使工程质量达到图纸及规范的要求,所以,编写内容要细,可操作性要强,在保证工程质量的情况下,还要兼顾安全。

技术交底的编制内容如下:

(1) 工程概况。

(2) 工作内容和工作量。

(3) 质量、安全、进度、文明施工、环境保护等目标。

(4) 施工准备
① 材料准备；
② 机具准备；
③ 作业条件及人员准备。
(5) 操作工艺
① 工艺流程；
② 作业准备；
③ 施工工艺。
(6) 质量标准
① 主控项目；
② 一般项目；
③ 质量控制点。
(7) 成品保护。
(8) 安全与环境。
(9) 施工注意事项。

第四节 工程竣工技术资料

工程竣工的技术资料主要为施工过程中的记录性文件，包括各种原始记录、质量控制及验收记录、施工日志等。这类资料在工程施工中主要起到佐证作用，通过对各施工工序的施工过程及质量控制、验收情况进行记录，为工程的质量问题提供溯源保障。以下为某盾构工程的施工记录用表范例。

一、质量检验资料

1. 盾构区间土建工程分部、分项划分（表 10-4）

表 10-4　盾构区间分部、分项划分表

单位工程	分部工程	分项工程	检验批划分
土建工程	竖井	土方	每个施工段
		支护	每个施工段
		地基基础	每个施工段
		降水与排水	每个施工段
		主体结构（模板）	每个施工段
		主体结构（钢筋）	每个施工段
		主体结构（混凝土）	每个施工段
		防水工程	每个施工段

续表

单位工程	分部工程	分项工程	检验批划分
土建工程	管片制作	管片模具	周转100次
		管片钢筋	每15环
		钢管片	每15环
		管片成品	每15环
	防水工程	管片防水	100环
		特殊部位防水	每处
	盾构掘进与管片拼装	管片拼装	50环
		盾构掘进	50环
	联络通道	土体加固	每施工段
		支护工程	每施工段
		衬砌（模板）	每施工段
		衬砌（钢筋）	每施工段
		衬砌（混凝土）	每施工段
		防水	每施工段
	洞门工程	结构（模板）	每个洞门
		结构（钢筋）	每个洞门
		结构（混凝土）	每个洞门
		地基基础	每个洞门

注：1. 盾构隧道区间验收标准是根据《盾构法隧道施工及验收规范》和《地下铁道工程施工质量验收标准》进行编制的。

2. 竖井的分项工程可参照地下车站的相关内容进行确定。

3. 联络通道（泵房）防水见矿山法区间隧道。

4. 洞门工程的分项工程可参照地下车站的相关内容进行确定。

5. 土体加固除冷冻法加固是参照《煤矿井巷工程质量验收规范》进行编制的。

6. 壁后注浆、二次注浆等没有设为分项工程，因为作为质量验收，其指标较难控制，所以注浆的内容纳入盾构掘进中考虑。

2. 盾构区间土建工程验收表格（表10-5）

表10-5 盾构区间土建工程验收表格

序号	表格名称
附表1-1	盾构区间土建子单位工程质量竣工验收记录
附表1-2	盾构区间土建子单位工程质量控制资料核查记录
附表1-3	盾构区间土建子单位工程安全和功能检验资料核查记录及主要功能抽查记录
附表1-4	盾构区间土建子单位工程观感质量检查记录
附表1-5	管片模具工程检验批质量验收记录
附表1-6	管片钢筋工程检验批质量验收记录
附表1-7	钢管片工程检验批质量验收记录
附表1-8	管片成品工程检验批质量验收记录

续表

序号	表格名称
附表 1-9	管片防水工程检验批质量验收记录
附表 1-10	特殊部位防水工程检验批质量验收记录
附表 1-11	管片拼装工程检验批质量验收记录
附表 1-12	盾构掘进工程检验批质量验收记录
附表 1-13	冷冻法地基加固工程检验批质量验收记录

注：表格范例见附表 1-1～附表 1-13。

二、质量记录资料

1. 盾构隧道区间施工记录表格（表 10-6）

表 10-6　盾构区间施工记录表格

序号	表格名称	备注
附表 2-1	管片模具检测记录表	管片生产原始记录
附表 2-2	管片钢筋骨架制作检查记录	
附表 2-3	混凝土管片组模及浇筑记录表	
附表 2-4	管片蒸养记录表	
附表 2-5	混凝土管片成品检测记录表	
附表 2-6	管片模具检测汇总表	
附表 2-7	管片钢筋骨架制作检查汇总表	
附表 2-8	混凝土管片组模及浇筑汇总表	
附表 2-9	管片检漏记录表	
附表 2-10	混凝土管片成品检测汇总表	
附表 2-11	衬砌圆环三环拼装记录表	
附表 2-12	盾构推进拌浆记录表	
附表 2-13	盾构同步注浆记录表	
附表 2-14	盾构二次注浆记录表	
附表 2-15	盾构管片拼装记录表	
附表 2-16	盾构机掘进指令及盾构姿态记录表	
附表 2-17	隧道圆环轴线位置记录表	
附表 2-18	冻结施工钻孔记录	
附表 2-19	冻结加固冻结孔成孔汇总表	
附表 2-20	冻结加固温度监测日报表	
附表 2-21	冻结加固冻结运转日报表	

注：表格范例见附表 2-1～附表 2-21。

2. 监控量测施工表格（表 10-7、表 10-8）

表 10-7　测量施工表格

序号	表格名称
附表 3-1	测量控制点交接表
附表 3-2	测量控制点汇总表
附表 3-3	加密平面控制点测量复核记录
附表 3-4	加密高程控制点测量复核记录
附表 3-5	工程控制点放样（复核）记录
附表 3-6	测量人员、设备进场使用报验单
附表 3-7	工程测量计划报审表
附表 3-8	施工测量方案报审表
附表 3-9	施工测量报验单
附表 3-10	业主测量队加密平面控制点检测成果表
附表 3-11	业主测量队加密高程控制点检测成果
附表 3-12	业主测量队工程控制点放样（检测）成果表
附表 3-13	技术工作联系单

注：表格范例见附表 3-1～附表 3-13。

表 10-8　监测施工表格

序号	名　　称
附表 4-1	＿＿＿＿沉降监测报告
附表 4-2	＿＿＿＿位移监测报告
附表 4-3	支撑轴力监测报告
附表 4-4	＿＿＿＿水位监测报告
附表 4-5	隧道收敛监测报告
附表 4-6	应力应变监测报告
附表 4-7	测斜监测报告
附表 4-8	分层沉降监测报告
附表 4-9	土压力监测报告
附表 4-10	＿＿＿＿监测（周报、月报）报表

注：表格范例见附表 4-1～附表 4-10。

第十一章 环境保护

第一节 施工环保防治目标

为保护施工现场周边生活环境,防止污染和其他公害,以人为本,保障人体健康,根据《中华人民共和国环境保护法》及国家和地方相关的法律规定,制定施工现场环保措施。

在工程施工期间,应对噪声、大气、废水和固体废弃物进行全面控制,尽量减少这些污染排放所造成的影响。文明施工、保护当地水环境及周边植被不被破坏,最终应使得环境保护的各项指标达到国家和当地法规规定的要求。

第二节 环境污染防治措施

一、噪声污染防治措施

盾构施工噪声污染源主要有以下几种:施工机械、施工活动和水平运输等。工程开工前应向当地政府环保部门提出申请,说明工程项目名称、建筑名称、建筑施工场所及施工工期,可能排放到建筑施工场界的环境噪声强度和所采取的噪声污染防治措施等。

项目部在条件允许的情况下应选用低噪声和低振动的施工机械,同时采用低噪声施工工艺和方法。施工作业时间严格按照当地基本建设文明施工规定的要求,除必须连续作业的施工项目外,夜间一般不进行施工,并按照不同施工阶段施工作业噪声的限制,安排作业时间。

噪声污染防治措施:

（1）夜间避免进行产生噪声污染、影响他人休息的施工作业，但抢修、抢险作业除外。生产工艺必须连续作业的或者因特殊需要必须连续作业的，报请环境保护部门批准。

（2）采取措施，把有噪声污染减小到最小的程度，并与受其污染的组织和有关单位协商，达成协议。

（3）合理安排作业时间，将混凝土施工等噪声较大的工序放在白天进行，在夜间避免进行噪声较大的工作。

（4）尽量使用商品混凝土，混凝土构件尽量工厂化，减少现场加工量。

（5）吊车指挥配套使用对讲机，保持电动工具的完好，采用低噪产品。

（6）钢轨和型钢搬运轻拿轻放，下垫枕木；减少材料现场制作，如需制作，操作间应设置防护隔离措施。

（7）使用手持电动工具（液压扳手、手电钻、手砂轮等）时，周围设围挡隔声，使用的设备性能优良，并合理安排工序，不集中使用。

（8）门吊及电瓶车等设备如在夜间行驶，应在保证安全的前提条件下尽量减少鸣笛次数和鸣笛时间，并应适当降低速度，以减小行驶中产生的噪声和震动。

二、大气污染防治措施

盾构施工中产生的大气污染主要集中于盾构出土这一施工环节中。盾构施工的大气污染防治主要应解决土方存放和施工场地两方面的问题。

（1）集土坑的土方应及时外运弃土，若不能及时出土，应使用篷布等将堆积土方覆盖，避免大风扬尘。

（2）选择合格的运输单位，做到运输过程不散落。在使用、运输水泥、白灰和其他容易飞扬的细颗粒散体材料时，要做到轻拿轻放文明施工，防止人为因素造成扬尘污染。

（3）施工场地主要道路应进行硬化，硬化后的道路应经常进行清扫，避免场地积灰过多。

（4）对易产生粉尘、扬尘的作业面和装卸、运输过程，制定操作规程和洒水，保持湿度。在风力较大的情况下尽量不进行产生扬尘的施工作业。

（5）施工现场出入口设洗车槽，车辆出场冲洗车轮，减少车轮携土，拆除构筑物时要有防尘遮挡，在旱季适量洒水。

（6）工程使用混凝土由中心拌合站集中供应。水泥等易飞扬细颗粒散体物料尽量使用灌装水泥，对袋装水泥必须库内存放、覆盖。

（7）严禁在施工现场焚烧任何废物和会产生有毒有害气体、烟尘、臭气的物质。

（8）施工用的油漆、聚氨酯、防水涂料等易污染大气的化学物品统一管理，用后盖严，防止污染大气。

三、水污染防治措施

盾构施工排放的废水主要有：井点降水抽排的地下水、雨水、生活废水、搅拌及各种设备车辆清洗废水等。水污染的防治需避免侵入公用排水系统，特别是掺杂有毒有害物质的废水，需及时处理。项目部应设置完备的三级沉淀系统，经沉淀的废水可以作环境绿化或冲洗打扫用。

(1) 在工程开工前完成工地排水和废水处理设计，注重在整个施工过程中的有效性，做到现场无积水、排水不外溢、不堵塞、水质达标。

(2) 雨季施工时制订有效的排水措施，制订钻（冲）孔桩施工现场有效的废浆处理措施，对桩基施工中溢出的泥浆经过沉淀池沉淀后再进入泥浆池循环利用，对沉淀池定期进行清理，拉运至隧道弃渣场丢弃。

(3) 根据施工实际，考虑当地降雨特征，制订雨季，特别是汛期，用来避免废水无组织排放、外溢、造成当地水污染事故发生的排水应急相应工作方案，并在需要时实施。

(4) 施工现场设置专用油漆油料库，库房地面墙上做防渗漏处理，存储、使用、保管由专人负责，防止油料跑、冒、滴、漏。

四、固体废物污染防治措施

固体废物污染环境的防治，实行减少固体废物的产生，充分合理利用固体废物和无害化处置固体废物的原则。盾构工程产生的固体废物主要有以下几种：挖出的土方、砂浆、碎砖等工程垃圾，各种装饰材料的包装物，生活垃圾及施工结束后临时建筑拆除产生的废弃物等。

(1) 减少固体废物产生的措施：混凝土、砂浆等集中搅拌，减少落地灰的产生；钢筋采用加工厂集中加工方式，减少废料的产生；临时建筑采用活动房屋，周转使用，减少工程垃圾。

(2) 综合利用资源，对固体废物实行充分回收和合理利用。固体废物综合利用的措施：工程废土集中过筛，重新利用，筛余物用粉碎机粉碎，不能利用的工程垃圾集中处置；建立水泥袋回收制度；施工现场设立废料区，专人管理，可利用的废料先发先用；装饰材料的包装统一回收。

(3) 有利于保护环境的集中处置固体废物措施：施工现场设固定的垃圾存放区域，及时清运、处置建筑施工过程中产生的垃圾，防止污染环境。

(4) 加强固体废物污染环境防治的研究、开发工作，推广先进的防治技术和普及固体废物污染环境防治的科学知识。

(5) 制定泥浆和废渣的处理、处置方案，选择有资质的运输单位，及时清运施工弃土和弃渣，在收集、贮存、运输、利用、处置固体废物的过程中，采取防扬散、防流失、防渗漏或其他防止污染环境的措施。建立登记制度，在运输沿途不丢弃、遗撒固体废物。

(6) 土方、渣土自卸车，垃圾运输车，全封闭运输。运输车辆出场前清洗车身、车轮，避免污染场外路面。

(7) 对收集、储存、运输、处置固体废物的设施、设备和场所，加强管理和维护，保证其正常运行和使用。

(8) 教育施工人员养成良好的卫生习惯，不随地乱丢垃圾、杂物，保持工作和生活环境的整洁。

(9) 施工中产生的建筑垃圾和生活垃圾，应当分类、定点堆放，并与环卫公司签订合同，由环卫公司进行专业化及时清运，不得乱堆乱放；建筑物内的垃圾必须装袋清运，严禁向外扬弃。

第三节
施工环保计划

一、环境监测计划

(1) 施工现场的环境监测由项目总工程师组织实施,由安全环境管理部负责。监测的对象包括场界噪声、污水排放及粉尘等;监测的频率为每月进行一次,施工淡季和非高峰期每季监测一次。

(2) 项目部施工现场噪声监测由项目部自行完成,并做好监测记录,污水排放与地方环保部门办理排污许可证,项目配置沉淀池等设施,并做定期检查。

二、环境监控计划

项目部在实施噪声和污水环境监测的同时,对粉尘排放等不易量化的指标的环境因素进行定性检查,监控环境目标和指标的落实情况。

三、防止和减轻水、大气污染计划

(1) 严格按施工总平面布置的布局进行管理,在每一工地生活区范围设置生活污水汇集设施,防止污水直接汇入河流、水道、湖泊或灌溉系统。

(2) 施工中和生活区所产生的废渣和垃圾,集运到当地环保单位指定的地点堆放,不得随意乱堆弃,以造成水土污染。施工中拌和或筛分无机结合料时要采取喷水抑尘措施。

(3) 水泥应采取袋装或罐装运输,石灰应遮盖运输,并按规划地点堆放。

四、临时设施工程管理计划

(1) 采取一切合理措施,对施工作业产生的灰尘进行洒水等防尘措施,有挥发性的材料(如水泥、石灰等)在运输和堆放过程中,要加以遮盖,防止污染。

(2) 所有引出与泵出的水,都应在不致使水再浸入本工程的地点和地面上排出,排水的方式不致给土地所有者、与业主有约的其他承包人,以及现场以内或临近的个人带来冲刷、污染或分割。采取一切措施,防止将含有污染物质或可见悬浮物的水排入河流、水道或现场的灌溉或排水系统中,在没有监理工程师书面同意情况下,不得干扰河流、水道或现有的灌溉或排水系统的自然流动。

(3) 施工中采取一切预防措施,防止其所使用或占用的土地以及任何水域的土壤受到冲刷,并积极采取措施,防止施工中挖出的或冲刷出来的材料在任何水域中产生淤积。

五、噪声控制计划

(1) 在居民区、学校、医院等公用设施附近施工时,应采取措施和改进施工方法,使施工产生的噪声和振动尽可能减至最低程度,并将措施汇报给监理批准。

(2) 施工使用的挖掘机、空压机、风镐、搅拌机、压路机、电锯等高噪声和高振动的施工机械，应避免夜间在居住区和敏感区附近作业。

（3）噪声的控制，应尽量避免夜间施工，并且采取隔声措施。施工高峰期的控制：为了尽量减少对居民的施工干扰，将施工中大部分混凝土浇筑安排在白天进行。

（4）选取素质较高的民工，入场后还应加强教育。

（5）在施工过程中应尽量减少扰民的噪声，对容易产生噪声的钢筋加工、搅拌机、混凝土振动棒、模板拆除等，采取措施，降低或冲减噪声源。

（6）钢筋加工厂安排要远离宿舍区，并尽量在白天进行加工。搅拌机工作时应采用隔音屏障。

（7）混凝土振动棒，应向操作者交底，尽量避免与模板和钢筋接触。模板拆除时应轻拆轻放，以减少碰撞。

（8）施工现场指挥生产，采用无线电对讲机，既可进行工作联络，又可减少人为的叫喊声。

六、加强运输车辆的管理计划

（1）运输车辆保持车容整洁，车厢完好。车辆装载不宜过满，对易产生扬尘的车辆用篷布遮盖，在施工场地出入口设冲洗槽，配备高压水枪。

（2）加强现场运输车辆出入的管理，车辆进入禁止鸣笛，对钢管、钢模、钢模板的装卸，采用人工递送的办法，减少金属件的碰撞声。

七、防火计划

施工现场严格执行《中华人民共和国消防条例》和公安部关于建筑工地防火的基本措施。加强消防工作的领导，建立一支义务消防队，现场设消防值班人员，对进场职工进行消防知识教育，建立安全用火制度。

八、防止污染计划

1. 大气污染

（1）施工垃圾搭设封闭临时专用垃圾道或采用容器吊运，严禁随意凌空抛撒，垃圾及时清运，适量洒水，减少扬尘。

（2）水泥等粉细散装材料，采取室内（或封闭）存放或严密遮盖，卸运时采取有效措施，减少扬尘。

（3）现场的临时道路地面做硬化处理，防止道路扬尘，在现场设置搅拌设备时，安设挡尘装置。

2. 水污染

（1）进行混凝土、砂浆等搅拌作业的现场，设置沉淀池，使清洗机械和运输车的废水经沉淀后排入市政污水管线或回收用于洒水降尘。

（2）控制施工产生的污水流向，防止蔓延，并在合理的位置设置沉淀池，经沉淀后排入污水管线，严禁流出施工区域污染环境。

（3）现场存放油料的库房进行防渗漏处理，储存和使用都采取措施，防止跑、冒、滴、漏，污染水体。

（4）施工现场临时食堂的用餐人数超过100人时，设置简易有效的隔油池，定期掏油，防止污染。

（5）垃圾必须搭设封闭临时专用垃圾道，严禁随意高空抛撒。施工垃圾及时清运，适量洒水，减少扬尘。

（6）水泥等粉细散装材料，采取室内或封闭存放，卸运时要采取遮盖措施，减少灰尘。

（7）现场搅拌设备要安设除尘装置，食堂和开水房使用汽化油做燃料，避免烟尘污染。

九、环境卫生计划

（1）施工现场设专人负责卫生保洁，保持现场整洁卫生，道路畅通、无积水。

（2）在现场大门口设置简易洗车装置，对进出现场的运输车辆车轮携带物进行清洗，做好防遗撒工作。

（3）现场设封闭垃圾站，集中堆放生活及施工垃圾。

（4）办公室实行轮流值班，每天清扫，保持室内清洁，窗明地净。

（5）施工现场不许随地大小便，厕所墙壁、屋顶要严密，门窗要齐全，并设专人管理，经常冲洗，防止蚊蝇滋生。

（6）食堂及时办理卫生许可证、炊事人员健康证和卫生知识培训证，上岗必须穿戴整洁的工作服、帽，个人卫生做到"四勤"。食堂内无蝇、无鼠、无蛛网，保持炊具卫生，杜绝食物中毒。

（7）设立开水间，保证开水供应，做到不喝生水。

（8）职工宿舍达到整齐干净，空气清新。

（9）现场必须节约用电，白天不准有长明灯，昼夜不准有长流水。

十、施工现场不扰民计划

（1）按工艺要求，避免夜间施工扰民。

（2）夜间施工时，应安排噪声低的工种进行施工。

（3）施工工艺要求必须24小时连续施工的，应先到环保部门办理夜间施工许可证。

（4）成立以项目经理、施工员、安全员以及班组长为主的防止扰民领导小组。

（5）降低混凝土振动器噪声，将高频振动器施工改为低频振动器（混凝土振动器），以减少施工噪声。

（6）降低钢模施工带来的噪声，在居民生活区内的施工现场，小钢模改为竹胶板，以减少振动器冲击钢模产生的噪声。

（7）木工机械使用时，出料口应设三角形开口器，减少木料夹锯片发出的噪声，或设在地下室。

（8）对施工人员进场进行安全文明施工教育，施工中或生活中不准大声喧哗，特别是晚10时之后、早6时前不准发出人为噪声。

（9）材料不准从车上往下扔，采用人扛下车和吊车吊运，钢管堆放不发生大的声响。

（10）夜间施工争取减少现浇混凝土及大型材料倒运，如遇抢工需夜间施工，首先通知居民委员会，以求谅解。

十一、施工现场有毒有害废弃物污染控制计划

(1) 废弃物分为一般废弃物和有毒有害废弃物,一般废弃物又分为可回收和不可回收两种。各种废弃物应分类存放。

(2) 为了防止废弃物再次污染,应对各种废弃物采取相应的防护措施。例如,带粉尘的废弃物应采取封闭措施,防止扬尘对大气的污染;有毒、有害固体废弃物为防止其产生的有毒有害气体或污染源蔓延,应采取隔离封闭措施。

(3) 垃圾存放位置应合理,且便于清运,垃圾点设明显标识以防混投。对于体积较大的有毒有害废弃物(如废油桶、废油漆桶、稀料桶等),现场也应设置固定的存放点。对产生的液态废弃物(废油及各种废液的化学危险品等),应设置专门的容器存放,并加以标识。

(4) 建筑垃圾应及时清理,在工完料清的前提下将各楼层垃圾清运至施工现场固定的存放点。

(5) 大量废弃物在场内运输时,搬运过程中一定要做到不遗漏、不混投。

(6) 固体废弃物要即时清运,避免堆积。清运时,对于粉尘类废弃物应采取防尘措施,对于有毒有害废弃物应采取防遗漏措施。

(7) 建立合格消纳方名册:项目经理部负责编制建筑垃圾合格消纳方名册,报单位施工部门审批后发布。废弃物消纳方必须是具有准运证的合法单位,且需有建筑垃圾消纳的资质证明和经营许可证。有毒有害废弃物消纳方还应是具备相关处理能力并经环境部门认可资格的机构。

(8) 施工现场产生的废弃物必须由名册内的消纳方负责回收处理。

(9) 各工程项目部在消纳方来现场回收废弃物时,应将废弃物的种类、数量和处置记录在"废弃物处理统计表"上,并由消纳方代表签字认可。

十二、施工现场环境保护管理计划

(1) 施工现场要有专人管理环保工作,要经常保持清洁卫生,保持道路畅通,运输车辆不应带泥、沙进入现场,并做好车辆过后不能有溜散、扬土在路上。

(2) 现场垃圾站要及时清理,清理现场垃圾要按规定装卸,严禁乱倒乱卸。

(3) 项目经理对办公室、民工宿舍、垃圾站、食堂及食品卫生要经常检查,提出改进建议,厕所要有专人做清洁工作。

(4) 各种区域内有专人负责卫生,并划分责任区。

(5) 生活区和工程用的废水、废气、废渣等要进行严格处理,才能清出场外。

(6) 施工中容易飞扬溜散的物品如水泥、白灰等严禁不文明装卸。

十三、地下管线及其他地上地下设施的加固计划

(1) 在开挖前应先了解地下管线的布置情况,根据地下管线的布置情况制定开挖方案,开挖方案中要充分考虑地下管线的保护措施。

(2) 如果开挖过程中必须要破坏地下管线,应先通知相关部门进行有效的处理后才能开挖。

(3) 若工地四周有线路,必须搭设防护棚进行防护,避免损坏线路。

(4) 若线路必须改道的,必须通知相关部门,经相关部门同意后方能改道。

(5) 对地下管道，用钢管搭架进行支撑加固或做砖墩进行支撑，不能让其悬空。

十四、减少降低环境污染和噪声的计划

1. 保证降低环境污染的计划

(1) 为防止大气污染，施工现场采取如下具体措施：

① 职工大灶和茶炉，采用煤气（电）方式，每月进行两次自检。

② 现场严禁烧杂物。

③ 每月进行 3 次烟尘黑度监测。

(2) 为防止施工粉尘污染，现场采取如下具体计划：

① 工程施工现场采用砖砌围墙进行现场围挡，并保证高度在 5.4m 以上。

② 对类似水泥的易飞扬细颗粒散体材料，安排在临时库房存放或用彩条布遮盖；运输时采用彩条布遮盖或其他方式防止遗撒、飞扬；卸装时要小心轻放，不得抛撒，最大限度地减少扬尘。

(3) 对进出现场的车辆进行严格的清扫，做好防遗撒工作。在土方开挖运输期间，设专人负责清扫车轮，并拍实车上土，对松散易飞扬物采取遮盖。

(4) 对临时施工道路进行路面硬化，在干燥多风季节定时洒水。

(5) 结构施工中的施工垃圾采用容器吊至封闭垃圾站，并及时清运。

(6) 运输车不得超量运载，运载工程土方最高点不超过车辆槽帮上沿 50cm，边缘低于车辆槽帮上沿 10cm，装载建筑渣土或其他散装材料不得超过槽帮上沿。

2. 减少降低噪声污染的计划

(1) 施工现场提倡文明施工，建立健全控制人为噪声的管理制度，尽量避免大声喧哗，增强全体施工人员防噪声扰民的自觉意识。

(2) 定期对施工作业人员进行文明施工的教育，对施工生产有关管理人员定期进行施工现场噪声控制要求的考核。

(3) 浇筑混凝土时尽量控制在 6:00～22:00，并采取低频振捣棒，结构施工阶段昼间不超过 70dB，夜间不超过 55dB，并经常测试。混凝土浇筑如需连续施工，在夜间施工时，必须做好周围居民的工作并向环保局提出书面报告，同时要尽量采取降噪措施，做到最大限度地减少扰民。

(4) 对强噪声机械如电锯、电刨等，使用时必须在封闭工棚内，尽量选用低噪声或备有消声降噪设备的施工机械；对使用时不能封闭的机械如振捣棒等，严格控制工作时间。

(5) 建筑物四周挂降噪网。

(6) 施工期间，尤其是夜间施工，尽量减少撞击声、哨声，禁止乱扔模板、拖铁器及大声喧哗等人为噪声。

(7) 每月进行两次噪声值监测，并在夜间 22:00 以后进行抽测。

(8) 加强噪声监测，采取专人监测、专人管理的原则，及时对施工现场超标的有关因素进行调整，达到施工噪声不扰民的目的。

(9) 会同有关部门和领导及时妥善处理重大扰民问题，详细记录问题及处理结果，必要时及时上报监理和甲方。

第十二章
工程综合案例

 工程案例一：

某市地铁某盾构区间地面坍塌事故

一、事故情况简述

1. 总体情况

2018年2月7日晚上7时，某市地铁一期工程某盾构区间右线施工至800环时，工地突发透水，作业工人尝试堵漏未果，至晚上8时40分左右，现场透水面积扩大，导致隧道管片变形及破损，引发地面路面三十多米路段坍塌。事故造成11人死亡，9人受伤，构成重大安全事故。

2. 具体经过

2月7日晚上6时至7时之间，地上路面交通一切正常，地下深处，施工单位负责的该市地铁2号线盾构区间有30多名施工人员与盾构机一起，正在向前掘进。就在3个月前，车站完成了主体结构的施工。

此时盾构机已经掘进到了800环管片的位置，在盾尾尾刷位置处出现少量漏浆，作业工人正在进行堵漏抢险。20时40分左右，堵漏未果，现场透水面积扩大，导致隧道管片变形及破损，发出一声闷响，工人开始争先往井口跑去。

上下施工井口通道只有一条，为了有效通过，班组成员分3次疏散。疏散至地面处清点人数后发现能出来的基本都是最靠近井口的一批。而在盾构机作业面处至少还有4名施工人员未逃脱，此时地面出现30多米的塌陷路段。

二、事故原因分析

(1) 盾尾密封失效导致漏浆。
(2) 盾构推进时弄坏隔水层。
(3) 地下水系发达,工程地质条件复杂。
(4) 采用土压盾构机而不是采用泥水盾构机。

三、事故应急处置

事发后,该工程项目方联系该市地方交警、燃气、供水、供电、通信等相关部门,对道路进行了封闭,对通过现场的管线进行了断水断电断气,对沿途河流进行了截流疏导。待井下情况稳定后,救援人员进入隧道,不断向井下输送氧气、担架、手电筒等救援设备,并调用3台水泵紧急排水,同时调用数台空气压缩机进行井内通风。

从周边一座高楼望向事发地,坍塌的路面已经变成一个大水池,据目测,面积有数百平方米。尚未塌陷的路面出现了长长的裂缝,技术人员对裂缝进行勘测作业。为确保安全,交警实时对路面实施临时交通管制措施,并拉起了警戒线禁止人员进入。交警及交通运输局相关工作人员疏导交通,研究抢修方案。

在坍塌事故现场,多名警察维持秩序。多辆应急抢修车、应急通信车、燃气抢险救援车、供电抢修车停放在附近。消防员等相关工作人员在现场作业。

事故发生后,省委书记、省长要求全力搜救被困人员,防止次生事故,查明事故原因,并举一反三,对大型施工工地隐患进行全面排查整改。省委常委、常务副省长赶赴现场指挥协调救援。该省、市有关部门全力组织力量投入救援处置。市委、市政府高度重视,市委书记、市长及区领导坐镇指挥部指挥事故救援善后工作,并指示要把抢救工人生命摆在首位。经紧急抢救,共救出9名施工人员,他们被及时送往当地医院抢救。

截至2018年2月8日,救援人员仍在进行井下泥沙清理,尽最大努力搜救被困人员。为防止次生事故,该市安排专门力量,对事故现场地表及附近建筑物沉降进行监测,情况正常。当日晚7时5分,救援人员先后从该市地铁工地塌陷处再找到两名被困人员,但经现场诊断均已无生命体征。

四、事故防范措施

为深刻吸取上述事故教训,举一反三,扎实做好安全生产、安全监管工作,严防类似事故再次发生,制订防范措施如下:

(1) 进一步强化建设工程施工安全生产责任制落实。各地区、各有关部门和单位要按照"党政同责、一岗双责、齐抓共管、失职追责"的要求,严格落实属地管理责任、部门监管责任和企业主体责任。

(2) 立即开展建筑企业安全生产大检查工作。各有关企业要立即对所有在建工程项目开展安全生产大检查,以复杂地质条件下的各类隧道、起重机械、深基坑、脚手架、高支模为重点，深入排查治理安全隐患，建立台账清单，做到隐患整改"五落实"。

（3）强化以隧道为重点的建设工程施工安全。各地区、各有关部门和单位，要坚持"隐患就是事故"的理念，督促企业按照复杂地质条件下施工安全风险防范的相关规定，化解复杂天气、复杂地形、复杂工艺等带来的安全风险，严格按照专项方案施工，落实超前水文地质探测预报各项规定，加强施工过程中关键指标监测监控，严格对盾构机等大型设备的管理，在施工现场切实落实法律法规和标准要求的各项措施。

（4）进一步加强春运期间道路交通安全措施。各地区、各有关部门要进一步加强春运期间道路交通安全，从严从细从实组织开展春运安全大检查。

（5）严格事故调查处理和责任追究。各有关地区要认真组织开展事故调查处理工作，查清事故原因，认定事故性质，总结事故教训，依法严肃追究责任，特别是严格对事故企业和相关责任人员的资质和证照进行处罚，并及时纳入安全生产领域联合惩戒"黑名单"，依法依规严格落实各项惩戒措施；对涉嫌犯罪的，要及时移交司法机关，依法追究刑事责任。各企业总部要加强对各级子公司、分公司、控股公司的安全管理，完善安全生产责任制并层层落实，强化风险管控和隐患排查，有针对性地采取强有力的应对措施，强化管理、堵塞漏洞，有效截断事故链条。各级驻地企业要自觉接受属地的安全监管，不得逃避或干涉地方有关部门的安全执法检查，支持地方政府做好本地区安全生产工作。

工程案例二：

某市地铁某区间盾构刀盘磨损事件

一、事故情况简述

某市地铁某盾构区间右线施工至 611 环，刀盘进入石英砂岩和粉质黏土的复合地层，为保证盾构顺利通过该段复合地层，采用带压换刀的方式将原有 38 把撕裂刀更换为滚刀，同时更换部分受损切刀和边缘刮刀。掘进 39 环后，即至 650 环，出现掘进速度骤降，由 12mm/min 降至 2mm/min，项目部立刻组织人员进行二次带压进仓作业，检查并更换了部分面板及周边滚刀。由于更换 8 把滚刀之后掌子面不稳定（顶部坍塌高度约 2.0m），为了保证人员安全，停止换刀，中心滚刀未检查更换。

为确保盾构机通过掌子面坍塌区后安全换刀，恢复掘进至 651 环、652 环。掘进速度 2～3mm/min，推进速度无明显改善，且出现喷涌现象。在掘进过程中，刀盘处地面出现塌陷，直径约 2.8m，塌坑区域位于快车道和非机动车道中间的绿化带内。当晚在塌陷处采用混凝土回填控制险情。

经过地面加固后，再次带压进仓检查，发现刀盘磨损范围是以 1-3# 双联滚刀为中心，直径 2.65m 的圆形区域。

二、事故原因分析

（1）该区间地质复杂多变，软硬不均，且地层中含水量及其变化较大，在掘进过程中容易出现喷涌现象，区间详勘报告中岩层强度远低于实际岩石强度，在强度高的石英砂岩和粉质黏土的复合地层掘进容易导致刀盘磨损。

（2）该复合地层段详勘报告中纵断面与横断面严重不符，且线路位于该市主干道，来往车流量大，无补充勘察条件，勘察资料不能准确反映该复合地层长度、土岩分界面、岩石强度、地下水等关键地质情况。

（3）项目部在该区间施工前根据地勘资料制定了相应地层条件下的刀具配置，并同时规定了相应的换刀里程，但在该里程换刀过程中，刀盘顶部塌陷（顶部坍塌高度约2.0m），如继续带压进仓则危险性较高，地面无加固条件。为了保证人员安全，停止换刀继续掘进，导致部分刀具未更换完成。

（4）650环部分刀具更换完成，在中心刀具未检查到位情况下恢复掘进，651及652环掘进速度异常，项目部对该参数异常情况认识不足，未及时停机研究对策来解决问题。

三、事故应急处置

盾构掘进过程中，项目部安排专人进行地面巡视及监测，在盾构掘进至652环位置时，地面巡视人员在绿化带路缘石部位发现裂缝。施工单位及时与政府部门及地铁公司做了沟通，立即组织人员对绿化带停机位置进行围挡封闭，对绿化带植被进行清除，探明地下管线并采取保护措施。地面塌陷后及时回灌混凝土稳定周边环境，并迅速联系专家研究解决方案。根据三次专家会议精神，确定了先采取地表袖阀管和树根桩注浆加固土体稳定地层，然后在盾构机切口处开挖小竖井对刀盘进行修复的方案。

四、事故防范措施

1. 探明工程地质情况

设计选线时应尽量避开软硬不均地层，使隧道位于均质地层中，以减少盾构施工的风险。施工前必须掌握工程地质及水文地质情况，为科学选择掘进参数提供依据，减少施工的盲目性。盾构施工前期进行多次补充地质勘查工作，能够摸清软硬不均地层地段的工程地质及水文地质情况，为施工预案的制定提供可靠的依据。

2. 掘进模式选择

由于软硬不均地层是一种特殊的地质，既有软岩地层的不稳定性，又具有硬岩的强度，因此为确保地表及地面建（构）筑物的稳定，必须采用土压平衡掘进模式。

3. 掘进参数选择

（1）刀盘转速的选择　在软硬不均地层中掘进，局部岩石硬度较高，硬岩处刀盘的滚刀受力较大，而在软岩部分只需对掌子面进行切削即可破坏土层，但局部硬岩对刀具（即刀

第十二章　工程综合案例

盘）的损伤较大，应适当降低刀盘转速，使刀具受到的瞬时冲击小于安全荷载，刀盘的转速要控制在 1.0r/min 左右。

(2) 土压力的选择　土压力的设定需要综合考虑多方面的因素。在设定土压力时，要考虑：①土层土压力、地下水压力；②由于施工当中存在着不可预见的因素，因此需要考虑一定的预备压力；③能维持开挖面土体稳定，不致因土压设定偏低引起沉降或土压偏高引起地表隆起；④为了降低掘进扭矩、推力，提高掘进速度，降低土压力对刀具的磨损，尽量采取较低的土压力。

(3) 调整千斤顶的推力　盾构掘进在该区段由于盾构表面与地层间的摩擦不均匀、开挖面上的土压力以及切口环切削欠挖地层所引起的阻力不均衡，会引起一定的方向偏差，易使盾构机在推进时发生方向偏差。为了防止盾构机抬头，掘进过程中适当加大顶部千斤顶的顶推力。

(4) 螺旋输送机转速的选择　在软硬不均的地层中，土压的保持是非常重要的，由于软岩部分非常容易坍塌，而硬岩部分因硬度较高不易切削，为保护刀具需要降低掘进速度，但是掘进速度过低对软岩部分的稳定非常不利，因此要保证掌子面的稳定性，需要保持较高的土压。

4. 加强刀具管理

盾构长距离通过软硬不均地段，盾构机刀具磨损严重，换刀频率增加，影响掘进速度。刀具破损主要是受刀具的质量、围岩坚硬程度和人工操作三种因素影响。为保证盾构顺利安全通过硬岩地段，施工过程中需采取有针对性的技术措施。

建立严格的刀具管理制度、制定定期和不定期刀具检查制度，是盾构机在软硬不均段掘进中必要的保障，能够及早发现破损刀具，及时更换，有利于掘进效率的提高和盾构施工安全顺利进行。

停机检查时，尽量避开地表有建（构）筑物地段。在通过软硬不均地层以及地面有建（构）筑物通过前，加密对刀具检查，对磨损较大的刀具进行更换。刀具更换完成后，试运转后检查刀具的安装是否良好，若刀具安装不牢固，要复紧刀具螺栓。当盾构机处在软硬不均地层时，尽量避免在土仓上部地层差的地段换刀。必须在这样的地段频繁更换刀具时，根据在当前地层中刀具的磨损情况与线路前方的地质情况，准确定出更换刀具时的位置，提前对该位置地层进行加固处理。加固体达到强度要求后，再采取压气作业进行刀具更换，确保当盾构机到此位置时，安全顺利地更换刀具。

不定期刀具检查制度：现场施工人员（盾构主司机、值班工程师等）通过掘进过程中推力、扭矩等参数异常以及刀盘发出的响声、出渣情况判断刀盘的运转和磨损情况。当推进艰难时，开仓对刀具进行检查，对刀具磨损进行评估。

5. 软硬不均地层掘进注意事项

在条件允许下，经常、有计划地进入土仓了解工作面，了解工作面软硬不均程度并检查刀具状态，以确定掘进推力的大小，避免刀具超载工作而受损。

在软硬不均地层掘进时必须加强渣土改良，采取向土仓内加入泥浆或膨润土的方式，对砂层或其他软弱地层起泥膜作用，土仓内高压空气不易逸出，可以有效防止软弱地层坍塌。控制出土量，防止坍塌。

工程案例三：

某市轨道交通某区间右线盾构减压舱起火事故

一、事故情况简述

1. 总体情况

2017年2月12日18时30分左右，由某集团有限公司承建的某市轨道交通一期工程某区间，右线盾构现场发生一起事故。3名工人在DK19+138处带压进舱作业完毕后进行减压舱减压过程中，因舱内突然起火受伤，送医院抢救后无效死亡。事故直接经济损失412.7万元。该事故导致3人死亡，构成较大事故。

2. 具体经过

2017年2月12日下午，在某市轨道交通一期工程某区间右线盾构现场，13时30分左右，3名工人带压进行舱内清理碎石作业；16时30分左右，3名工人作业完成后进入减压舱吸氧减压；18时10分左右，减压舱副舱起火；18时30分左右，在采取打开应急排气口、关闭氧气管路阀门、开舱后使用灭火器喷射等紧急措施后，施救人员进入减压舱施救；19时30分左右，施救人员使用隧道电瓶车将受伤人员送至井口，并紧急送医院抢救；20时30分左右，进舱作业的3名工人经医院抢救无效死亡。

二、事故原因分析

1. 事故直接原因

综合技术分析，以及施工程序、专项方案、事故过程、设备技术资料等分析表明：盾构机减压舱在富氧环境下，连接部位均为金属构件的舱内自动翻折式座椅，在反复翻折、摩擦碰撞的情况下产生静电、火花；非阻燃材料在两座椅之间起火，导致该位置着火；在该位置作业的人员起火后未启动手动喷淋装置，在向盾构减压舱主舱逃生时，将火带入主舱，引起主舱瞬间燃爆。

2. 事故间接原因

减压舱内座椅配有非阻燃材质坐垫；操作人员未严格遵守带压进舱作业规程，未正确穿着、佩带阻燃材质的劳动防护用品；当班人员未严格落实作业审批制度，未对带压进舱作业的非阻燃材质物品进行点验、甄别，致使舱内留存有非阻燃材质化纤衣服、编织袋、饮用水塑料瓶、抹布等，具备事故发生的可燃物条件。

减压舱未配备固定式气体实时检测系统，氧气浓度检测方法不科学；当班人员未严格遵守相关安全生产规范及安全操作规程，未采取相应的安全防护监护措施；带压进舱作业时未对作业场所气体实时检测和对氧气浓度进行有效控制，致使事故发生时减压舱内处于富氧状态，具备事故发生的助燃物条件。

三、事故应急处置

事故发生后,市领导以及该区政府、市安监局、市建设局、市公安消防支队等部门领导第一时间赶赴现场,统筹指挥救援,全力展开事故应急、现场勘查、伤员救治、家属联络等工作。同时,责令企业停止施工,全面排查安全隐患,妥善处理并落实整改后续工作。

四、事故防范措施

此次较大事故暴露出该市轨道交通工程施工领域对新技术、新工艺推广应用中可能带来不可预见、不可知影响因素的预测、预警能力不足,对危险性较大分部分项工程施工关键工序的管理存在覆盖程度、管控深度不足,专业技术人员短缺等问题。

为吸取事故教训,举一反三,遏制类似事故的再度发生,防范措施如下:

1. 紧扣生产安全,优化新技术设备的本质安全

该市轨道交通建设中大范围地应用盾构开挖技术,在当前技术人才和相应管理人才储备存在一定局限的条件下,重视各相关新技术设备的本质安全显得尤为重要。座椅、减压吸氧系统、作业环境有害气体实时检测系统、消防喷淋系统、人闸舱视频监控系统等硬件设施的升级优化或增设,都是提升盾构机本质安全的、具体的、可行的措施。

2. 细化安全生产操作规程

业主单位、设计单位、监理单位、施工单位应在现有做法的基础上,协同就以下具体内容进行细化并确保落地:对开舱前安全条件的明确及进舱人员的检查要更加细化,对准备开舱作业位置地质、水文条件做明确要求,对开舱前验收和审批程序要更加明确,对人员进舱前条件核准工作进行详细说明。

对进舱前各种相关设备准备情况做严格规定,对人员进入开挖舱内的作业流程进行细化。

对超过 3bar(1bar=100kPa)的高压进舱规定要更为严格,供氧系统应专人监管。作业前应进行气密性试验,作业过程中监管舱内人员用氧,实时监测医用氧气压力和人闸内氧气浓度,防止压力过低造成罩内单向阀逆向导通,使氧气渗入人闸的情况发生。

作业人员出舱操作规程应进一步细化。

3. 强化责任担当,进一步提升安全生产水平

施工单位,要从落实主体责任的高度,加大盾构掘进关键技术工艺的学习力度,深入掌握泥水盾构机安全技术特性和操作要领;加强危险性较大分部分项工程管理,科学编制,严格执行施工方案,具体到作业审批制度、关键节点施工前安全条件验收制度、重要工序验收当日当班必检制度和隐患排查制度等每一个相关环节都不放过。监理单位要严格审查安全方案、严格督促现场和设备设施安全管理,督促各项防护监护安全措施的落实。业主单位要切实加强对危险性较大的分部分项工程安全管理,特别是督促施工单位、监理单位对盾构掘进过程中涉及供电、通风、高压舱的设备设施和各相关施工工艺的安全条件,加强监控和隐患排查整治。

4. 加强应急管理,筑牢生产安全的最后一道防线

各区政府要加强辖区地铁事故灾难应急救援指导和落实工作,确保及时妥善处置事故,防止次生灾害的发生。各建设单位和设计、施工、监理企业要制定及完善应急预案,细化各

项预警与应急处置方案、措施，不断提高对突发事件的应急处置能力。

要针对盾构机带压进仓作业，编制专项应急预案，并经专家评审把关，对作业风险源进行分析并制定预防措施，建立应急救援组织机构及应急处置队伍，完善应急报告、应急响应流程，配置充足的应急物资和医疗保障。要结合专项应急预案的编制，进行实况应急演练，对进舱作业各项操作流程和高压环境下的各种突发状况进行模拟，检验应急预案的可操作性，提高应对突发事件的风险意识，增强突发事件应急反应能力。

 工程案例四：

某市地铁某区间盾构隧道偏差超限测量事故

一、事故情况简述

2014年3月5日下午，3名项目部测量人员一同来到右线盾构机上，进行始发前盾构机测量准备工作。在盾构机操作室，打开测量系统电脑时发现测量系统通信出现故障，因而在盾构机上排查和处理通信故障，留一人在盾构操作室导入盾构隧道计划线数据（导入的数据实为错误文件，但导入人员并不知情，成为隐患转化为事故的直接原因），数据导入完成后导入数据人员也参与通信故障的排查处理。故障排除后，用VMT系统进行了盾构始发姿态的测量，并显示盾构姿态正常，测量人员就离开了操作室。

3月7日，项目部未对该盾构机进行始发前VMT系统计划线进行验收即开始盾构始发掘进，3月12日掘至13环，项目部测量组对1~12环的管片姿态进行了测量，测量数据显示：高程方向上最大偏差20mm。

3月14~18日，在华广区间右线盾构正常施工过程中，项目部安排所有测量人员到华广区间左线进行移交铺轨前的贯通测量和资料整理，其间测量人员未按规定频率复测右线管片姿态。

3月19日盾构掘进至第57环，项目部测量组对1~56环管片姿态进行了人工复测，测量数据显示：高程方向上最大偏差为2010mm，17~56环均出现不同程度的超限，其中56环垂直偏差达到+2010mm、水平偏差+52mm，但盾构机测量导向系统56环处显示的盾构垂直偏差为盾首-29mm、盾尾-25mm，水平偏差盾首+41mm、盾尾+35mm，成型隧道实测偏差与盾构机测量导向系统显示偏差严重不符。

二、事故原因分析

1. 事故直接原因

项目部测量人员未认真核对测量文件，因误操作而导入了错误的右线计划线数据，在盾构导向系统中生成了错误的推进计划线，造成华广区间右线盾构隧道严重超限，是导致此次事故的直接原因。

2. 事故间接原因

（1）项目部上级公司（三级子公司）测量管理工作存在职责不清、责任不明的现象，管理流程上只重视了原始计划线的计算和复核工作，未建立现场原始计划线数据导入和导入后复核的制度，致使现场录入了错误的数据而未能发现，是导致此次事故的主要原因。

（2）项目部未严格执行人工复测的规定。该区间右线盾构机从始发至 56 环止，在 3 月 13 日对第 1~12 环管片进行了第 1 次复测后，未按每 20 环人工复测 1 次的规定在推进到第 32 环时进行人工复测，致使错误的计划线在施工中未能及时发现和纠正，是扩大此次事故损失的重要原因。

（3）项目部上级公司对盾构机自动导向系统相关知识培训不到位，导向系统管理的关键环节卡控不严密，是导致此次事故的重要原因。

（4）盾构项目部总工未对本项目盾构操作人员进行隧道线形技术交底，未按要求对工程部及测量组工作进行检查，是造成此次事故的原因之一。

（5）项目部上级公司对项目部管理不到位，对项目指导帮助不够，过程检查不力，未能及时发现项目管理中存在的问题，致使该项目测量管理工作存在的严重问题未能及时纠正，是导致此次事故的管理原因。

（6）二级公司指挥部和二级公司本部对该项目管理制度的建立健全和执行情况监督检查不力，对测量管理工作检查不到位，是导致此次事故的又一管理原因。

三、处理方案

事故发生后，采用增设吊出井将现有盾构机吊出，超限隧道采用暗挖法进行改造，将线路恢复至原设计标高，并增加 1 台盾构机在该区间明挖区间始发，掘进剩余的盾构隧道。为消除质量事故造成的缺陷，造成了 273 万元返工损失，洞通工期延后 2 个月。

四、事故防范措施

（1）组织对所有盾构掘进自动导向系统录入的计划线数据进行全面核查，确保录入数据的正确可靠；对在建成型盾构隧道进行复测，对导线网、水准点、吊篮等进行全面复核测量，杜绝类似事故再次发生。

（2）对所有盾构施工项目开展自动导向系统相关知识的专项技能培训，确保项目相关人员能够熟练掌握相应的技能。

（3）进一步规范盾构机自动导向系统管理工作流程和权限，对用于盾构自动导向系统的计算机和移动存储设备建立专项管理制度，确保数据安全可靠。

（4）进一步完善项目测量管理制度，明确各级测量人员的职责和分工，并确保测量管理体系的有效运行。

（5）深刻吸取事故教训，举一反三，组织开展测量工作专项检查，重点检查测量管理制度的建立健全和测量复核制的执行情况，对发现的问题建立问题库，并按照"五定"原则进行整改，确保测量管理工作可控。

（6）编制测量事故典型案例，开展警示教育，以让所有项目吸取教训，全面强化测量管理工作。

附表

附表 1
单位工程验收记录表

××城市轨道交通工程

附录 1-1　单位工程质量验收记录表

单位工程名称		××区间地下工程（盾构区间＋里程）				
施工单位		××集团有限公司	项目负责人		开工日期	开工报告日期
项目技术负责人			项目质量负责人		竣工日期	竣工验收报告日期
序号	项目		验收记录			验收结论
1	分部工程		共4分部 经查，4分部符合标准及设计要求			同意验收
2	综合质量验收	质量控制资料核查	共9项 经审查，符合要求9项 不符合要求0项			符合要求
3		实体质量和主要功能核查	共核查4项 符合要求4项 不符合要求0项			
4		观感质量验收	共检查6项 评定为合格的6项 评定为差的0项			
5	综合验收结论		通过验收			
验收单位	施工单位		监理单位	勘察设计单位		建设单位
	（公章） 单位负责人 （签字） 　　年　月　日		（公章） 总监理工程师 （签字） 　　年　月　日	（公章） 项目负责人 （签字） 　　年　月　日		（公章） 项目负责人 （签字） 　　年　月　日

××城市轨道交通工程

附表 1-2 单位工程质量控制资料核查表

单位工程名称	××区间地下工程（盾构区间＋里程）			
施工单位	××集团有限公司			
序号	资料名称	份数	核查意见	核查人
1	图纸会审、设计变更、洽商记录	4	符合要求	
2	工程定位测量、放线记录	5	符合要求	
3	原材料出厂合格证书及进场检（试）验报告	25	符合要求	
4	施工试验报告	35	符合要求	
5	成品及半成品出厂合格证或试验报告	9	符合要求	
6	施工记录	31	符合要求	
7	工程质量事故及事故调查处理资料			
8	施工现场质量管理检查记录	1	符合要求	
9	分项、分部工程质量验收记录	44	符合要求	
10	新材料、新工艺施工记录			

结论：齐全完整

施工单位项目负责人　　　　　　　　　　总监理工程师

年　月　日　　　　　　　　　　　　　　年　月　日

××城市轨道交通工程

附表 1-3 单位工程实体质量和主要功能核查记录表

单位工程名称	××区间地下工程(盾构区间＋里程)			
施工单位	××集团有限公司			
序号	项目	资料份数	核查意见	核查人
1			符合要求	
2				
3				
4				
5				
6				
7				
8				
9				
10				
11				

结论：

　　　　　施工单位项目负责人　　总监理工程师　　设计单位项目负责人　　建设单位项目负责人

　　　　　　　　年　月　日　　　　年　月　日　　　年　月　日　　　　　年　月　日

注：抽查项目由验收组协商确定。

××城市轨道交通工程

附表 1-4 单位工程观感质量检查记录

单位工程名称	××区间地下工程（盾构区间＋里程）			
施工单位	××集团有限公司			
序号	项目名称	质量状况	质量评价	
			合格	差
1				
2				
3				
4				
5				
6				
7				
8				
9				
10				
11				
12				

检查结论：

     施工单位项目负责人 总监理工程师 设计单位项目负责人 建设单位项目负责人

     年 月 日   年 月 日   年 月 日   年 月 日

注：观感检查项目由验收组协商确定。

附表 2
分部分项工程验收记录表

××城市轨道交通工程

附表 2-1 管片制作分部工程质量验收记录

单位工程名称	××区间地下工程（盾构区间＋里程）			
施工单位	××有限公司			
项目负责人		项目技术负责人	项目质量负责人	
序号	分项工程名称	检验批数	施工单位检查评定结果	监理单位验收结论
1	管片模具	100	符合要求	同意验收
2	管片钢筋	100	符合要求	同意验收
3	管片成品	100	符合要求	同意验收
4	逐条罗列			
5				
6				
7				
8				
9				
质量控制资料			共 6 项，符合要求	符合要求
实体质量和主要功能检验（检测）报告			罗列试验检测报告及报告编号	合格
验收单位	施工单位	质量合格 项目负责人：　　　　年　月　日		
	勘察设计单位（必要时）	满足设计要求 项目负责人：　　　　年　月　日		
	监理单位	同意验收 监理工程师：　　　　年　月　日		

××城市轨道交通工程

附表 2-2 防水工程分部工程质量验收记录

单位工程名称	××区间地下工程（盾构区间＋里程）			
施工单位	××集团有限公司			
项目负责人		项目技术负责人		项目质量负责人
序号	分项工程名称	检验批数	施工单位检查评定结果	监理单位验收结论
1	管片防水	100	符合要求	同意验收
2	逐条罗列			
3				
4				
5				
6				
7				
8				
9				
	质量控制资料		共 6 项，符合要求	符合要求
	实体质量和主要功能检验（检测）报告		罗列试验检测报告及报告编号	合格

验收单位	施工单位	质量合格 项目负责人：　　　　年　月　日
	勘察设计单位（必要时）	满足设计要求 项目负责人：　　　　年　月　日
	监理单位	同意验收 监理工程师：　　　　年　月　日

××城市轨道交通工程

附表 2-3　盾构掘进与管片拼装工程分部工程质量验收记录

单位工程名称		××区间地下工程（盾构区间＋里程）			
施工单位		××集团有限公司			
项目负责人		项目技术负责人		项目质量负责人	
序号	分项工程名称	检验批数	施工单位检查评定结果		监理单位验收结论
1	管片拼装	100	符合要求		同意验收
2	逐条罗列				
3					
4					
5					
6					
7					
8					
9					
质量控制资料			共6项，符合要求		符合要求
实体质量和主要功能检验（检测）报告			罗列试验检测报告及报告编号		合格
验收单位	施工单位	质量合格 项目负责人：　　　　年　月　日			
	勘察设计单位（必要时）	满足设计要求 项目负责人：　　　　年　月　日			
	监理单位	同意验收 监理工程师：　　　　年　月　日			

××城市轨道交通工程

附表 2-4 竖井或风井分部工程质量验收记录

单位工程名称	××区间地下工程（盾构区间＋里程）			
施工单位	××集团有限公司			
项目负责人		项目技术负责人	项目质量负责人	
序号	分项工程名称	检验批数	施工单位检查评定结果	监理单位验收结论
1	冻结法地基加固	100	符合要求	同意验收
2	逐条罗列			
3				
4				
5				
6				
7				
8				
9				
质量控制资料			共 6 项，符合要求	符合要求
实体质量和主要功能检验（检测）报告			罗列试验检测报告及报告编号	合格

验收单位	施工单位	质量合格 项目负责人：　　　　　　年　月　日
	勘察设计单位（必要时）	满足设计要求 项目负责人：　　　　　　年　月　日
	监理单位	同意验收 监理工程师：　　　　　　年　月　日

××城市轨道交通工程

附表 2-5 管片模具分项工程质量验收记录

单位工程名称	××区间地下工程（盾构区间＋里程）		
分部工程名称	管片制作	检验批数	71
施工单位	××集团有限公司	项目负责人	

序号	检验批部位	施工单位检查评定结果	监理单位验收结论
1	（编号）管片模具	符合要求	合格
2	逐条罗列		
3			
4			
5			
6			
7			
8			

说明：无

施工单位检查评定结果	质量合格 分项工程技术负责人： 年　月　日
监理单位验收结论	同意验收 专业监理工程师： 年　月　日

附表

××城市轨道交通工程

附表 2-6 管片钢筋分项工程质量验收记录

单位工程名称	××区间地下工程（盾构区间＋里程）		
分部工程名称	管片制作	检验批数	71
施工单位	××集团有限公司	项目负责人	

序号	检验批部位	施工单位检查评定结果	监理单位验收结论
1	（编号）管片钢筋	符合要求	合格
2	逐条罗列		
3			
4			
5			
6			
7			
8			

说明：无

施工单位检查评定结果	**质量合格** 分项工程技术负责人： 年　月　日
监理单位验收结论	**同意验收** 专业监理工程师： 年　月　日

××城市轨道交通工程

附表 2-7 管片成品分项工程质量验收记录

单位工程名称	××区间地下工程(盾构区间＋里程)			
分部工程名称	管片制作		检验批数	71
施工单位	××集团有限公司	项目负责人		
序号	检验批部位	施工单位检查评定结果	监理单位验收结论	
1	(编号)管片成品	符合要求	合格	
2	逐条罗列			
3				
4				
5				
6				
7				
8				
说明:无				
施工单位检查评定结果	质量合格 分项工程技术负责人: 　　　　　　　　　　　　年　月　日			
监理单位验收结论	同意验收 专业监理工程师: 　　　　　　　　　　　　年　月　日			

××城市轨道交通工程

附表 2-8 管片防水分项工程质量验收记录

单位工程名称	××区间地下工程（盾构区间＋里程）		
分部工程名称	防水工程	检验批数	71
施工单位	××集团有限公司	项目负责人	

序号	检验批部位	施工单位检查评定结果	监理单位验收结论
1	（编号）管片防水	符合要求	合格
2	逐条罗列		
3			
4			
5			
6			
7			
8			

说明：无

施工单位检查评定结果	质量合格 分项工程技术负责人： 年　月　日
监理单位验收结论	同意验收 专业监理工程师： 年　月　日

××城市轨道交通工程

附表 2-9 盾构掘进分项工程质量验收记录

单位工程名称	××区间地下工程（盾构区间＋里程）			
分部工程名称	盾构掘进与管片拼装		检验批数	71
施工单位	××集团有限公司	项目负责人		
序号	检验批部位	施工单位检查评定结果	监理单位验收结论	
1	（编号）盾构掘进	符合要求	合格	
2	逐条罗列			
3				
4				
5				
6				
7				
8				
说明：无				
施工单位检查评定结果	**质量合格** 分项工程技术负责人： 年　月　日			
监理单位验收结论	**同意验收** 专业监理工程师： 年　月　日			

附　表

××城市轨道交通工程

附表 2-10 管片拼装分项工程质量验收记录

单位工程名称	××区间地下工程（盾构区间＋里程）			
分部工程名称	盾构掘进与管片拼装		检验批数	71
施工单位	××集团有限公司	项目负责人		

序号	检验批部位	施工单位检查评定结果	监理单位验收结论
1	（编号）管片拼装	符合要求	合格
2	逐条罗列		
3			
4			
5			
6			
7			
8			

说明：无

施工单位检查评定结果	质量合格 分项工程技术负责人： 年　月　日
监理单位验收结论	同意验收 专业监理工程师： 年　月　日

××城市轨道交通工程

附表 2-11 冻结法地基加固分项工程质量验收记录

单位工程名称	××区间地下工程（盾构区间＋里程）		
分部工程名称	竖井或风井	检验批数	71
施工单位	××集团有限公司	项目负责人	
序号	检验批部位	施工单位检查评定结果	监理单位验收结论
1	（编号）冻结法地基加固	符合要求	合格
2	逐条罗列		
3			
4			
5			
6			
7			
8			

说明：无

施工单位检查评定结果	**质量合格** 分项工程技术负责人： 年　月　日
监理单位验收结论	**同意验收** 专业监理工程师： 年　月　日

附表 3

区间检验批验收记录表

××城市轨道交通工程

附表 3-1　管片模具检测汇总表

工程名称			生产厂家		
管模类型		检查数量		检查日期	
模具编号 \ 检查项目	宽度				备注
	平均偏差/mm		最大偏差/mm		
检查结论					

注：管模每周生产全数检查，使用"管片模具检测记录表"进行检查，根据不同的管片形式填写该汇总表进行存档。

记录员：　　　　质检员：　　　　技术负责人：　　　　专业监理工程师：　　　　年　月　日

××城市轨道交通工程

附表 3-2 管片钢筋骨架制作检查汇总表

工程名称		生产厂家		
骨架类型		检查数量		检查日期
检查项目 / 骨架序号	钢筋原材料状况	钢筋加工质量	骨架外观质量	焊接质量	骨架尺寸质量
检查结论					

注：钢筋骨架每日生产全数检查，使用"管片钢筋骨架制作检查记录表"进行检查，进行存档。

记录员：　　　质检员：　　　技术负责人：　　　专业监理工程师：　　　年　月　日

××城市轨道交通工程

附表 3-3　混凝土管片组模及浇筑汇总表

工程名称				生产厂家			
管片类型			检查数量		检查日期		
检查项目＼管片环序号	钢模清理状况	压注孔及预埋件定位和焊接质量	保护层厚度状况	混凝土来料质量	混凝土浇捣时间	外弧面收水质量	模具、环境保洁状况
检查结论							

注：管片组模、浇捣每日生产全数检查，使用"混凝土管片组模及浇筑记录表"进行检查，进行存档。

记录员：　　　质检员：　　　技术负责人：　　　专业监理工程师：　　　年　月　日

××城市轨道交通工程

附表 3-4 管片检漏记录表

工程名称			部位		
管片型号		生产日期	___年___月___日	检漏日期	___年___月___日
设计检漏压力	_____MPa	设计恒压时间	___小时	允许渗水高度	___cm

渗水位置示意图

凸　　　　　凹

加压时间	压力/MPa	检漏描述			是否合格 √/×
		无渗漏	有渗漏	渗水高度	
时　分					
时　分					
时　分					
时　分					
时　分					
时　分					

卸压时间：___时___分　　　　　　　　　稳压___小时

试验员：　　　技术负责人：　　　专业监理工程师：　　　　　年　月　日

附表

××城市轨道交通工程

附表 3-5　混凝土管片成品检测汇总表

工程名称				生产厂家			
管片类型			检测数量		检测日期		
检测项目 管片环序号	管片 外观质量	修补状况	环、纵向 螺孔质量	压注孔与 埋件质量	管片成品 标识状况	管片 尺寸状况	备注
检查结论							

注：管片成品每日生产全数检测，使用"混凝土管片成品检测记录表"进行检查，进行存档。

记录员：　　　质检员：　　　技术负责人：　　　专业监理工程师：　　　　年　月　日

××城市轨道交通工程

附表3-6 衬砌圆环三环拼装记录表

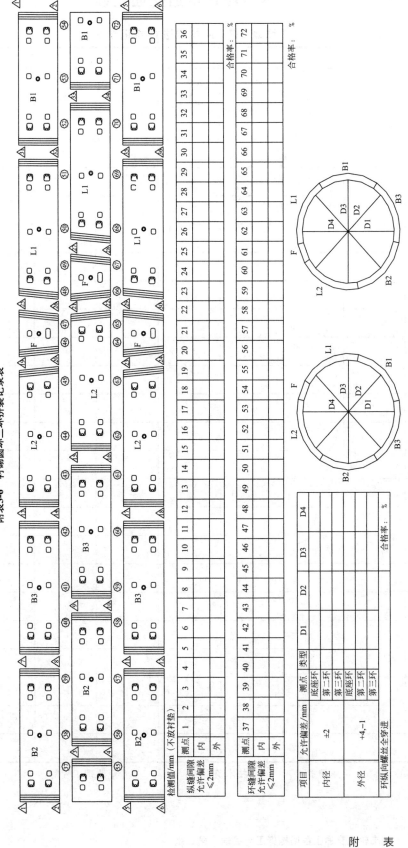

××城市轨道交通工程

附表 3-7　盾构推进拌浆记录表

工程名称					部位				
日期	班次	施工班组	水泥/kg	粉煤灰/kg	细砂/kg	膨润土/kg	水/kg	稠度/cm

记录员：　　　质检员：　　　技术负责人：　　　专业监理工程师：　　　年　月　日

××城市轨道交通工程

附表 3-8　盾构同步注浆记录表

工程名称										部位		
日期	班次	施工班组	压浆操作者	浆液类型	环号	孔号	压浆		压力/MPa	压浆量/m³	压浆孔位号	
							压浆时间					
							始	终				
											备注	

记录员：　　　质检员：　　　技术负责人：　　　专业监理工程师：　　　年　月　日

××城市轨道交通工程

附表 3-9 盾构二次注浆记录表

工程名称											部位	
日期	班次	施工班组	压浆操作者	浆液类型	环号	孔号	压浆 压浆时间 始	压浆 压浆时间 终	压力/MPa	压浆量/m^3	压浆孔位号	
											备注	

记录员：　　　质检员：　　　技术负责人：　　　专业监理工程师：　　　年　月　日

××城市轨道交通工程

附表 3-10 盾构管片拼装记录表

工程名称						起止里程/m			
管片环宽/m						掘进线路：□左线 □右线			
管片里程/km						中线高程偏差/mm	中线平面位置偏差/mm	相邻管片平整度最大偏差/mm	备注
环号	施工班组	管片型号	管片分块数 F块位置	拼装时间 起	拼装时间 止			纵缝 | 环缝	

记录员：　　　　　　　质检员：　　　　　　　技术负责人：　　　　　　　专业监理工程师：

年　月　日

××城市轨道交通工程

附表 3-11　盾构掘进施工记录表

工程名称												
施工日期												
掘进线路：	□左线	□右线	起止里程									
环序号												
盾构掘进记录	时间	始										
		终										
	纵坡	设计										
		实测										
	切口平面偏差	实测偏差/mm										
	切口高程偏差	实测偏差/mm										
	盾尾平面偏差	实测偏差/mm										
	盾尾高程偏差	实测偏差/mm										
	土压力/MPa	设定										
		实测值	上									
			右									
			下									
			左									
	盾构总推力/10kN											
	刀盘扭矩/kN·m											
	盾构切口里程/km											
	出土量	m³										

记录员：　　质检员：　　技术负责人：　　　　专业监理工程师：　　　　年　月　日

××城市轨道交通工程

附表 3-12 盾构掘进姿态实测记录表

工程名称					环号				
掘进线路：□左线　　□右线					实测日期、时间				

位置	里程	高 程		坐标				偏 向			
				设计值/m	实测值/m	差值/mm					
		设计值/m	差值/mm	X	X	ΔX	f	上	下	左	右
		实测值/m		Y	Y	ΔY					
切口											
铰接											
盾尾											

备注	棱镜1——X：　　，Y：　　，Z： 棱镜2——X：　　，Y：　　，Z： 棱镜3——X：　　，Y：　　，Z：

施工单位	测量负责人： 技术负责人： 　　　　　　　年 月 日	监理单位	结论： 测量专业监理工程师： 　　　　　　　年 月 日

××城市轨道交通工程

附表 3-13　隧道圆环轴线位置实测记录表

工程名称								起止里程				
掘进线路：□左线　　□右线								测量日期				

序号	环号	设计值			实测值			允许偏差值 高程：___ mm　中心：___ mm				
		高程/m	坐标/m		高程/m	坐标/m		实测偏差值				
			X	Y		X	Y	上	下	左	右	

施工单位	测量负责人： 技术负责人： 　　　　　　　　年　月　日	监理单位	结论： 测量专业监理工程师： 　　　　　　　　年　月　日

××城市轨道交通工程

附表 3-14　冻结施工钻孔记录

工程名称				施工日期			年　月　日	
孔位类型：		孔号：		设计孔深：　m			设计角度：	
时间	钻进加尺/m	偏值		偏斜率/‰	偏向		备注	
		垂直/mm	水平/mm		垂直/(°)	水平/(°)		
冻结管密闭试压	初始压力/MPa	30分钟压力/MPa	45分钟压力/MPa	备注：				
冻结管长度/m								
备注栏								

工长：　　　质检员：　　　技术负责人：　　　专业监理工程师：　　　　　年　月　日

××城市轨道交通工程

附表 3-15 冻结加固冻结孔成孔汇总表

序号	设计长度/m	实际长度/m	长度差/m	水平方向偏斜值		设计仰俯值	垂直方向偏斜值		成孔时间	试压记录/MPa			备注
				偏向	偏值/mm		偏向	偏值/mm		初始压力	30 分钟压力	45 分钟压力	
1													
2													
3													
4													
5													
6													
7													
8													
9													
10													
11													
12													
13													

工长：　　　　　　质检员：　　　　　　技术负责人：　　　　　　专业监理工程师：

年　月　日

××城市轨道交通工程

附表 3-16　冻结加固温度监测日报表

工程名称				施工单位			
冻结天数	运转台数	盐水设计温度/℃		盐水温度/℃	总去		
					左洞总回		
					右洞总回		
冻结孔盐水回路温度/℃							
孔号	温度	孔号	温度	孔号	温度	孔号	温度
测温孔温度/℃							
孔号＼测点深度	0.9m	2m	3m				
C1							
C2							
C3							
C4							
C5							

测量人：　　　　质检员：　　　　技术负责人：　　　　　　　　　　年　月　日

××城市轨道交通工程

附表 3-17 冻结加固冻结运转日报表

项目名称：　　　　　　　　　　　　　　　　日期：　　　　　　　　　　　　　　　　　　　　　　　　　年　月　日～年　月　日

班组	记录时间	吸气压力 /MPa	排气压力 /MPa	盐水水位 /cm	油压 /MPa	盐水压力 /MPa	清水压力 /MPa	电压 /V	电流 /A	能量 /%	油温 /℃	水温 /℃	盐水温度/℃		记录人
													去路	回路	
白班	9:00														
	11:00														
	13:00														
	15:00														
	17:00														
	19:00														
夜班	21:00														
	23:00														
	01:00														
	03:00														
	05:00														
	07:00														

备注：

测量员：　　　　　　　　　质检员：　　　　　　　　　技术负责人：　　　　　　　　　年　月　日

××城市轨道交通工程

附表 3-18 商品混凝土出厂合格证汇总表

序号	设计强度等级	合格证编号	生产厂家	进场数量	浇筑日期	主要使用部位及有关说明
监理审查结论						

填表人：　　　　　质检员：　　　　　技术负责人：　　　　　专业监理工程师：　　　　　年　月　日

××城市轨道交通工程

附表 3-19　管片成品合格证汇总表

管片生产单位				合格证编号			
盾构推进工程名称				盾构推进单位			
管片名称	管片型号	生产日期	外观质量	检漏测试	防迷流测试	外形尺寸	混凝土	
							强度（28d）/MPa	抗渗测试
监理审查结论								

填表人：　　　　质检员：　　　　技术负责人：　　　　专业监理工程师：　　　　年　月　日

××城市轨道交通工程

附表 3-20　盾构隧道轴线、净空测量结果汇总表

工程名称						左线/右线/双线			
里程	隧道圆环高程/m	隧道圆环平面坐标		拼装成环后水平直径偏差/mm	拼装成环后垂直直径偏差/mm	相邻环管片高差/mm	环面平整度/mm	备注
		X/m	Y/m					
监理审查结论								

测量员：　　　质检员：　　　技术负责人：　　　专业监理工程师：　　　年　月　日

××城市轨道交通工程

附表 3-21　隧道沉降检测结果汇总表

首期观测时间：　　　　　年　月　日　　　　末期观测时间：　　　　　　　　　年　月　日

桩号	位置	首期观测高程/m	末期观测高程/m	沉降值/mm	速率		
					最大值	最小值	平均值
监理审查结论							

测量员：　　　　　质检员：　　　　　技术负责人：　　　　　专业监理工程师：　　　　　年　月　日

××城市轨道交通工程

附表 3-22 隧道结构收敛检测结果汇总表

首期观测时间：　　年　月　日　　　　　末期观测时间：　　　　年　月　日

桩号	位置	首期观测高程/m	末期观测高程/m	沉降值/mm	速率		
					最大值	最小值	平均值
监理审查结论							

测量员：　　　质检员：　　　技术负责人：　　　专业监理工程师：　　　　年　月　日

××城市轨道交通工程

附表 3-23 地下工程渗、漏水检查记录（展开图）

工程名称				施工图号		
轨道交通里程				监理单位		
施工单位				检查部位		

横断面及漏点编号	
检查情况	

	断面里程	漏点编号	渗漏情况	断面里程	漏点编号	渗漏情况

注：渗漏情况描述分为①湿迹、②滴漏、③线流、④漏泥沙。（以上应有数据和文字描述）

记录员：　　　质检员：　　　技术负责人：　　　专业监理工程师：　　　年　月　日

××城市轨道交通工程

附表 3-24 管片模具工程检验批质量验收记录

单位工程名称	××区间地下工程（盾构区间）				
分部工程名称	管片制作				
分项工程名称	管片模具	验收部位	管片编号		
施工单位	××有限公司	项目负责人			
施工质量验收标准名称及编号	《地下铁道工程施工质量验收标准》（GB/T 50299—2018）				

		质量验收规范的规定	施工单位检查评定记录			监理单位验收记录
主控项目	1	在浇筑混凝土前，应对模具进行检验。浇筑混凝土时，应对模具进行观察和维护	符合要求			符合要求
	2	模具内表面应均匀涂刷脱模剂，模具交角处不得漏涂、不得积聚，钢筋骨架、预埋配件严禁接触脱模剂	符合要求			符合要求
一般项目	1	模具接缝不应漏浆	符合要求			合格
	2	应选用质量稳定、适于喷涂、脱模效果好的水质脱模剂，严禁使用机油、柴油代用脱模剂	符合要求			
	3	组模前应认真清理模具，清理后模具内表面任何部位不得有残留杂物、浮锈	符合要求			
	4	螺栓孔预埋件、吊装孔预埋件和模具接触面应密封良好	符合要求			
	5	固定在模具上的预埋件不得遗漏，且应安装牢固	符合要求			
	6	模具每周必须进行一次检验，其允许偏差/mm 宽度	±0.4	+0.3	+0.2	+0.1
		内腔高度	+2，−1	+1	+1	+1

施工作业人员质量责任登记	作业人员：××、××、××
施工单位检查评定结果	检查评定合格 专职质量检查员　　　年　月　日 分项工程技术负责人　　年　月　日 分项工程负责人　　　　年　月　日
监理单位验收结论	同意验收 专业监理工程师　　　　年　月　日

××城市轨道交通工程

附表 3-25 管片钢筋工程检验批质量验收记录

单位工程名称	××区间地下工程(盾构区间)						
分部工程名称	管片制作						
分项工程名称	管片钢筋		验收部位	骨架编号			
施工单位	××有限公司		项目负责人				
施工质量验收标准名称及编号	《混凝土结构工程施工质量验收规范》(GB 50204—2015)、《预制混凝土衬砌管片》(GB/T 22082—2017)						

		质量验收规范的规定			施工单位检查评定记录			监理单位验收记录
主控项目	1	钢筋原材料进场的力学性能检验,其质量必须符合有关标准的规定			符合设计及规范要求			符合要求
	2	受力钢筋的弯钩和弯折应符合设计或规范规定			符合设计及规范要求			符合要求
	3	除焊接封闭环式箍筋外,箍筋的末端应做弯钩,弯钩形式符合设计要求;当设计无要求时,应符合规范规定			符合设计及规范要求			符合要求
	4	钢筋骨架安装时,受力钢筋品种、级别、规格和数量必须符合设计要求			符合设计要求			符合要求
一般项目	1	钢筋调直应符合规范要求			符合规范要求			合格
	2	钢筋加工形状、尺寸应符合设计要求,允许偏差/mm	主筋和构造筋剪切	±10	+5	+3	+3	
			主筋折弯点位置	±10	−5	−3	+2	
			箍筋内净尺寸	±5	+3	+2	+3	
	3	钢筋骨架安装位置允许偏差/mm	受力主筋 间距	±10	+5	+3	+6	
			受力主筋 层距	±5	+3	−2	+3	
			保护层厚度	+5,−3	+3	+2	−2	
			骨架 长	+5,−10	+2	+3	−2	
			骨架 宽	+5,−10	+2	+3	−2	
			骨架 高	+5,−10	+2	+3	−2	
			箍筋间距	±10	+2	+3	−2	
			分布筋间距	±5	+2	+3	−2	
	4	环、纵向螺栓孔和中心吊装孔通畅、内圆面平整			符合要求			

施工作业人员质量责任登记	作业人员:××、××、××		
施工单位检查评定结果	检查评定合格		
		专职质量检查员	年 月 日
		分项工程技术负责人	年 月 日
		分项工程负责人	年 月 日
监理单位验收结论	同意验收		
		专业监理工程师	年 月 日

××城市轨道交通工程

附表 3-26　管片成品工程检验批质量验收记录

单位工程名称	××区间地下工程（盾构区间）						
分部工程名称	管片制作						
分项工程名称	管片成品			验收部位	管片编号		
施工单位	××有限公司			项目负责人			
施工质量验收标准名称及编号	《地下铁道工程施工质量验收标准》（GB/T 50299—2018）、《预制混凝土衬砌管片》（GB/T 22082—2017）						

		质量验收规范的规定			施工单位检查评定记录		监理单位验收记录
主控项目	1	混凝土原材料的验收条款应符合有关标准的规定			符合设计及规范要求		符合要求
	2	混凝土配合比设计应按有关标准规定验收			符合设计及规范要求		符合要求
	3	混凝土强度等级必须符合设计要求，其试件的取样和留置按有关规定执行			符合设计及规范要求		符合要求
	4	混凝土抗渗等级必须符合设计要求，其试件的取样和留置按有关规定执行			符合设计及规范要求		符合要求
	5	管片混凝土外观质量不应有严重缺陷，有严重缺陷的管片不得用于工程			符合要求		符合要求
	6	管片成品应按设计和规范要求进行检漏测试和水平拼装检验			符合设计及规范要求		符合要求
一般项目	1	管片混凝土的外观质量不宜有一般缺陷，对已经出现的一般缺陷，应按技术处理方案进行处理，并重新检查验收			符合要求		合格
	2	管片尺寸允许偏差 /mm	宽度	±1	+1	+1	+1
			钢筋保护层厚度	±5	+3	+3	+3
			厚度	+3，−1	+2	+2	−1

施工作业人员质量责任登记	作业人员：××、××、××
施工单位检查评定结果	检查评定合格 　　　　　　　　　　专职质量检查员　　　年　月　日 　　　　　　　　　　分项工程技术负责人　年　月　日 　　　　　　　　　　分项工程负责人　　　年　月　日
监理单位验收结论	同意验收 　　　　　　　　　　专业监理工程师　　　年　月　日

××城市轨道交通工程

附表 3-27 管片防水工程检验批质量验收记录

单位工程名称	××区间地下工程(盾构区间)			
分部工程名称	防水工程			
分项工程名称	管片防水	验收部位	管片编号	
施工单位	××有限公司	项目负责人		
施工质量验收标准名称及编号	《地下铁道工程施工质量验收标准》(GB/T 50299—2018)			

		质量验收规范的规定	施工单位检查评定记录	监理单位验收记录
主控项目	1	所采用的防水材料的品种、规格、性能必须符合设计要求	符合设计要求	符合要求
	2	管片混凝土抗渗等级必须符合设计要求,其留置试件应符合相关规定	符合设计及规范要求	符合要求
	3	防水密封条品种、规格、性能应符合设计和规范要求,粘贴应牢固、平整、严密、位置正确,不得有起鼓、超长和缺口现象	符合设计及规范要求	符合要求
	4	管片成品应定量进行检漏测试,检漏标准按设计抗渗压力恒定2h,渗水深度不超过管片厚度的50mm为合格	符合要求	符合要求
	5	管片拼装前应逐块对粘贴的防水密封条进行检查,拼装时不得损坏防水密封条。当隧道基本稳定后应及时进行嵌缝防水处理	符合要求	符合要求
	6	钢筋混凝土管片拼装接缝连接螺栓之间应按设计加设防水垫圈。必要时,螺栓孔与螺杆间应采取封堵措施	符合设计要求	符合要求
一般项目	1	隧道的渗漏水量应控制在设计的防水等级要求范围内。衬砌接缝不得有线流和漏泥沙现场	符合要求	合格
	2	环向及纵向螺栓应全部穿进并拧紧,衬砌内表面的外露铁件防腐处理应符合设计要求	符合设计要求	

施工作业人员质量责任登记	作业人员:××、××、××
施工单位检查评定结果	检查评定合格 专职质量检查员　年　月　日 分项工程技术负责人　年　月　日 分项工程负责人　年　月　日
监理单位验收结论	同意验收 专业监理工程师　年　月　日

××城市轨道交通工程

附表 3-28 管片拼装工程检验批质量验收记录

单位工程名称	××区间地下工程（盾构区间）		
分部工程名称	盾构掘进与管片拼装		
分项工程名称	管片拼装	验收部位	管片编号
施工单位	××有限公司	项目负责人	
施工质量验收标准名称及编号	《地下铁道工程施工质量验收标准》（GB/T 50299—2018）		

		质量验收规范的规定					施工单位检查评定记录	监理单位验收记录
主控项目	1	管片拼装应严格按设计要求进行，管片无内外贯穿裂缝，无大于0.2mm的推顶裂缝及混凝土剥落现象					符合设计要求	符合要求
	2	管片拼装中，应保持盾构稳定状态，防止盾构后退和已砌管片受损					符合要求	符合要求
	3	管片拼装顺序应严格符合设计和规范要求，控制管片环面平整度和封口尺寸					符合设计及规范要求	符合要求
	4	螺栓质量及拧紧方案、拧紧度必须符合设计和规范的要求					符合设计及规范要求	符合要求
一般项目	1	管片拼装允许偏差值/mm	隧道圆环平面位置	±50	+20	+30	+10	合格
			隧道圆环高程	±50	+20	+20	+10	
			相邻管片的径向错台	5	3	1	2	
			相邻环片的环向错台	6	3	2	1	
	2	成型隧道允许偏差值/mm	衬砌环直径椭圆度	≤0.5%D	3	2	1	
			隧道圆环平面位置	±100	+20	+30	+10	
			隧道圆环高程	±100	+20	+30	+10	
			相邻管片的径向错台	10	5	6	8	
			相邻管片的环向错台	15	9	8	8	
	3	环向及纵向螺栓应全部安装，螺栓应拧紧					符合要求	

施工作业人员质量责任登记	作业人员：××、××、××	
施工单位检查评定结果	检查评定合格	专职质量检查员　　年　月　日 分项工程技术负责人　年　月　日 分项工程负责人　　　年　月　日
监理单位验收结论	同意验收	专业监理工程师　　　年　月　日

××城市轨道交通工程

附表3-29 盾构掘进工程检验批质量验收记录

单位工程名称	××区间地下工程（盾构区间）						
分部工程名称	盾构掘进与管片拼装						
分项工程名称	管片拼装			验收部位		编号	
施工单位	××有限公司			项目负责人			
施工质量验收标准名称及编号	《地下铁道工程施工质量验收标准》（GB/T 50299—2018）						

		质量验收规范的规定				施工单位检查评定记录	监理单位验收记录
主控项目	1	盾构掘进必须保证正面土体稳定，正确编组千斤顶				符合要求	符合要求
	2	掘进速度必须与地表控制的隆陷值、进出土量、正面土压平衡调整值及同步注浆等相协调				符合要求	符合要求
	3	注浆浆液必须根据实际情况选择，其配合比、性能及注浆压力必须试验确定，并满足设计要求				符合要求	符合要求
	4	盾构掘进必须严格控制中线，其允许偏差	平面位置	±50mm	+20 +30 −20		符合要求
			高程	±50mm	+20 +15 −12		符合要求
一般项目	1	盾构掘进必须做好施工记录，监控体系健全				符合要求	合格
	2	注浆前应对注浆孔、注浆管路和设备进行检查并将盾尾封堵严密。注浆压力应符合设计要求，完工后及时将管路、设备清洗干净				符合要求	
	3	注浆时壁后空隙应全部充填密实，注浆量应控制在130%～180%。注浆流程应符合施工规范的规定				符合要求	

施工作业人员质量责任登记	作业人员：××、××、××
施工单位检查评定结果	检查评定合格 专职质量检查员　　年　月　日 分项工程技术负责人　年　月　日 分项工程负责人　　　年　月　日
监理单位验收结论	同意验收 专业监理工程师　　年　月　日

××城市轨道交通工程

附表 3-30　冻结法地基加固工程检验批质量验收记录

单位工程名称		××区间地下工程（盾构区间）		
分部工程名称		竖井或风井		
分项工程名称		地基加固	验收部位	
施工单位		××有限公司	项目负责人	
施工质量验收标准名称及编号		《煤矿井巷工程质量验收规范》(GB 50213—2010)		
		质量验收规范的规定	施工单位检查评定记录	监理单位验收记录
主控项目	1	冷冻法地基加固满足设计和施工方案的要求	符合要求	符合要求
	2	冻结管、供液管的管材与连接应符合设计和规范的要求	符合设计及规范要求	符合要求
	3	冻结管下入钻孔后，必须进行施压	符合要求	符合要求
	4	盐水管路系统必须进行压力试验	符合要求	符合要求
	5	水文观测孔的设置应符合设计、规范要求	符合设计及规范要求	符合要求
一般项目	1	位于冲积层的冻结孔偏斜率不宜大于0.3%，相邻两钻孔终孔的间距不得大于3.0m	符合要求	合格
	2	冻结孔应按设计深度施工，钻孔到底后应用泥浆冲孔，再下冻结管，下管深度不得小于设计深度0.5m	符合要求	
	3	盐水降温的梯度应符合设计、规范要求	符合设计及规范要求	
	4	施工过程中作好施工记录和监测记录	符合要求	
	5	冻结段的掘砌工程完工后，应定时监测井壁的变化及冻结壁的温度回升等情况	符合要求	
	6	冻结管路的拆除应符合相关规定，回收后的冻结孔必须充填水泥浆，水泥浆的水灰比不应大于0.8，充填的长度不得少于冻结孔全长的2/3	符合要求	
施工作业人员质量责任登记		作业人员：××、××、××		
施工单位检查评定结果		检查评定合格 　　　　　　　　　专职质量检查员　　　年　月　日 　　　　　　　　　分项工程技术负责人　年　月　日 　　　　　　　　　分项工程负责人　　　年　月　日		
监理单位验收结论		同意验收 　　　　　　　　　专业监理工程师　　　年　月　日		

参 考 文 献

[1] 鲍绥意. 盾构技术理论与实践. 北京：中国建筑工业出版社，2012.
[2] 乐贵平. 北京地铁盾构隧道技术. 北京：人民交通出版社，2012.
[3] 中华人民共和国住房和城乡建设部. 盾构隧道管片质量检测技术标准（CJJ/T 164—2011）. 北京：中国建筑工业出版社，2011.
[4] 王云江，曾益平. 城市轨道交通工程盾构施工与管理. 北京：化学工业出版社，2013.